PEIG SAYERS

LABHARFAD LE CÁCH

Scéalta agus seanchas taifeadta ag
Radio Éireann agus an BBC
in eagar ag

Bo Almqvist agus Pádraig Ó Héalaí

I WILL SPEAK TO YOU ALL

Stories and lore recorded by
Radio Éireann and the BBC
edited by

Bo Almqvist and Pádraig Ó Héalaí

PEIG SAYERS
First published 2009
by New Island
2 Brookside
Dundrum Road
Dublin 14

www.newisland.ie

ISBN 978-1-84840-087-0

New Island received financial assistance from the Arts Council (An Chomhairle Ealaíon), Dublin, Ireland.

Book design by TypeIT, Dublin

Printed in the UK by CPI Mackays, Chatham ME5 8TD

10 9 8 7 6 5 4 3 2 1

CLÁR AN ÁBHAIR / CONTENTS

Labharfad le Cách

I will speak to you all

LABHARFAD LE CÁCH

NÓTA BUÍOCHAIS

Tá buíochas faoi leith ag dul uainn do Chomhairle Bhéaloideas Éireann, d'iareagarthóir agus d'eagarthóir reatha na sraithe, Scríbhinní Béaloidis, Séamas Ó Catháin agus Ríonach uí Ógáin; do RTÉ, ar thug an Príomh-Stiúrthóir, Cathal Goan, agus a Chomhairleoir Speisialta, Anne O'Connor, gach cúnamh agus tacaíocht dúinn san obair seo. Táimid faoi chomaoin ag an BBC as a dtaifeadtaí fuaime a chur ar fáil maille le lánchead iad a úsáid. Is mian linn freisin ár mórbhuíochas a chur in iúl do Harry Bradshaw as an dúthracht a chaith sé leis an obair dheacair a bhain le hathmháistriú na dtaifeadtaí a chur i gcrích go slachtmhar. Ar an iliomad duine a chabhraigh linn go fial i slite éagsúla tá Anna Bale, Mícheál agus Dáithí de Mórdha, Leslie Matson, Críostóir Mac Cárthaigh, Patricia Moloney, Éilís Ní Dhuibhne, Máire Ní Fhlathartaigh, Roibeard Ó Cathasaigh, Séamus Ó Flathartaigh, Pádraig Ó Fiannachta, Cathal Ó Háinle, Dáithí Ó hÓgáin, Mícheál Ó Curraoin (nach maireann) agus Fionnuala Carson Williams.

Táimid go mór faoi chomaoin ag institiúidí agus ag daoine aonair a cheadaigh go croíúil dúinn na léaráidí sa leabhar seo (lgh 153-169) a atáirgeadh. Ionad an Bhlascaoid Mhóir, Dún Chaoin a sholáthraigh pictiúir uimhir 1, 7, 8, 11, 12, 13, 14, 15, 17, 21 agus 34 (grianghraf de líníocht le Harry Kernoff a fuair siad le déanaí é uimhir 1). Atáirgeadh uimhir 2 agus 3 ó sceitse a dhein Christine Waddicor le peann luaidhe, c. 1938, agus a bhronn an t-ealaíontóir ar Roinn Bhéaloideas Éireann (Cnuasach Bhéaloideas Éireann anois), An Coláiste Ollscoile, Baile Átha Cliath. Is as Cartlann Grianghraf CBÉ freisin uimhir 5, 6, 9, 10, 16, 19, 20, 22, 26, 27, 30, 31 agus 32. Is as Leabharlann Grianghraf RTÉ na grianghraif de Shéamus Ennis (uimh. 35) agus de Sheán Mac Réamoinn (uimh. 36), agus is ón Gallery Press an grianghraf de W. R. Rogers (uimh. 33). Is le caoinchead an úinéara, an t-ealaíontóir Maria Simonds-Gooding, a atáirgeadh an t-uiscedhath de Pheig a dhein a mac, Mícheál Ó Gaoithín. Táimid faoi chomaoin ag Caitríona Miles as an ngrianghraf dá hathair, Séamus Ó Duilearga (uimh. 18) a chur ar fáil, agus is do mhuintir Chormaic Uí Chadhlaigh, Phádraig Uí Bhraonáin, Dermot Mason agus Chosslett Uí Chuinn atá ár mbuíochas ag dul as grianghraf a nduine muinteartha a sholáthar (uimh. 23, 24, 28, 29). Atáirgeadh an grianghraf de Marie-Louise Sjoestedt 'Ag dul don Oileán' (uimh. 25) ó alt Sualainnise a scríobh sí in *Bonniers veckotidning* (4 Meán Fómhair 1937).

Tá an dearadh ar an gclúdach tosaigh bunaithe ar ghrianghraf de Pheig a thóg Caitlín de Bhaldraithe Garrett i 1938, a chuir muintir Garrett ar fáil dúinn.

RÉAMHRÁ

> Déarfaidh duine annso agus duine annsúd, b'fhéidir, 'Cérbh í an Pheig Sayers úd?' ach beidh Peig bhocht faid a nglaoidh uathu.
>
> 'An Caibideal Deireanach',
> *Machtnamh Seana-Mhná.*

PEIG SAYERS LEATHCHÉAD BLIAIN TAR ÉIS A BÁIS

I mBaile an Bhiocáire, i bparóiste Dhún Chaoin, in Iarthar Dhuibhneach a saolaíodh Maighréad – ba ghearr go dtabharfadh gach aon duine Peig uirthi – iníon do Thomás Sayers agus dá bhean, Maighréad Ní Bhrosnacháin, tionóntaithe ar fheirm bheag i 1873. Baisteadh í 29 Márta na bliana sin agus fuair sí bás in ospidéal Naomh Eibhlís sa Daingean, 8 Nollaig 1958. Tá sí curtha sa reilig nua i nDún Chaoin, áit a bhfuil radharc breá uaidh amach ar an bhfarraige agus ar an mBlascaod Mór, an t-oileán ar chaith sí daichead bliain dá saol ann.

Is beag a shílfeadh aon duine i dtaobh na mná seo a bhain le teaghlach neamhghustalach in áit chomh hiargúlta sin, go mbeadh sé i ndán di cáil náisiúnta agus idirnáisiúnta a bhaint amach. Ach féach go raibh aithne mhór cheana féin uirthi sna 1920í ag scoláirí béaloidis agus teanga ón tír seo agus ón iasacht, agus nuair a foilsíodh a dírbheathaisnéis *Peig* i 1936, bhí a hainm in airde ina measc siúd ar spéis leo an Ghaeilge agus an cultúr dúchais. Bhuaigh an leabhar sin duais an Chraoibhín di, duais arbh fhiú £50 é, suim shuntasach airgid an tráth sin. Timpeall an ama chéanna, ar mholadh Mháire Ní Chinnéide, deineadh í a chorónú ina banríon ar an mBlascaod agus tugadh spás nach beag sna nuachtáin don ghradam seo agus do shearmanas an chorónaithe. Bhí Peig breá sásta airgead na duaise a fháil ach ní raibh an fháilte chéanna aici roimh an

3

gcorónú mar mheas sí go rabhthas tar éis óinseach a dhéanamh di.[1]

Fiú má tugadh aitheantas maith di i dtreo dheireadh a saoil, mar sin féin, is tar éis a báis is mó a leath a clú. Dhein Radio Éireann go leor chun ainm Pheig a choimeád os comhair an phobail, ag tosú le clár i mBéarla *Tribute to a Great Storyteller*, a léirigh Seán Mac Réamoinn agus a craoladh 15 Bealtaine 1959. Níorbh fhada ina dhiaidh sin gur cuireadh amach an clár cuimhneacháin *Bhí Sí Seal inár Measc*, a léirigh Aindrias Ó Gallchobhair i stiúidió Chorcaí agus a láithrigh sé féin nuair a craoladh é den chéad uair 17 Samhain 1959. Orthu siúd a bhí rannpháirteach sa chlár agus ar chuir a gcuid cainte go mór lenár dtuiscint ar Pheig mar dhuine agus mar scéalaí, bhí a mac Mícheál Ó Gaoithín,[2] an file Seán Ó Ríordáin agus na scoláirí Seán Ó Tuama agus Kenneth Jackson.

Cuireadh a cáil go buaic ar an Luan, 3 Lúnasa 1969, nuair a socraíodh leac ghreanta ina seasamh ar a huaigh i nDún Chaoin. Ba é an dealbhóir clúiteach, Séamus Murphy ó Chorcaigh,[3] a dhear an leac chuimhneacháin seo. Maoiníodh an togra ón bhfreagairt i bhfoirm síntiús a fuair achainí a shínigh agus a bhrostaigh leathchéad éigin duine, fir agus mná, a bhí chun tosaigh i saol na tíre seo agus i ndúichí eile.[4] Dhein an Príomh-Bhreitheamh, Cearbhall Ó Dálaigh (Uachtarán na hÉireann ina dhiaidh sin), an leac a nochtadh go searmanastúil i bhfianaise na gcéadta duine. Ina measc siúd a bhí i láthair bhí scata de dhlúthchairde Pheig; orthu sin bhí an file Seán Ó Ríordáin agus Seán Mac Réamoinn ó Radio Éireann, mar aon le daoine ceannasacha i ngluaiseacht na Gaeilge, ina measc Dónall Ó Móráin, Aindrias Ó Muimhneacháin agus an tAthair Tadhg Ó Murchú (ar mhinic é ina oide faoistine aici). Bhí daoine aitheanta eile i láthair freisin idir pholaiteoirí, scoláirí, an chléir, ealaíontóirí agus scríbhneoirí ó gach cearn den tír. Léigh an sagart paróiste, An tAthair Mícheál Ó Cíosáin leithscéal a sheol Uachtarán na hÉireann, Éamon de Valera, an tUasal Cathal Ó hEochaidh (An tAire Airgeadais ag an am), an Dr Ó

Muimhneacháin, Easpag Chiarraí, an Dr de Brún, Easpag na Gaillimhe, an t-aisteoir Mícheál Mac Liammóir, agus a lán eile nach raibh ar a gcumas a bheith i láthair ar an ócáid sin. Ach is dual díograis don deireadh, agus bhí ann ina dteannta sin go léir, slua mór de mhuintir na háite, fir, mná agus páistí.

Tar éis nochtadh na leice, thug Seán Ó Súilleabháin, Cartlannaí Choimisiún Béaloideasa Éireann, óráid uaidh inar dhírigh sé aird ar thábhacht Pheig do chultúr na tíre seo agus don chultúr go hidirnáisiúnta.[5] Ghabh sé buíochas chomh maith le Seosamh Ó Dálaigh agus le daoine eile as an obair dhícheallach a dheineadar ag bailiú ó Pheig, ionas go raibh dá bharr anois, a cuid scéalta agus seanchais ar láimh shábhála do na glúnta atá le teacht. Ba chuí ar fad mar d'aithris Liam Budhlaeir go mothálach, an dán 'Ar Uaigh Mo Mháthar' mar chlabhsúr ar an searmanas. Ba é mac Pheig, Mícheál Ó Gaoithín a chum, ach níorbh fhéidir leis bheith i láthair de bharr tinnis. Tuairiscíodh an ócáid go forleathan sna nuachtáin áitiúla agus náisiúnta, agus ar Radio Éireann.[6]

Anois, leathchéad bliain tar éis a báis, tá cáil Pheig scaipthe níos faide fós. Tá na leabhair dhírbheathaisnéiseacha, ar a bhfuil a cáil bunaithe, cuid éigin, tá siad léite ag na céadta míle léitheoir sa Ghaeilge bhunaidh nó san aistriúchán Béarla. Tá fáil orthu chomh maith i roinnt teangacha eile agus tá an chuma air go mbeidh fáil orthu i dteangacha eile amach anseo.[7] Tá cuid de sheanscéalta Pheig curtha i gcló agus iad aistrithe go Béarla[8] agus go teangacha eile, ar a bhfuil Fraincis, Gearmáinis, Sualainnis, Rómáinis agus Seapáinis.[9]

Tá aitheantas tugtha de réir a chéile don tábhacht a bhaineann leis an eolas go léir a chuir Peig ar fáil faoin iliomad gné den saol ina ceantar dúchais; tá tagairtí dó sna céadta, nó b'fhéidir na mílte, foilseachán scolártha, agus ní le teanga na Gaeilge ná a litríocht ná a béaloideas amháin a bhaineann siad, ach le mórán ábhar eile freisin. Níl cuntas i bhfoirm leabhar ar shaol agus ar shaothar Pheig foilsithe fós, ach is ró-líonmhar iad na hailt, scolártha nó eile, ina bhfuil plé orthu. Dírítear mórán airde ar Pheig i scoileanna agus in ollscoileanna, agus is iomaí siompóisiam agus comhdháil atá tugtha suas di. Ní lú ná mar atá faillí déanta ag na meáin inti le blianta beaga anuas, mar tá cláracha ina taobh craolta ag Radio Éireann agus ag RTÉ Raidió na Gaeltachta. Is sampla maith díobh sin, clár Chathail Póirtéir, *Peig: Reflections on an Old Woman,* sa tsraith de chláracha faisnéise ar údair an Bhlascaoid, a craoladh ar dtús i 2003; bhí go leor údar agus scoláire páirteach sa chlár seo agus spreag sé mórán spéise agus cainte. Craoladh roinnt cláracha teilifíse bunaithe ar Pheig chomh maith, agus sa chomhthéacs seo, is ceart tagairt faoi leith a dhéanamh do scannán Bhreandáin Feiritéar, *Slán an Scéalaí* a craoladh ar dtús i 1998, agus a athchraoladh roinnt uaireanta ó shin.

Ach ní hamhlaidh in aon chor go bhfuil gach gné den aird a díríodh ar Pheig moltach uirthi. Má léirigh criticeoirí ardmheas ar a cumas teanga agus a bua mar scéalaí, is minic freisin í cáinte mar scríbhneoir nach bhfuil thar mholadh beirte. Tá maoite go dtéann an grá a léirigh sí dá teanga dhúchais thar cailc agus gur seafóideach é; go bhfuil a grá tíre róshimplí, agus a cráifeacht rómhaoithneach agus róchaointeach.

Ní furasta freagra a thabhairt ar na gceist 'Cérbh í an Pheig Sayers úd?' Ba dhuine í a bhí i bhfad níba chasta ná mar a mheas lucht a molta ná a cáinte.

SAOL PHEIG

Tá na príomhghnéithe de shaol Pheig simplí go leor. Cé go ndealródh siad neamhghnách agus drámatúil dúinne inniu, ní raibh mórán as an ngnáth ná aisteach ag baint leo ag an am sa cheantar inar mhair sí. Mar sin féin, ní féidir tuiscint a fháil ar Pheig agus a bearta, gan scéal a beatha a chur i suim. Fágann sin, gur gá an scéal sin a ríomh sula dtabharfar aghaidh ar phointí níos tromchúisí nuair a bheidh a sainbuanna á soiléiriú. Mar a luadh thuas, ba dhaoine bochta iad tuismitheoirí Pheig, ach bhí a gcomharsana go léir, geall leis, ar aon dul leo, agus d'fhág sin nár ghoill an bhochtaineacht orthu oiread agus a dhéanfadh mura mbeadh an scéal amhlaidh. Saolaíodh Peig i mBaile an Bhiocáire go luath tar éis dá tuismitheoirí aistriú ann ó Fhionntrá. B'as an bparóiste sin dá hathair agus b'as Com Dhíneol, baile fearainn eile i bparóiste Dhún Chaoin, dá máthair. I bhFionntrá a saolaíodh a deartháireacha Pádraig agus Seán, mar aon lena deirfiúr Máire, agus bhí siad seo cuid mhaith níos sine ná í. I ndiaidh dóibh sin a bheith saolaithe, de réir Pheig féin, chaill a máthair go leor leanaí, agus is mar gheall ar sin agus tubaistí eile a d'aistrigh siad ó Fhionntrá. Bíodh sin amhlaidh nó ná bíodh, bhí a tuismitheoirí breá sásta lena n-aistriú agus bhí ríméad an domhain orthu nuair a saolaíodh bábán óg dóibh. Ó thaobh an linbh sin de, mar a léiríonn sí ina dírbheathaisnéisí, bhí meas aici ar a hathair agus grá dá máthair.

Bhí i bhfad níos mó daoine i mBaile an Bhiocáire an uair sin ná mar atá anois, agus de réir a chéile, chuir an cailín óg aithne ar an saol ina timpeall. Bhí sí meabhrach géarchúiseach agus dá mhéid a thug a súile faoi deara, ba mhó fós a thóg a cluasa isteach. Ní mór na deiseanna siamsaíochta d'óg ná do shean a bhí ar fáil san áit, ach ní raibh aon easpa comhrá ann. Bhí pobal an pharóiste tumtha go hiomlán i gcultúr béil na Gaeilge, cé nach raibh a bhformhór mór inniúil ar Ghaeilge a scríobh ná a léamh, agus ní raibh labhairt an Bhéarla acu, ach go briotach. Airíodh bua cainte mar thabhartas faoi leith sa phobal seo agus bhí meas ar an té a bhí in ann é féin a chur in iúl go cruinn beacht agus a d'fhéadfadh craiceann a chur ar scéal.

Bhí nós na bothántaíochta i réim fós i gCiarraí an tráth sin – thugadh daoine cuairt ar thithe na gcomharsan san oíche d'fhonn scéalta nua a phlé agus seanscéalta a chur sa tsiúl – agus ba mhinic le Seán Sayers, a dheirfiúr óg a bhreith leis agus é ag tabhairt aghaidh ar na botháin. Chuala sí mórán Éireann scéalta faoi eachtraí a tharla san am fadó ar na hócáidí seo, agus níos mó arís díobh ina tigh féin nuair a thugadh cairde a hathar cuairt air. Chuir sí spéis an domhain iontu agus choinnigh ina cloigeann go héasca iad mar bhí cuimhne thar na bearta aici.

Dhein duine cuideachtúil di agus b'in tréith a lean léi ar

feadh a saoil. Leanbh neamhghnách ab ea Peig sa mhéid gur mhór an sásamh a bhaineadh sí as comhluadar seandaoine, rud a d'fhág, gan amhras, cuma sheanchríonna uirthi. Ach bhí seans aici leis cairdeas a bhunú le cailíní a comhaoise, go háirithe nuair a thosaigh sí ar an scoil, rud a dhein sí go hóg, mar ba ghnách ag an am. Thaitin an scoil léi agus dealraíonn gur scoláire maith í. B'ábhar maoite aici ar feadh a saoil gur mhúin an fear cáiliúil sin, Seán Ó Dálaigh í, ('An Common Noun' a bhíodh mar ainm cleite aige) – athair an bhailitheora béaloidis, Seosamh Ó Dálaigh, a mbeadh ról tábhachtach aige ina saol níos déanaí.[10] Ach ní haoibhneas ar fad a bhí ag Peig ina hóige. Bhí sí suaite, mar shampla, ag drochshláinte a máthar (nár soiléiríodh riamh cad ba chúis leis). Mar sin féin, ar an mórchóir, bheadh sé cruinn a rá go raibh óige shona aici.

Ach ní leanfadh an scéal amhlaidh. Mheas Peig féin gur ceileadh a hóige uirthi. Thosaigh na tubaistí nuair a phós a deartháir, Seán, agus thug a bhean, Cáit, chun cónaithe sa tigh leo. D'iompaigh sí sin i gcoinne Pheig agus mheas gurbh ualach ar an líon tí í. Dá bharr sin, b'éigean do Pheig an scoil agus an tigh a fhágaint, gan í fós ceithre bliana déag d'aois, agus dul in aimsir. Chuaigh sí ag obair i dtigh mhuintir Churráin sa Daingean. Bhí ceann de na siopaí ba mhó ar an mbaile acu, sa tSráid Mhór – siopa atá fós ann agus cuid mhór de bhlas an tseansaoil air. Ní nach ionadh, mhothaigh an cailín óg uaigneach agus cráite ar dtús – í deighilte amach óna clann féin in áit a bhí stróinséartha ar fad di, agus teanga ina timpeall nárbh í a teanga dhúchais í.

Ach chuaigh sí i dtaithí ar a saol nua, a bhuíochas do chineáltas a fostóirí (a labharaíodh Gaeilge le chéile de ghnáth, cé gur Béarla a labhraídís lena gclann), agus go mór mór do mháthair aosta a máistir, Nain, nár labhair faic léi ach Gaeilge. D'éirigh sí sin an-cheanúil ar an gcailín a bhí chomh sásta agus fiú ciocrach, éisteacht leis na scéalta a bhí aici. Réitigh Peig go maith freisin le mac agus iníon a máistir, leanaí a bhí cóngarach go leor in aois di féin. Tháinig críoch lena biaiste in aimsir sa

Daingean, áfach, nuair a theip ar a sláinte (níor soiléiríodh cén bhreoiteacht a bhuail í féin ach an oiread). Pé scéal é, cheap Peig nach raibh aon leigheas ar a cás ach filleadh abhaile ar feadh tamaill.

Dhein sí sin, agus ba ghearr go raibh sí sláintiúil a dóthain le dul in aimsir arís. An babhta seo chuaigh sí ag obair ar fheirm i gCnoc an Bhróigín i bparóiste Chill Dromann, cúpla míle siar ó thuaidh ón Daingean. Caitheadh go suarach léi ansin agus tugadh uirthi obair fir a dhéanamh. Deireann sí faoina fostóirí agus a gclann, go rabhadar gallda, ag tabhairt le fios, is dócha, gurb é an Béarla a dteanga laethúil.

Ba é a t-aon bhealach éalaithe as a cruachás ba léir do Pheig ná dul ar imirce go Meiriceá – an bhrionglóid a bhí ag mórán buachaillí agus cailíní óga ag an am. Gheall cara scoile di, Cáit Jim, a bhí imithe anonn cheana féin, go gcuirfeadh sí costas an phasáiste chuici, ach nuair a theip uirthi siúd a geallúint a chomhlíonadh, dúnadh an doras éalaithe sin leis ar Pheig.

Níorbh aon rogha róthaitneamhach di leanúint le saol ainnis an chailín aimsire ar bheagán pá, agus thoiligh sí ansin glacadh le tairiscint phósta ó Phádraig Ó Guithín, iascaire ón mBlascaod Mór, oileán mara trí mhíle amach ón míntír i nDún Chaoin. Bhí Pádraig ('Peatsaí Flint' mar a thugtaí air) naoi mbliana níos sine ná í, agus pósadh iad i mBaile an Fheirtéaraigh ar an 13ú lá d'Fheabhra 1892. Cleamhnas a deineadh eatarthu, agus leath Peig féin an scéal nach bhfacadar a chéile riamh nó go dtáinig Pádraig go tigh a hathar á hiarraidh mar chéile. Tharlódh, áfach, gur áiféis bheag mhagúil uaithi é seo, go háirithe ón uair gur admhaigh sí níos déanaí ina saol go raibh aithne aici ar Pheatsaí sular phósadar. Pé scéal é, is cinnte go bhfuil breall orthu siúd a mhaíonn nár chás rómhór – ná in aon chor – léi Peatsaí. Ba é a mhalairt a bhí fíor, mar tá roinnt mhaith fianaise go raibh sí an-sásta lena céile lúfar láidir, a raibh a ainm in airde mar rámhaí agus mar iascaire, agus le himeacht aimsire, gur mhéadaigh freisin ar an taitneamh a thug sí dá dheisbhéalaí agus dá mheabhair chinn. [11]

9

Bhí an teaghlach ar tháinig Peig isteach ann thar a bheith líonmhar – fiú mar theaghlach ar an mBlascaod. Bhí beirt tuismitheoirí a céile ann mar aon le deartháir agus beirt deirfiúracha dó, agus gan aon duine acu sin pósta. Réitigh Peig go maith leo agus bhí siadsan breá sásta léi. Shnaidhm sí dlúthchairdeas le bean ar an Oileán, Cáit Ní Bhriain. Ní raibh an t-uaigneas a bhíodh á ciapadh go minic roimhe sin ag goilliúint anois uirthi, go mór mór ó thosaigh na leanaí á saolú di. Saolaíodh an chéad leanbh di, Muiris, geall le seachtain sula raibh sí bliain iomlán pósta. Bhí seisear eile clainnne aici ina dhiaidh sin (de bhreis, is cosúil, ar thriúr eile a cailleadh go luath tar éis a saolaithe,[12] rud a bhí coitianta go maith san am sin). Triúr mac a bhí aici, Pádraig, Mícheál agus Tomás, agus triúr cailíní, Cáit, Siobhán agus Eibhlín (Neil). Saolaíodh Neil, an leanbh ab óige i 1911, agus bhí Tomás, an té ba ghiorra di sa chlann, ocht mbliana níos sine ná í. Bhí a croí agus a hanam ag Peig sna leanaí, agus ba throm an buille uirthi é dá bhrí sin, gur cailleadh Siobhán leis an mbruitíneach agus í timpeall ocht mbliana d'aois.

Ní raibh sa mhéid sin ach réamhfhógra ar shraith tubaistí a thosaigh le ceiliúradh shláinte Pheatsaí (ní lú ná mar a sonraíodh a ghearán siúd) agus ina dhiaidh sin, bás tragóideach Thomáis, a thit le haill ar an 18ú lá d'Aibreán 1920. I bhfómhar na bliana sin d'imigh a mac Pádraig ar imirce go Meiriceá, agus i ndeireadh na bliana 1922 chuir sé costas an phasáiste go dtí a dheirfiúr Cáit. San Aibreán dar gcionn cailleadh a céile in aois a 61 bliain, agus ba ghearr gur thosaigh na leanaí a bhí fós sa bhaile, ar a n-aghaidh a thabhairt ar Mheiriceá, duine ar dhuine, mar a dhein mórán nach iad ar an mBlascaod.[13] Ba é Mícheál, ar a dtugtaí 'An File', an duine deireanach díobh a d'fhág, agus d'imigh sé sin i 1929. Ar feadh tamaill ansin, bhí Peig díreach chomh huaigneach agus chomh cráite céanna agus a bhí sí sna blianta deireanacha sular phós sí. Ní raibh sa tigh anois léi ach a deartháir céile Mícheál, ar a dtugtaí 'Codaí', agus bhí tonn den aois ar siúd agus é leathchaoch. Tharla na himeachtaí seo go léir sa tréimhse ina raibh saol sóisialta agus eacnamaíocht an Oileáin ag titim siar go mór, agus caolsheans – má bhí seans ar bith ann – a bheadh ag Peig aon duine dá clann a fheiscint go deo arís. Ba ghearr eile go bhfuair sí scéala gur cailleadh go tubaisteach a mac Muiris i Meiriceá.

Ach bhí de thoradh ar an lagtrá mór i gcúrsaí eacnamaíochta thall, nár éirigh lena mac Mícheál obair a aimsiú agus d'fhill sé abhaile. I dtreo dheireadh na 1920í freisin, tharla cor nua chun feabhais i saol Pheig mar bhí a clú mar bhean eolgaiseach a bhí dea-bhriathrach thar an gcoitiantacht, á bhuanú i measc teangeolaithe agus scoláirí eile ón tír seo agus ón iasacht, agus b'aoibhinn ar fad le Peig a gcomhluadar siúd. Chuireadar sólaistí beaga ar fáil di chomh maith, tobac dá píopa – a raibh dúil mharfach aici ann, mar a bhí ag seanmhná eile ar an mBlascaod – agus braonaíocha beaga fuisce nach raibh aon doicheall aici rompu ach oiread. Faoin am gur fhill a mac ó Mheiriceá, bhí cáil Pheig á leathadh cheana féin. Mar is léir ón iliomad grianghraf, líníocht agus pictiúr, bean bhreá ab ea í; déarfadh scata gur bhean álainn í. Bhí cuid acu sin a bhí ina comhluadar an-tógtha lena súile beoga glasa agus a lámha geáitsiúla.[14] Mar sin féin mar a thuigfí óna leasainm, 'Peig Mhór'[15] (nár leasc léi a thabhairt uirthi féin), bhí sí teann téagartha ach le himeacht na mblianta, chuaigh a haclaíocht ar gcúl.

Ba léir nach n-oirfeadh saol ar an Oileán, i bpobal a bhí scoite amach agus ag síothlú, gan sagart ná dochtúir, do bhaintreach a bhí ag dul in aois agus gá aici le cúram spioradálta agus leighis. Ar an mbonn sin, bheartaigh Peig agus a mac aistriú go dtí an míntír. Chuireadar fúthu ansin sa bhaile fearainn céanna a d'fhág Peig daichead bliain roimhe sin, agus is ann a thug sí formhór de bhlianta eile a saoil. Bhí na chéad bhlianta ann sona go maith agus lean scoláirí ón tír seo agus ón iasacht ag triall uirthi mar aon le daoine eile ar mhór acu í.

Ach bhí a sláinte ag dul chun donais an t-am ar fad. Bhí sé de mhí-ádh uirthi gur bhris sí a cos, ospairt a chuir sí síos, idir shúgradh is dáirire, do sprid mhná feasa sa cheantar a mhaslaigh

11

sí i ngan fhios di féin.[16] Bhí a radharc ag dul in olcas de réir a chéile nó gur éirigh sí dall ar fad sa deireadh. Aithníodh go raibh ailse ina carball – seans gur iomarca den phíopa ba chúis leis. Le linn di a bheith faoi chúram dochtúra, chaith sí tamall gearr in ospidéal Naomh Anna i mBaile Átha Cliath. Ba é seo an chéad agus an t-aon bhabhta aici a bheith sa phríomhchathair, nó go deimhin, in aon áit lasmuigh dá contae dúchais. Chaith sí na blianta deireanacha dá saol ag coimeád na leapa in ospidéal Naomh Eibhlís sa Daingean. Ach níor scar a haigne bheacht léi ná a cuimhne iontach, ná a spéis i ndaoine, ná a cumas cách a tháinig a dteagmháil léi a chur ar a suaimhneas agus a bheith fáilteach rompu. Is fínné mé féin ar an méid sin mar bhí sé de phribhléid agam bualadh léi an bhliain sular cailleadh í. Dúirt a mac Mícheál, a bhí ag leaba a báis, mar aon lena comharsa béaldorais Muiris Ó Lúing, gur chuir sí in iúl sna focail dheireannacha a labhair sí gur mhór an trua iad san go léir a bhíonn ag tabhairt aghaidh ar an mbás[17] – ráiteas a léiríonn an dámh a bhí aici le gach daonnaí agus a tuiscint don phian dhosheachanta a leanann an bheatha dhaonna.

DÍRBHEATHAISNÉISÍ PHEIG

Níl luaite sa lomchuntas thuas ar bheatha Pheig ach an beagán beag d'imeachtaí a saoil, agus is lú fós atá ann faoinar eol i dtaobh a mothúchán agus a freagairt do na sóláis agus na dóláis a chas ina treo. Is ionadh saolta a bhfuil ar eolas fúithi, a bhuíochas sin don dá leabhar dhírbheathaisnéiseacha, go háirithe *Peig: A scéal féin* (foilsithe den chéad uair i 1936), ach *Machtnamh Seana-mhná* (1939) leis, agus mar aon leo sin, an leabhar a foilsíodh faoi ainm a mic, Mícheál Ó Gaoithín, *Beatha Pheig Sayers* (nár foilsíodh go 1979, ach gur léir gur scríobhadh cuid de ar a laghad, agus Peig beo). Mar is léir ón réamhrá le dírbheathaisnéis Mhichíl féin, *Is Truagh ná Fanann an Óige* (a aistríodh go Béarla faoin teideal *It Is a Pity Youth Does not Last*), críochnaíodh é i 1942 (cé nár foilsíodh é go dtí 1953), agus d'fhéadfaí é seo leis a áireamh mar chuid dhílis d'oidhreacht liteartha Pheig. De bhreis orthu sin go léir, tá trácht ar Pheig i roinnt leabhar eile faoin mBlascaod agus tá cuntais iomadúla uirthi, agus go leor ráitis fúithi, ar fáil ó dhaoine a raibh aithne mhaith acu uirthi.

Ní i gcónaí a réitíonn siad seo le chéile ná leis an léiriú ar Pheig a fhaightear ina dírbheathaisnéisí. Toisc gur amhlaidh atá, ní hionadh go mbeadh criticeoirí áirithe den tuairim gur léiriú neamhiomlán aontaobhach ar an údar atá in *Peig*, agus fós gur mhaisigh tionscnóirí an leabhair, an t-eagarthóir Máire Ní Chinnéide agus daoine eile, a híomhá d'fhonn freastal ar aidhmeanna náisiúnta agus polaitiúla.[18] Ó tharla gan fáil ar lámhscríbhinní (ná fiú profaí) is deacair na tuairimí seo a dhearbhú ná a bhréagnú. Nuair a fhéachtar le ladar daoine eile a aithint i scéal Pheig, is castacht bhreise í go raibh Peig gan scríobh ná léamh na Gaeilge, ach gurbh amhlaidh a dheachtaigh sí a leabhair dá mac Mícheál. Le linn don obair sin a bheith ar bun eatarthu, is léir nach bhféadfaidís gan plé a dhéanamh ar leagan amach agus ar ábhar na leabhar. Is maith is fiú cíoradh níos géire a dhéanamh ar na ceisteanna crosta seo ná mar is féidir anseo. I mo thuairimse, ar aon nós, téitear i bhfad thar cailc nuair a mhaítear gurb é Mícheál is údar do thuairimí áirithe i leabhair Pheig nach réitíonn le blas na haoise seo. Mar rud amháin, tuigim ó mo mhóraithne phearsanta ar Mhícheál, gurb í an fhírinne atá aige ina ráiteas sa réamhrá le *Peig*, mar a ndeireann sé, in aon fhocal amháin, gur scaoil sé cead a cinn lena mháthair, gan aon chur isteach a dhéanamh uirthi.[19]

Tuigimid ón eolas go léir atá ar fáil faoi Pheig, go raibh sí chomh daingean neamhspleách sin inti féin, gur ar éigean a cheadódh sí dá mac aon rud a chur sa leabhar in éadan a tola, fiú dá mba mhian leis é. Ní móide, áfach, gurbh fhonn leis a leithéid a dhéanamh i bhfianaise a mhinice a thagair lucht aitheantais don dlúthchaidreamh a bhí idir máthair agus mac, agus a chóngaraí is a bhí a dtuairimí dá chéile, go háirithe maidir leis an ngrá a bhí acu beirt dá dtír, dá dteanga agus dá gcreideamh. Tá a lán fianaise ar thuairimí Pheig faoi na pointí sin ó fhoinsí eile seachas na leabhair, agus is léir gur gheall le constráid amháin gan deighilt aici, tír teanga agus creideamh. Tá friotal ar an ngné seo dá meon sna taifeadtaí a ghabhann leis an bhfoilseachán seo. Pé dearcadh a bheadh ag duine ar na ceisteanna seo, is ar éigean a bheadh sé ceart ná cóir a shéanadh go bhfuil tuairimí agus mothúcháin Pheig maidir leo, léirithe go fírinneach sna leabhair. Tá an rud céanna fíor faoin duairceas agus faoin olagón i dtaobh ghiorracht na hóige agus neamhbhuaine an tsaoil, gur geall le téamaí leanúnacha iad in *Peig* agus *Machtnamh Seana-mhná*, agus gur uisce ar a muileann siúd iad ar mian leo an tuairim bhréagach a chur chun cinn nach raibh Peig riamh óg, ach gur seanbhean chaointeach a bhí inti i gcónaí. Ach nuair a chuirtear san áireamh an cruatan go léir a d'fhulaing Peig, an bhféadfadh aon duine a rá go macánta nach raibh sí i dteideal friotal a chur ar a brón agus a briseadh croí?

Ní ceart, ach an oiread, a ligean i ndearmad go bhfuil trácht ar a lán nithe pléisiúrtha in *Peig* – féilte agus ócáidí spraoi lena clann agus a cairde, aoibhneas agus áilleacht an dúlra, agus mórán nithe eile. Ní thugtar cothrom na Féinne do Pheig ach oiread, má áitítear go gcuireann sí í féin i láthair sna leabhair mar dhuine ceartaiseach gan locht. Tá áiteanna in *Peig*, agus níos mó arís acu sna leabhair eile, ina n-admhaíonn sí go raibh sí ciontach i gcleasaíocht, i mímhacántacht, i mionghadaíocht agus in iompar eile a thaispeáineann nárbh aingeal ar fad í.

Tá tuairimí éagsúla curtha chun cinn maidir le fiúntas liteartha leabhar Pheig. Ar an mórchóir, is dócha gurbh fhíor a rá, go bhfuil athrú ar dhearcadh an phobail ina leith ón ardmheas a bhíodh orthu tráth, go dtí an tuiscint reatha gur moladh thar a gceart iad. Tá aird dírithe go háirithe ar laigí sa struchtúr agus sa charachtarú (níos follasaí in *Machtnamh* ná in *Peig*). Ba é an buille ba thubaistí ar a cáil, *Peig* a chur ar an gcuraclam Gaeilge i scoileanna dara leibhéal an Stáit i 1962 – rud gan dabht, nach raibh an leabhar in oiriúint chuige in aon chor. Chothaigh seo an oiread gráin áiféiseach uirthi go ndeirtear fiú go mbaineadh buachaillí scoile an clúdach ar a raibh pictiúr Pheig den leabhar agus go ngreamaídís ar an bhfalla é d'fhonn é úsáid mar sprioc chun caitheamh leis![20] Tá a lán daoine, go háirithe ina measc siúd gur fuath leo Peig, agus a chuireann an milleán uirthi faoina neamhshuim féin sa Ghaeilge nó a n-éagumas ina labhairt, go raibh feachtas, geall leis, ar siúl acu go dtí le déanaí, d'fhonn drochmheas a tharraingt uirthi. D'fhéachadar léi féin agus a leabhair a ionannú le gach rud a d'áireofaí a bheith seanaimseartha, ar dhroch-chaighdeán agus leamh.[21] Ar an dea-uair, dealraíonn an meon seo a bheith ag dul i léig, agus b'fhéidir nach fada go mbeidh deireadh ar fad leis nuair nach téacs riachtanach ar shiollabas na scoileanna é *Peig* feasta.

Pé fiúntas liteartha a bhaineann le leabhair Pheig, ní fhéadfadh aon duine a shéanadh ná gur cumasach é a máistreacht ar an teanga, gur ollmhór é saibhreas a foclóra, agus gur taitneamhach é tomhaisteacht a habairtí. Chuaigh an tslí ealaíonta ina dtug sí cuntas ar a lán eachtraí i bhfeidhm ar fhilí agus ar scríbhneoirí, leithéidí Sheáin Uí Ríordáin agus Sheáin Uí Thuama, beirt a bheadh ar na daoine is grinne breithiúnas maidir le fiúntas liteartha. Bhí Ó Ríordáin den tuairim gur dheacair scríbhneoir eile Gaeilge a aimsiú a bheadh in ann comhrá a chumadh a bheadh chomh beoga chomh réidh chomh nádúrtha leis an gcomhrá i leabhair Pheig. Ní foláir dúinn freisin a bheith aireach, mar a mheabhraigh Ó Tuama dúinn, nach nglacfaimis leis na cuntais a thugann Peig ar eachtraí ina saol mar aithinsintí loma ar rudaí a tharla. A mhalairt ar fad atá fíor, dar leis, mar go bhfuil gach aon rud a thuairiscíonn Peig seacht n-uaire níos fearr ná cuntas lom beacht ar an eachtra féin. Sháraigh a haigne chruthaitheach fhileata an réaltacht lom i gcónaí. [22] Ní féidir a shéanadh ach an oiread, ná go mbaineann fiúntas thar na bearta le leabhair Pheig mar cháipéisí sóisialta; ní móide go bhfuil aon fhoinse eile is fearr ná iad a thugann léargas ar shaol na mban i nDún Chaoin ná ar an mBlascaod i ndeireadh an 19ú haois agus ag tús an 20ú haois.

In ainneoin na mbuanna go léir is féidir a áireamh mar

mholadh ar na dírbheathnéisí, d'fhéadfaí a áiteamh gurb é an tábhacht is mó a bhaineann leo ná gurb iad faoi deara, roinnt éigin, níos mó eolais a bheith ar fáil faoi Pheig ná mar atá, geall leis, faoi aon bhean Éireannach eile dá linn. In ainneoin a bhfuil d'eolas ann faoi Pheig, féach nach mar bhean a smaoiníonn go leor daoine uirthi ach mar leabhar. Ach is é fírinne an scéil nach mbaineann a tábhacht i ndáiríre le leathanaigh chlóite na ndírbheathaisnéisí a dheachtaigh sí dá mac, ach leis an líon dochreidte scéalta agus eachtraí a bhí ina seilbh. Is ina healaín bhéil, den chuid is mó, a léirítear buaic a fiúntais, agus ní ina leabhair, ná mar údar ná scríbhneoir sa ghnáthchiall. Ní lú ná mar a chum sí féin na scéalta a d'inis sí go slachtmhar, ná ní raibh siad bunaithe mórán uirthi féin ná ar imeachtaí na linne. Ba scéalta traidisiúnta iad a cuireadh ar aghaidh trí na glúnta, ó bhéal go béal, agus bhí fréamhacha chuid acu na céadta, nó fiú na mílte bliain siar; ach dhein sí siúd a cuid féin díobh ag bualadh branda a pearsantachta, a saoldearcaidh agus a taithí féin orthu.

Ó thaobh a raon, a bhfiúntas agus a n-éagsúlacht, tá na scéalta seo de chuid Pheig i bhfad chun tosaigh ar a dírbheathaisnéisí. Tá suas le 5000 leathanach lámhscríofa d'ábhar béaloidis a bailíodh uaithi i gCnuasach Bhéaloideas Éireann, Lár-Ionad Uí Dhuilearga, An Coláiste Ollscoile, Baile Átha Cliath,[23] agus tá roinnt mhaith ábhair eile uaithi i gcló i bhfoinsí éagsúla le cur leis an méid sin.[24] Fiú munar scéalta traidisiúnta amháin atá sna cnuasaigh seo, is cinnte gur scéalta traidisiúnta formhór dá bhfuil iontu. Is minic ráite é go raibh 375 scéal i *repertoire* Pheig, agus tharlódh, go deimhin, go bhfuil an figiúr sin cruinn go leor.[25]

MAR FUAIR PEIG A SCÉALTA

Ní nach ionadh, bheadh duine fiosrach maidir le cathain, cén áit agus conas a chuir Peig le chéile an stór ollmhór scéalta a bhí aici, stór a fhágann gurb í an scéalaí is mó le rá in Éirinn í, nó b'fhéidir fiú, sa domhan trí chéile. Tá a lán taighde le déanamh

fós sular féidir freagra críochnúil a thabhairt ar an ceisteanna
seo, ach mar sin féin, tá cuid mhaith ar eolas le cinnteacht,
cheana féin. Is aisteach gur fir is mó go raibh tionchar acu ar an
mbean seo a bhí ina banríon ar bhanscéalaithe. Bhí a hathair,
Tomás Sayers, áirithe ar dhuine de na scéalaithe ab fhearr lena
linn[26] agus ba é siúd, i bhfad Éireann níos mó ná aon duine eile,
a mhúnlaigh Peig ina scéalaí. Is uaidh a fuair sí trí ceathrúna, ar
a laghad, dá cuid scéalta. Tá a lán acu seo suite i bhFionntrá, nó
tá le brath orthu gur as sin dóibh, agus, níos minice ná a chéile,
bheidís seo foghlamtha ag Peig agus í ina leanbh nó ina cailín
óg. Seachas a hathair, ba é a fear céile Pádraig an scéalaí is mó a
raibh meas ag Peig air. Thóg sé siúd a chuid scéalta ar a thurais
go Com Dhíneol, an baile fearainn i nDún Chaoin arbh as
máthair Pheig, agus a thuilleadh fós acu ó iascairí Uíbh
Ráthaigh. Ach thóg Peig scéalta ó go leor daoine eile freisin ag
trátha éagsúla dá saol. Bheadh mná orthu seo leis, ina measc a
máthair, a deirfiúr Máire, agus Nain, máthair a fostóra sa
Daingean, Séamas Ó Curráin. D'fhoghlaim sí roinnt scéalta óna
deartháir Seán chomh maith agus ó chomharsana i nDún
Chaoin agus ar an mBlascaod. Is fíor dá réir sin, gur léiriú iad
scéalta Pheig ar sheantraidisiún dílis a clainne agus go rabhadar
fréamhaithe go doimhin in ithir a dúchais. Chuir a mac Mícheál
roinnt míreanna spleodracha le stór scéalta Pheig; bhí scéal a
chuala sé i Meiriceá ar cheann acu, agus cúpla eachtra eile gur
ón litríocht dóibh, ceann acu, aisteach go leor, a d'eascair as
Decamerone Boccaccio.[27]

NA BAILITHEOIRÍ AGUS A mBAILIÚCHÁIN

Fiú mura dtiocfadh aon bhailitheoir béaloidis riamh chomh fada
le Peig, seans go bhféadfaí tuairim ghrinn a chaitheamh gurbh
í an scéalaíocht a príomhbhua seachas breacadh leabhar
dírbheathaisnéiseach. D'fhéadfaí dul amach ar an méid sin ón
tslí ar chuir sí cuid dá scéalta traidisiúnta isteach sna leabhair.
Go deimhin, tá léirmheastóirí grinne ann a áireodh na sleachta
seo ar an gcuid is fearr de na scríbhinní sin. Ní hionadh ach

oiread gurbh é an caibidil a roghnaigh an béaloideasóir
Sualannach Carl Wilhelm von Sydow, le haistriú – an té a
chéadchuir Peig i láthair léitheoirí ón iasacht – ná an caibidil a
thuairiscíonn conas mar chaith Peig an Nollaig sa Daingean
gona chuntas mothálach ó bhéal Naín ar eachtra mhíorúllteach
faoin Maighdean Mhuire agus Naomh Bríd.[28]

Mar sin féin, mura mbeadh an obair dhúthrachtach
dhícheallach a dhein a lán bailitheoirí, agus mura mbeadh fís
agus cumas eagraithe roinnt scoláirí, go háirithe Séamus
Ó Duilearga agus a chomhghleacaithe sa Chumann le
Béaloideas Éireann agus i gCoimisiún Béaloideasa Éireann,[29]
ní bheadh ach samplaí fánancha de scéalta Pheig ar fáil do na
glúnta atá le teacht.

Bhí breis agus dosaen duine a chuaigh i mbun béaloideas
a bhailiú ó Pheig; bhí fir agus mná orthu ó leathdhosaen tír,
iad difriúil ó thaobh aoise, agus éagsúlacht mhór ina dtaithí
saoil.

Cormac Ó Cadhlaigh (1884–1960) [30]
Ní féidir a rá le cinnteacht cérbh é an chéad duine a bhailigh
béaloideas ó Pheig. Ina chuimhní cinn, maíonn Cormac
Ó Cadhlaigh, Conraitheoir a ceapadh ina dhiaidh sin mar
Ollamh le Gaeilge sa Choláiste Ollscoile, Baile Átha Cliath,
gurbh é féin an té sin. Dealraíonn nach raibh aon scéalta i
measc an ábhair a bhailigh sé sin ó Pheig le linn do tréimhse a
chaitheamh ar an mBlascaod ina fhear óg i 1907 – téacsanna
amhrán agus seanfhocail amháin a thóg sé. Tá an bailiúchán
sin imithe amú, faraoir, ach thóg bailitheoirí eile síos formhór
na n-amhrán atá luaite faoina dteideal aige ina chuimhní cinn.
Ní móide, áfach, go raibh aon chaidreamh ródhlúth idir Ó
Cadhlaigh agus Peig. Tar éis an tsaoil, de réir a chainte féin, is
Bean Uí Ghuithín a thugadh sé uirthi – beannú nach
bhféadfadh gan a bheith aduain di siúd, óir choinnigh sí a
sloinneadh féin tar éis di pósadh – rud ba ghnách le mná na
Gaeltachta a dhéanamh.

Pádraig Ó Guithín (1893–?) and Cáit Ní Ghuithín(1895–?)

Ní scoláirí ná cuairteoirí ar an Oileán a bhailigh na chéad mhíreanna béaloidis ar marthain ar féidir iad a rianadh le cinnteacht siar go Peig. A clann féin a sholáthraigh iad agus chuireadar isteach iad mar thairiscintí don iris Ghaeilge, *An Lóchrann*. Chuir Cáit, an iníon is sine a bhí ag Peig, bailiúchán isteach agus í fós ina cailín scoile ina raibh dhá scéal, 'Siobhán agus Domhnall' – greannscéal nó manglam de ghreannscéalta a bhí ar eolas go forleathan faoi bheanchéile óinsiúil – agus leagan den *chante fable* 'Seán 'ach Séamais'.[31] Níl sé soiléir an amhlaidh a scríobh Cáit síos na scéalta seo ó bhéalaithris a máthar nó an amhlaidh a bhí siad cloiste chomh minic sin aici go raibh sí ábalta iad a scríobh óna cuimhne féin. Níl aon cheist, áfach, ná go bhfuil siad chomh cosúil le leaganacha a bailíodh ó Pheig níos déanaí, nach féidir a bheith in amhras ná gur uaithe a tháinig siad.[32]

Seans gur de bharr na scéalta a scríobh Cáit síos a bheith curtha i gcló, a spreagadh an deartháir ba shine aici, Pádraig, chun leagan den dán 'Fáilte an Linbh Íosa', a sheoladh chuig *An Lóchrann*.[33] Seo é an dán céanna sin a d'aithris Peig an chéad Nollaig a chaith sí ina cailín aimsire sa Daingean;[34] tá leagan eile de uaithi ar na taifeadtaí seo (mír 15).

Robin Flower (1881–1946)[35]

Sa bhliain 1910 thug an Sasanach Robin Flower, ('Bláithín' mar a thugadh na Blascaodaigh air), saineolaí ar an meánaois agus Leas-Choimeádaí Lámhscríbhinní i Músaem na Breataine, a chéad chuairt ar an mBlascaod, agus thagadh sé ann ar saoire go rialta ina dhiaidh sin. Le linn na chéad chuairte sin, caithfidh gur chuir sé aithne ar Pheig, ar scríobh sé chomh geanúil sin ina taobh ina leabhar *The Western Island*.[36] Níl aon fhianaise againn, áfach, gur bhailigh sé aon ábhar uaithi go dtí deireadh na 1920í.[37] Chuir Séamus Ó Duilearga, seanchara a raibh ardmheas aige ar Flower, roinnt de na scéalta a bhí bailithe aige i gcló in *Béaloideas: Iris an Chumainn le Béaloideas Éireann*, a raibh sé ina eagarthóir air.[38] Blianta ina dhiaidh sin, tar éis bhás Flower, chuir

Ó Duilearga a thuilleadh de na scéalta a bhailigh sé ó Pheig i gcló faoin teideal 'Measgra ón Oileán Tiar'.[39]

Ach fós féin, is i lámhscríbhinn atá fáil ar an gcuid is mó den bhailiúchán a dhein Flower. I measc an ábhair seo tá na taifeadtaí eideafóin a deineadh i 1930, an chéad taifeadadh fuaime de Pheig, agus ceann de na taifeadtaí fada is túisce d'aon scéalaí in Éirinn. Fuair Coimisiún Béaloideasa Éireann seilbh ar na taifeadtaí seo tar éis bhás Flower, agus thrascríobh an bailitheoir lánaimseartha Seosamh Ó Dálaigh iad. Ní mór eile seachas é a bheadh ábalta an gnó sin a dhéanamh mar bhí drochbhail ar na fiteáin. Ní éireodh leis siúd féin é a dhéanamh, mura mbeadh go tráthúil, go raibh ar a chumas iad a sheinm i láthair Pheig, agus a tuairim a fháil ar cad a bhí ráite aici sna háiteanna ina raibh an fhuaim doiléir. Mar ba dhual gairme dó, bhí cíocras ar Flower scéalta gaolmhara dóibh sin a bhí ag Peig, a aimsiú i litríocht na meánaoise in Éirinn agus sa Mhór-roinn, ach bhí tuiscint íogair aige chomh maith d'áilleacht chaint Pheig agus dá healaín in insint scéil, rud is léir óna chuntas breá uirthi in *The Western Island*.[40] Thug sé gean do shaol laethúil na n-oileánach agus ba bhreá leis a bheith páirteach ann; ní raibh Peig ach ocht mbliana níos óige ná é agus dhein dhlúthchara dá cuid de agus ba mhór a meas air, ach más ea, bhí sciar maith magaidh agus sáiteán i geist sa chairdeas eatarthu chomh maith. 'Dhéanfainn chomh dána leis agus dhéanfainn leatsa,' a dúirt sí le Seosamh Ó Dálaigh.

Kenneth Jackson (1909–1991)[41]
Ba é an chéad duine eile a dhein mórbhailiúchán ó stór bhéaloideas Pheig – ar gheall le tobar gan trá é – ná Kenneth Jackson, mac léinn ó Cambridge, agus scoláire clúiteach Ceiltise níos déanaí. Tháinig sé go dtí an Blascaod Mór ar mholadh Flower chun Gaeilge a fhoghlaim i 1932, agus chaith tréimhse ann gach aon samhradh go dtí 1937. Foilsíodh a bhailiúcháin ó Pheig, seanscéalta agus finscéalta den chuid is mó, in *Béaloideas* (a bhuíochas arís do spreagadh an Duileargaigh), a bhformhór faoin teideal *Scéalta ón mBlascaod*.[42] Bhí modh bailithe

20

neamhghnách ag Jackson agus b'ábhar mór iontais ar an Oileán é. Nuair a thosaigh sé ar na scéalta a scríobh síos ó bhéalaithris Pheig sa script idirnáisiúnta fhoghraíochta, ní raibh aon tuairim aige cad é an bhrí a bhí leo, mar nach raibh an Ghaeilge ar a thoil aige go fóill. Ach in ainneoin nach raibh, bhí sé ábalta iad a léamh ar ais le cruinneas foghraíochta a bhain leathadh súl as Peig agus gach duine eile. Ansin chuireadh sé ceist ar Pheig faoi ábhar na scéalta agus d'iarradh sé uirthi aistriúchán Béarla a dhéanamh orthu.[43] Is furasta a shamhlú cé méid foighne agus dúthrachta a d'éiligh an modh oibre seo ar Pheig.

Ar a shonsan is uile, agus in ainneoin nach raibh ar chumas Jackson, an mac léinn, aon chúiteamh a thairiscint don scéalaí (munarbh ionann agus Flower, a raibh cáil na féile air sna cúrsaí seo), bhí Peig thar a bheith toilteanach cabhrú i ngach aon tslí le Kenneth Jackson nó Cionadh Mac Sheáin, mar a tugadh sa Bhlascaod air. D'fhás caidreamh máthair–mic eatarthu a bhfuil léiriú íogair air i litir (i mBéarla) a scríobh sí chuige tar éis dó filleadh ar Shasana, mar a ndúirt sí *I have for you a mother's love and respect*.[44] Chúitigh Kenneth a cion máthartha léi mar a léirítear ní amháin in *Scéalta ón mBlascaod,* ach freisin i dtiomnú a leabhair *The International Popular Tale and Early Welsh Tradition* (1961),[45] saothar inar bhain sé leas éifeachtach as scéalta a bhailigh sé uaithi.

Fear ildánach ab ea Jackson, agus mar a thuigfí óna mhodh bailithe, ba fhoghraí den scoth é. Ar an drochuair, áfach, toisc é bheith chomh tógtha sin le mionsonraí chaint Pheig a léiriú sa trascríobh a dhein sé ón script fhoghraíochta go gnáthlitreacha, chuaigh sé i muinín chóras litrithe aduain. Cé go léiríonn sé foghraíocht Pheig, agus go bhfuil fiúntas faoi leith sna téacsanna do theangeolaithe dá bharr sin, féach nach bhfuil an bailiúchán chomh sóléite do léitheoirí eile agus a thuilleann sé a bheith. Ach ar ndóigh, níor shaineolaí Ceiltise amháin é Jackson, agus ar aon dul le Flower, bhí léitheoireacht fhairsing déanta aige i litríocht na meánaoise i mórán teangacha óna lán tíortha, rud atá le sonrú go follasach ar a chuid anótála in *Scéalta ón mBlascaod.* Níos tábhachtaí fós, b'fhéidir, tá le tuiscint óna chuid anótála – ar a n-áirítear tagairtí do phlé scolártha ar scéalta ar leith, cosúlachtaí idir traidisiún na hÉireann agus traidisiúin eile, agus ar ócáidí freisin, eolas faoin tslí ina bhfuair Peig a scéalta – tá le tuiscint ó na somaí sin ar fad go bhféadfadh gur béaloideasóir den chéad scoth a bheadh i Jackson, mura mbeadh é a bheith gafa go scolártha leis an oiread sin cúram eile agus é amach sna blianta. Go deimhin, smaoinigh sé tráth ar dhul go Lund na Sualainne d'fhonn staidéar a dhéanamh ar an mbéaloideas faoi threoir Carl Wilhelm von Sydow.[46] Ar mhí-ámharaí an tsaoil, chuir tús an Dara Cogadh deireadh leis an bplean seo, díreach mar a chuir sé deireadh le go leor tograí eile a chothódh comhoibriú i réimse léann an bhéaloidis idir Éire agus Críoch Lochlann.

Pádraig Ó Braonáin (1904–1979)
Bhailigh Pádraig Ó Braonáin seacht gcinn de sheanscéalta fada iontais ó Pheig. Bhí cúlra an-difriúil aige ó na bailitheoirí a chuaigh roimhe; státseirbhíseach óg a bhí ann agus é i mbun an bhailiúcháin i dtús na 1930í, agus níos déanaí d'oibrigh sé mar chléireach cúirte sa Ghaillimh agus i mBaile Átha Cliath. Le linn dó a bheith ar saoire ar an mBlascaod, bhuail sé le cailín áitiúil, Cáit Ní Chearna ('Cáit Sheáisí') agus phós sé í.[47] Bhí Gaeilge foghlamtha ag Ó Braonáin i bPort Láirge agus máistreacht mhaith aige uirthi, ach ní raibh aon oiliúint scolártha air san fhoghraíocht ná sa teangeolaíocht, agus dá bharr sin, níl léiriú chomh cruinn sna téacsanna uaidh agus atá ag Jackson ar fhoclaíocht agus ar fhuaimniú Pheig. Tá na scéalta a scríobh sé síos ó bhéalaithris i ngnáthlitriú na linne, iontaofa ó thaobh ábhair, rud atá le feiscint ó chuid acu a thóg bailitheoirí eile síos roimhe agus ina dhiaidh. Ní léir cad a thug ar Ó Braonáin tabhairt faoin mbailiúchán: tharlódh gurbh í a spéis sa teanga a spreag é, agus b'fhéidir fós, fonn a bheith air barr feabhais a chur ar a chuid Gaeilge. Pé scéal é, díríodh aird an Duileargaigh ar an mbailiúchán agus cuireadh isteach é le cnuasaigh

Choimisiún Béaloideasa Éireann. Deireann nóta ar an lámhscríbhinn i lámh an Duileargaigh gur bhronn an bailitheoir (i litir dar dáta 18 Bealtaine 1934) na scéalta seo (mar aon le scéalta eile a bhailigh sé ó scéalaí eile ar an mBlascaod – an bhean a bheadh mar mháthair chéile aige) ar Choimisiún Béaloideasa Éireann le cead iad a úsáid de réir mar d'oirfeadh.[48]

Marie-Louise Sjoestedt (1900–1940)[49]
Bhí triúr ban i measc na mbailitheoirí a thóg cúpla scéal ó Pheig sna 1930í. Duine acu ab ea Marie-Louise Sjoestedt (Sjoestedt-Jonval tar éis di pósadh) a bhain cáil amach níos déanaí mar theangeolaí agus mar mhiotaseolaí. In ainneoin 'Máire Francach' a bheith mar leasainm uirthi, ní raibh inti ach leathFhrancach; ba thaidhleoir Sualannach a hathair a bhí curtha faoi i bPáras. Tá dhá cheann de na scéalta a bhailigh sí ó Pheig curtha i gcló, leagan de scéal Chailín na Luaithe in *Revue Celtique* 49,[50] agus scéal fada rómánsúil faoi bhean ar deineadh tromaíocht uirthi in *Description d'un parler irlandais de Kerry*.[51] Tugtar an dá scéal i bhfogharscríobh agus sa ghnáthlitriú agus tá aistriúchán Fraincise curtha leo. Níor imigh bailiúchán Sjoestedt i ngan fhios do shúil ghéar an Duileargaigh agus thagair sé dó i nóta in imleabhar a ceathair de *Béaloideas*.[52] Thuigfí ón bhfoclaíocht ann, *We look forward to the publication … of more tales from the learned contributor's Kerry collections,* go raibh scéalta eile bailithe ag Sjoestedt ó Pheig seachas an dá cheann a bhí i gcló. Tá leideana eile a thugann an rud céanna le fios, ach, in ainneoin fiosraithe, níor deimhníodh go fóill iad.

Máire Ní Ghuithín ('Máire Mhaidhc Léan') (1909–1988)
Fad a bhí sí ar an mBlascaod, bhí Marie-Louise Sjoestedt páirteach in obair agus i gcaitheamh aimsire na gcailíní óga eile ann. Bhí Máire Ní Ghuithín, ar fhan sí i dtigh a muintire, ina cara mór aici mar a thuairisc sí sin níos déanaí ina leabhar *An tOileán a Bhí*.[53] Ag cur san áireamh gur bhean mheabhrach í Máire a raibh an-aithne aici ar a comharsa Peig, agus go raibh

23

tuiscint faighte aici ó Mharie-Louise Sjoestedt ar a tábhacht, ba chosúil gur bhailitheoir idéalach a bheadh inti ag plé le Peig. B'eol do Shéamus Ó Duilearga leis faoina cumas agus d'fhostaigh sé í ar feadh tamaill mar bhailitheoir páirtaimseartha ar an Oileán. Dhealródh, áfach, gurb amhlaidh a choinnigh sé siar í, seachas í a spreagadh, le scéalta a thógaint ó Pheig; b'fhéidir gur cheap sé an uair sin go raibh dóthain dá cuid scéalta agus seanchais bailithe, nó tharlódh, nár mhaith leis go mbeadh Máire ag cantáil ar ghort a mheasfaí a bhain le Flower agus Jackson. Pé ní ba chúis leis, níor thóg sí ach trí mhír ghearra ó bhéalaithris Pheig, agus ní raibh ach scéal traidisiúnta amháin orthu sin, an finscéal taistealach 'Tá Rí na gCat Marbh'. Mar sin féin, is minic a thagair Máire Ní Ghuithín do Pheig agus a scéalaíocht níos déanaí ina saol, ina leabhair agus arís in agallaimh thaifeadta a dheineas féin léi sna 1980í.[54]

Máire Nic Gearailt ('Minnie Fitz') (1911–1992)[55]

Ba í Máire Nic Gearailt, an múinteoir deireanach ar an mBlascaod, an triú bean a bhailigh ó Pheig. B'as Márthain di féin, ach Blascaodach ab ea a máthair. Thóg sí leagan den scéal cráifeach 'Mac an Diabhail ina Shagart'[56] uaithi faoi scáth scéim Bhailiúchán na Scoileanna, a bheartaigh Séamus Ó Duilearga agus Seán Ó Súilleabháin ó Choimisiún Béaloideasa Éireann.[57] I scoil an Bhlascaoid, áfach, murab ionann agus formhór na scoileanna eile a bhí páirteach sa scéim, ba í an múinteoir – seachas na daltaí scoile féin – a scríobh na bailiúcháin.

Carl Borgstrøm (1909–1986)[58]

Thóg Carl Borgstrøm, scoláire Ioruach a bhí ina ollamh in Oslo ina dhiaidh sin, mír amháin ó Pheig – leagan den scéal 'Seán Ó Sé na Bánóige' – le linn dó cuairt ghearr a thabhairt ar an mBlascaod i 1932.[59] Tugann nóta ar an lámhscríbhinn ó lámh an Duileargaigh le fios gurbh é féin a d'iarr ar Borgtrøm an scéal a bhailiú. Is cinnte gurbh í an chúis a bhí ag an Duileargach lena iarratas ná go dtráchtar ann ar na Lochlannaigh agus an ciste a d'fhágadar ina ndiaidh in Éirinn, ábhar a raibh spéis faoi leith ag a sheanoide, C.W. von Sydow ann agus a raibh a lán fiosraithe déanta aige ina thaobh.

Dermot Mason (r. 1918)

Baineann scéal spéisiúil le ceann de leaganacha Pheig den fhinscéal fada faoi Dhónall na nGeimhleach. Is in aistriúchán Béarla amháin atá fáil anois air i leabhar Thomas Mason *The Islands of Ireland*.[60] Mar a luaitear sa leabhar sin, is é Dermot Mason, mac an údair, a thóg síos uaithi é. D'fhanadh sé ar an mBlascaod ar feadh tréimhsí fada agus é ina mhac léinn *in order to obtain conversational knowledge of Irish which is necessary for this profession of the Law*. Thugadh sé turas ar Pheig gach aon lá geall leis nuair a bhíodh sé ar an Oileán agus scríobh sé síos a lán scéalta uaithi, b'fhéidir dhá scór nó trí acu. Is mór an briseadh croí dó go bhfuil na scéalta seo go léir caillte anois, seachas an ceann a luadh thuas.[61] Mar chúiteamh sa chúnamh a fuair sé uaithi, chuireadh Dermot canta tobac chuici nuair d'fhilleadh sé ón mBlascaod, agus deireann litir a fuaireas óna bheanchéile, go seoladh Peig a buíochas as an tobac chuig 'An buachaill dathmhail, 39 Kenilworth Square, Dublin'.

Cosslett Ó Cuinn (1907–1995)[62]

Ar na daoine a dhein mionbhailiúcháin ó Pheig le linn di a bheith ar an mBlascaod, ní foláir tagairt ar deireadh do Chosslett Ó Cuinn, cléireach agus ollamh. Le linn do a bheith ina mhac léinn i gColáiste na Tríonóide chaith sé tamall ar an mBlascaod i ngeimhreadh na bliana 1929. Scríobh sé síos aon mhír amháin ó Pheig, véarsa a leagtar ar an bhfile Piaras Feiritéar. Is leagan é den véarsa a deirtear a chum an file agus an tírghráthóir sin nuair a bhí sé clipthe ag an uaigneas le linn do a bheith ar a choimeád ar an mBlascaod i bpluais ar a dtugtar Scairt Phiarais. Ba chuid é seo de bhailiúchán beag béaloidis a scríobhadh ar dtús i gcóipleabhair gharbha, ach ar iarratas ó Shéamus

Ó Duilearga gur cóipeáladh iad i lámhscríbhinn.[63] Deireann Cosslett Ó Cuinn go soiléir cad a spreag é chun tabhairt faoin mbailiúchán: 'Annseo a chríochnigheas an cnuasacht seo dochum glóire Dé agus onóra [na] hÉireann', ráiteas ar geall le macalla é ar cagai fhocal an Duileargaigh sa chead imleabhar de *Béaloideas*. Dá laghad é bailiúchán Uí Chuinn, is léiriú maith é ar an dúthracht chíocrach lenar chuir an Duileargach i bhfeidhm moladh an Bhíobla, *Colligete quae superaverunt fragmenta, ne pereant* [Bailígí an bruscar fuílligh chun nach rachadh aon ní amú. (Eo. 6:12)], ráiteas a roghnaigh An Cumann le Béaloideas Éireann mar mhana.

Seosamh Ó Dálaigh (1909–1992)[64]

Orthu siúd a bhailigh béaloideas ó Pheig ar an mBlascaod, bhí Seosamh Ó Dálaigh (nó Joe Daly mar ab fhearr aithne air), bailitheoir lánaimseartha a bhfuil *c.*3,200 leathanach d'ábhar lámhscríofa ó bhéal Pheig ar lámh shábhála de bharr a shaothair. Ach aon chuairt ghearr amháin a thug Ó Dálaigh uirthi agus í ar an mBlascaod, i 1940, agus bailiúchán beag a bhí de thoradh air.[65] Dealraíonn ó chomhfhreagras uaidh go foireann oifige Choimisiún Béaloideasa Éireann, gurbh fhada fonn air bailiúchán a dhéanamh ó Pheig. Ach mar a tharla i gcás Mháire Ní Ghuithín, níor tugadh aon ugach dó sin a dhéanamh mar measadh ag an am gur thábhachtaí bailiúchán a dhéanamh ó dhaoine eile toisc go leor a bheith tógtha ó Pheig cheana féin, agus fós, níor theastaigh go ndéanfaí aon chantáil ar ghort Flower. Ach nuair ba léir nach mbeadh ar a chumas siúd leanúint lena bhailiúchán, agus tar éis do Pheig aistriú go dtí an míntír, chuir Ó Dálaigh dlús lena bhailiúchán uaithi. Ar an 15ú Meán Fómhair 1942, coicíos tar éis do Pheig teacht go Baile an Bhiocáire, thosaigh sé ar an obair sin agus lean sé leis go dtí an lá a d'fhág sé a phost mar bhailitheoir béaloidis, Lá Samhna 1951; bhí 275 turas tugtha aige ar Pheig le linn do a bheith ag plé leis an mbailiúchán seo.

Tá roinnt cúinsí eile, áfach, seachas méid an bhailiúcháin, a

26

fhágann fiúntas faoi leith san ábhar a bhailigh sé ón sárscéalaí seo. Ceann acu is ea an éagsúlacht thar cuimse atá san ábhar; murab ionann agus bailitheoirí eile roimhe a dhírigh go hiomlán nach mór ar scéalta fada Pheig, fuair Seosamh Ó Dálaigh ábhar uaithi freisin óna stór mór de scéalta grinn, staróga, finscéalta agus míreanna gearra eachtrúla eile. De bhreis ar sin, bhí treoir nua curtha amach ag an gCoimisiún go dtí na bailitheoirí, aird a dhíriú ar ghnéithe de chultúr ábhartha agus sóisialta na muintire. Dá bharr sin, lean Seosamh Ó Dálaigh treoracha Sheáin Uí Shúilleabháin in *A Handbook of Irish Folklore* agus thóg sé síos ó Pheig raidhse eolais ar mhórán gach gné den saol agus den tslí bheatha ar an mBlascaod agus i nDún Chaoin, mar aon leis na nósanna agus seantuiscintí a lean iad.

Tá an t-eolas seo thar a bheith luachmhar ann féin, ach chomh maith leis sin, soláthraíonn sé cúlra a chuireann ar ár gcumas tuiscint níos fearr a fháil ar shaol agus ar scéalaíocht Pheig. Murab ionann agus na bailitheoirí eile, bhí oiliúnt faighte ag Ó Dálaigh ó Shéamus Ó Duilearga agus ó Sheán Ó Súilleabháin, béaloideasóirí gairmiúla. Mar gheall ar sin bhí sé an-cháiréiseach faoi théacsanna na scéalta, agus dhein sé cúram faoi leith eolas a sholáthar maidir le cé uaidh, cén uair agus conas go díreach a fuair Peig a cuid scéalta. De bhreis ar sin, bhí ar Ó Dálaigh – mar a bhí ar gach bailitheoir lánaimseartha – cuntas cín lae a choimeád fad a bhí obair an bhailiúcháin ar siúl aige, agus tá cuntas fíorluachmhar ann ar ócáidí agus comhthéacs scéalaíocht Pheig. Mar atá ráite thuas, is ar chrann Joe a thit sé trascríobh a dhéanamh de na fiteáin eideafóin a tháinig i seilbh an Choimisiúin ó *Nachlass* Flower.

Sna blianta deireanacha ag Ó Dálaigh ag bailiú, bhí sé tagtha chun soiléire don Duileargach agus don Súilleabhánach, gur den riachtanas é go mbeadh níos mó ná insint amháin den scéal ar fáil ón scéalaí chun léargas ceart a fháil ar a ealaín.[66] Ar an gcúis sin, tugadh ar Ó Dálaigh roinnt scéalta a thaifeadadh ó Pheig agus a thrascríobh, cinn a bhí tógtha síos cheana féin uaithi, go háirithe scéalta fada a d'inis sí do Flower. Toisc gur le heideafón a thaifead sé iad seo, díreach mar a dhein Flower roimhe, agus toisc gur caitheadh an cháiréis chéanna leis an trascríobh sa dá chás, tá na scéalta seo thar a bheith luachmhar d'anailís chomparáideach. D'éirigh le Ó Dálaigh sárbhailiúchán a dhéanamh ó Pheig, a bhuíochas sin, thar aon ní eile, don chion agus don ómós a bhí ag Peig do 'Joe-ín', mar a thugadh sí air, mar aon leis an gcíocras a bhí uirthi gach á bhféadfadh sí a dhéanamh dó, agus an tuiscint a bhí acu beirt ar fhiúntas agus ar thábhacht na hoibre a bhí ar bun acu. Níl ach an chaolchuid den ábhar a bhailigh Ó Dálaigh i gcló go fóill.

Heinrich Wagner (1923–1988)[67]

Le linn do Sheosamh Ó Dálaigh a bheith fós ag obair mar bhailitheoir, dhein scoláire óg ón Eilbhéis, Heinrich Wagner (a bheadh ar ball ina ollamh in Ollscoil na Banríona i mBéal Feirste agus in Institiúid Ard-Léinn Bhaile Átha Cliath) bailiúchán substaintiúil ó Pheig sna chéad chúig mhí de 1946 – scéalta den chuid is mó, ach roinnt amhrán chomh maith. Admhaíonn Wagner féin go bhfuair sé cabhair agus tacaíocht mhór ó Shéamus Ó Duilearga, Seán Ó Súilleabháin agus Caoimhín Ó Danachair sa Choimisiún Béaloideasa i mBaile Átha Cliath, agus chomh maith leo sin, ó Sheosamh Ó Dálaigh i nDún Chaoin. I gcúrsaí teangeolaíochta thar aon ní eile a bhí spéis Wagner agus scríobh sé síos an t-ábhar i bhfogharscríobh, mar a dhein Jackson. Cuireadh i gcló níos déanaí na bailiúcháin seo ó Pheig (mar aon le hábhar a bailíodh ó chúpla faisnéiseoir eile i nDún Chaoin) in *Oral Literature from Dunquin*.[68] Tugtar na téacsanna i bhfogharscríobh anseo mar aon le trascríobh orthu, ach cloíonn an trascríobh le seanchóras litrithe nach n-úsáidtear a thuilleadh – rud a dhéanann ciotaí don ghnáthléitheoir. Foilsíodh roinnt ábhair bhreise ó Pheig, curtha i láthair sa tslí chéanna in dhá alt san iris *Zeitschrift für celtische Philologie*.[69] Sna foilseacháin seo ar fad, tá nótaí gearra béaloidis a sholáthraigh an comheagarthóir, Nollaig Mac Congáil. Cé gur ar theangeolaithe, go háirithe, atá na scéalta agus na hamhráin i mbailiúcháin Wagner dírithe, tá an-tábhacht leo chomh maith do bhéaloideasóirí, mar ní hé amháin go bhfuil malairt leaganacha iontu de scéalta a bhí taifeadta cheana, ach tá scéalta iontu leis nár bailíodh roimhe sin.

Harriet Hjorth Wetterström (1908–1977)[70]

Tháinig an Sualannach Harriet Hjorth Wetterström, úrscéalaí agus scríbhneoir faoi chúrsaí taistil, go hÉirinn i 1946, agus thaistil sí timpeall an chósta ag bailiú ábhair dá leabhar *Irlandskust*. Foilsíodh é an bhliain dar gcionn agus bhí an-rachairt air; foilsíodh an dara heagrán de agus réamhrá ann ó Shéamus Ó Duilearga i 1971. Bhí Ó Duilearga mar threoraí aici, agus ní nach ionadh, bhain sí Dún Chaoin amach mar ar thug sí cuairt ar Pheig agus thug cuntas uirthi i mír den leabhar. Bhí Heinrich Wagner in éineacht léi ar a cuairt, agus d'inis Peig scéal rómánsúil grá a bhfuil leagan de, nó coimriú air, tugtha in *Irlandskust*. Ní fios an amhlaidh a d'inis Peig an scéal i mBéarla ar an ócáid sin – ionas gur eisceacht a bheadh ann ón riail dhaingean a bhí aici, de réir dealraimh, gan a scéalta a insint ach amháin ina teanga dhúchais – nó an amhlaidh a dhein Wagner an scéal a aistriú. Is intuigthe, ar aon nós, go mbeadh cuid éigin iomraill sa leagan Sualannach de scéal a hinsíodh ar ócáid chomh corr sin. Ar an dea-uair, bhí leagan níos iomláine agus níos cruinne de bailithe roimhe sin ag Kenneth Jackson.[71]

Sreangthaifeadtaí Choimisiún Béaloideasa Éireann 1952

Nuair a chuaigh Seosamh Ó Dálaigh ar scor i Samhain 1951, níor tháinig deireadh le hiarrachtaí Choimisiún Béaloideasa Éireann an oiread agus ab fhéidir de bhéaloideas Pheig a bhailiú. Is é fírinne an scéil gur tuigeadh gur cheart taifeadtaí fuaime a thógaint uaithi le fearais nua a bhí in ann a glór a sheinm agus a chaomhnú níos fearr ná mar a dhein taifeadtaí neamhbhuana an eideafóin. Iarradh ar Chaoimhín Ó Danachair dul go Dún Chaoin chun a leithéid de thaifeadadh ar ardchaighdeán a dhéanamh idir Nollaig agus an Athbhliain

1951. Ach cuireadh na pleananna seo ó mhaith toisc gur buaileadh breoite Peig agus gurbh éigean di dul don ospidéal. Ach bhí an deis ann tabhairt faoi shreangthaifeadadh, mar a thugtaí air, nuair a cuireadh Peig ar aghaidh go hOspidéal Naomh Anna i mBaile Átha Cliath chun tástálacha a dhéanamh maidir le hailse scornaí. Ar 12 agus 14 Eanáir 1952, thug Caoimhín Ó Danachair agus Seán Ó Súilleabháin cuairt uirthi ann, agus bhí Pádraig Ó Siochfhradha ('An Seabhac') leo freisin ar an dáta deireanach sin.[72] Deineadh taifeadadh ar leathdhosaen éigin scéal agus cúpla mír seanchais; cé go raibh an caighdeán fuaime níos fearr ná mar a bheadh le heideafón, ní raibh sé thar mholadh beirte, mar sin féin.

Mícheál Ó Gaoithín (1904–1974)[73]

Dhein Mícheál, a raibh dlúthbhaint aige le leabhair dhírbheathaisnéiseacha Pheig agus ar scéalaí maith é féin, dhein sé a chion go rábach chun stór scéalta a mháthar a chaomhnú. Thóg sé síos cuid acu nuair a bhí sé fostaithe mar bhailitheoir páirtáimseartha ag Coimisiún Béaloideasa Éireann (1956–63),[74] agus bhailigh leithéidí Sheosaimh Uí Dhálaigh, James Stewart, Ole Munch Pedersen agus mé féin, a lán Éireann scéalta uaidh agus dúirt sé gur óna mháthair a fuair sé mórán acu.[75] Fágann sin go bhfuil deis aonuaireach anseo chun iniúchadh a dhéanamh ar phróiseas an tseachadta ó shárscéalaí go sárscéalaí, agus ar athruithe a tharlaíonn i scéalta de bharr na héagsúlachta i spéis, i dtaithí saoil agus in inscne an scéalaí.

Na bailiúcháin ina n-iomláine

Níl aon amhras ná gurb é bailiúchán Sheosaimh Uí Dhálaigh an ceann is tábhachtaí agus is iontaofa díobh seo go léir. Mar sin fein, is maith a oireann an seanrá 'I dteannta a chéile is fearr iad' d'iomlán na mbailiúchán seo. Is deis iontach iad le léargas a fháil ar idirghníomhú an scéalaí agus an bhailitheora, deis atá fíorluachmhar mar gheall ar na modhanna éagsúla bailithe, na hócáidí éagsúla inste, an éagsúlacht i gcúlra, aois agus taithí na mbailitheoirí agus fós an tréimhse fhada ama – breis agus fiche bliain – a raibh na bailiúcháin á ndéanamh. Is ar éigean más ann d'aon chorpas eile béaloidis is fearr a d'fhéadfadh léargas a thabhairt ar chruacheisteanna lárnacha na disciplíne, cosúil le héagsúlacht agus buanseasmhacht i *repertoire* scéalaí; tá go leor iltaifeadtaí de scéalta i gceist, trí nó ceithre cinn ar uaire.[76] Is fada an lá ó thuig Séamus Ó Duilearga agus daoine nach é an tábhacht a bhí le hiomlán an ábhair seo a chur ar fáil, ach de bharr mhórualach na hoibre a bhaineann leis agus easpa maoine, níl an togra sin curtha i gcrích go fóill.[77] Ach tá dul chun cinn suntasach déanta faoim stiúir féin agus stiúir Dháithí Uí Ógáin (le cúnamh ó Mhicheál Ó Curraoin) ag réiteach eagráin de na scéalta go léir is eol a bailíodh ó Pheig, agus tá súil gur féidir an chéad dá imleabhar den tsraith atá beartaithe a fhoilsiú gan rómhoill.

Cé go ndealraíonn an suirbhé thuas d'ábhar a bailíodh ó Pheig, a bheith mionsonraithe go maith, mar sin féin, níl sé iomlán. Cúpla seachtain roimh an gceiliúradh ar chéad bliain a breithe i nDún Chaoin le déanaí, thángthas ar scéal nua de chuid Pheig i gColáiste Íde, An Daingean – síscéal a bhailigh An Seabhac, b'fhéidir, nó a bailíodh ar mholadh uaidh – agus níorbh aon ionadh in aon chor é dá dtiocfaí fós ar a thuilleadh ábhair léi i seilbh phríobháideach.

NA TAIFEADTAÍ RAIDIÓ

Tábhacht Ghinearálta

Is cinnte, áfach, go bhfuil na taifeadtaí a deineadh le haghaidh craolacháin raidió ar an BBC agus ar Radio Éireann le cur leis na bailiúcháin atá áirithe thuas. Tógadh iad roimh na taifeadtaí a dhein Coimisiún Béaloideasa Éireann agus roimh fhormhór an bhailiúcháin a dhein Mícheál Ó Gaoithín. Cé go bhfuil scóp na dtaifeadtaí seo teoranta, tá tábhacht speisialta leo i roinnt slite. Tá súil dá réir sin go bhfónfaidh an foilseachán áirithe seo, ina bhfuil idir fhuaim, théacs, aistriúchán agus nótaí curtha ar fáil ann i dteannta a chéile. Tá samplaí ionadaíocha de ghuth Pheig le clos thar thréimhse fhada seinnte ar na taifeadaí seo a deineadh le cúnamh na teicneolaíochta ab fhearr a bhí ar fáil ag an am.[78]

Chomh maith leis sin, tá samplaí de scéalta gearra Pheig ar na taifeadtaí nach bhfuil aon fháil eile orthu seachas sa chruth inar scríobhadh síos uaithí iad le peann ar pháipéar, mar tharla de bharr an chostais a lean fiteáin eideafóin gur scéalta fada amháin a chuirtí orthu. Ón uair gur annamh le scéal a scríobhadh síos ó bhéalaithris, éachtaint a thabhairt ar rithim nádúrtha na heachtraíochta chomh maith agus a dhéanfadh taifeadadh fuaime, agus fós, toisc gur minic ráite ag Seosamh Ó Dálaigh gurbh anamúla í Peig i mbun na scéalta gearra ná na scéalta fada,[79] is cinnte gur maith ann iad na taifeadtaí seo agus gur cinniúnach mar atá fáil againn orthu.

Tá roinnt mhaith ábhair ar na taifeadtaí raidió nár deineadh a thaifeadadh in aon chruth eile, An Cleamhnas (mír 13), mar shampla, agus go háirithe scéalta bunaithe ar thaithí phearsanta Pheig agus cuntais uaithi ar an saol ar an mBlascaod agus i nDún Chaoin (míreanna 18, 22, 26). Is rud ann féin ar fad an scéal drámatúil greannmhar faoi theacht fhoireann Radio Éireann; chuir sí as a chéile é ar ala na huaire gona comhrá bríomhar lena mac Mícheál, agus an tuairimíocht bharrúil faoin mbunús a bhí leis an torann aisteach a chuala siad – ar eitleán ag tuairt é nó cóiste bodhar (taispeánadh osnádúrtha ar creideadh gur thuar báis é)? A bhuíochas go háirithe do na taifeadtaí a dhein Mac Réamoinn i 1953, tá, leis, samplaí dá caint ar fáil atá cóngarach go maith dá gnáthchomhrá laethúil agus é beoga tráthúil dá réir (míreanna 22, 24–26).

Is díol spéise ar dhá chúis iad na míreanna ina dtráchtann Peig ar a taithí phearsanta agus ar an saol sa Bhlascaod agus i nDún Chaoin: cuireann siad leis an eolas atá in *Peig* agus in *Machtnamh Seana-mhná*, agus soláthraíonn siad fianaise luachmhar a chabhraíonn linn réiteach a fháil ar an gceist a luadh thuas – an uaithi féin a tháinig na tuairimí a nochtar sna leabhair, agus, an í a roghnaigh an t-ábhar iontu nó an duine nó daoine eile a spreag iad?

Ar deireadh, agus ní gan tábhacht é, toisc go bhfuil an oiread sin eolais comhthéacsúil ann fúthu, tugann na taifeadtaí léargas ar idirghníomhú Pheig agus a lucht éisteachta.

An BBC i Saorstát Éireann

Is maith an teist ar cháil na hÉireann mar Thír Tairngire an bhéaloidis, an BBC a bheith chun tosaigh ar sheirbhís raidió na tíre seo sa rás taifeadta. Bhí de bhuntáiste acu go raibh an trealamh teicniúil ar fáil dóibh níos túisce ná mar a bhí ag Radio Éireann. Fógraíodh an plean a bhí ag an BBC béaloideas a thaifeadadh abhus in *The Irish Times* 7 Lúnasa 1947, faoin teideal *BBC unit on tour in Eire.* Deirtear san fhógra gur fhág an t-aonad taifeadta Cnoc an tSalainn, Baile na Manach, Co. Bhaile Átha Cliath an lá roimhe sin faoi cheannas Brian George agus go raibh sé ag tabhairt faoi: *a month tour of Eire, in which folk-songs, ballads and other features of Irish life would be recorded for broadcast in the BBC services.* Tuairiscítear go mbeadh an fhoireann *joined by two B.B.C. scriptwriters, Mr. W.R. Rodgers and Mr. D. Thompson*[80] *and also by Mr. Seamus Ennis, who has been attached to the Irish Folklore Commission.* Ar deireadh, deirtear: *[Mr George] expressed his appreciation of the assistance he had received from officials of the Folklore Commission, Radio Eireann, and other Government Departments.* Tá mórán an t-eolas céanna in alt in *The Irish Independent,* 7 Lúnasa freisin, ach cuirtear leis gurb é seo *the first occasion that a B.B.C. recording unit has come to Eire* agus *the recording van that is being used is one used during the Royal Tour of South Africa.* Deirtear freisin ann go raibh socruithe á ndéanamh go dtabharfadh an tOllamh Ó Duilearga roinnt cainteanna ar bhéaloideas agus ar an scéalaíocht ar Third Programme an BBC.

Is leir ón méid sin gurbh í an aidhm a bhí acu ná bailiúcháin a dhéanamh ar fud na tíre, ag díriú go háirithe ar amhráin thraidisiúnta agus ar ábhar eile a bheadh oiriúnach do cláracha raidió i mBéarla. Ní thagraítear go sonrach do scéalta, agus ní lú ná mar atá aon tagairt d'ábhar i nGaeilge. Pé plean a bhí ann ón tús, dhealródh gur athraíodh é de bharr chomhairle fheidhmeannaigh Choimisiún Béaloideasa Éireann, agus go sonrach, gur stiúraíodh foireann an BBC ar roinnt scéalaithe agus amhránaithe aitheanta, Elizabeth Cronin ó Bhaile Bhuirne, Colm Ó Caodháin ó Ghlinsce and Mícheál Ó hIghne as Teileann – gan ach beagán acu a lua.[81] Agus sa chas nach raibh sé i gceist ón tús ag ceannairí na foirne go mbeadh Peig rannpháirteach sa togra, thabhafadh Séamus Ó Duilearga orthu a n-aigne a athrú, mar bhí aird dírithe aige ar a stór ollmhór scéalta mar aon lena cumas inste in *The Gaelic Storyteller* (The Sir John Rhŷs Memorial Lecture, British Academy 1945) a bhí díreach foilsithe. Bhí a lán cloiste faoi Pheig ag duine amháin den fhoireann mar go raibh sé roimhe sin ina bhailitheoir lánaimseartha do Choimisiún Béaloideasa Éireann, Séamus Ennis (1919–1982), píobaire cáiliúil, fonnadóir agus bailitheoir amhrán sean-nóis – bhailigh sé seo féin ó Pheig ar ball faoi choimirce Radio Éireann agus ba é a d'aistrigh *Machtnamh Seana-mhná*.[82] Ach ní raibh sé siúd leis an bhfoireann nuair a deineadh an taifeadadh ó Pheig, ná ní raibh David Thompson ann ach oiread. Fear a bhí i láthair ab ea William Robert (Bertie) Rodgers arbh as Béal Feirste dó, iarmhinistir Preispitéarach agus file aitheanta a bhí curtha faoi le déanaí i Londain ag obair mar scriptscríbhneoir agus léiritheoir don BBC Third Programme.[83] Ba bhall é, mar fógraíodh, d'fhoireann an BBC agus ar 12 Lúnasa 1947 tháinig siad don Daingean, mar a raibh Peig an uair sin ag fanacht in ospidéal Naomh Eibhlís. Thug Séamus Ó Duilearga an gnáthordú do bhailitheoirí an Choimisiúin, ullmhúcháin a dhéanamh d'fhoireann an BBC agus gach aon chúnamh a thabhairt dóibh. Ar an ócáid áirithe seo, thit an cúram sin, mar ba dhual, ar Sheosamh Ó Dálaigh. Tá mionchuntas beoga againn ar imeachtaí an lae sin (12 Lúnasa 1947) a bhuíochas don iontráil a chuir sé ina chín lae an lá a tháinig an fhoireann don Daingean:

> Bhí an lá an-bhreá inniu cosúil leis na laethanta so caite. B'éigeant dom mo chasóg a bhaint díom sa

ghluaisteán ag dul don Daingean. Chuas go dtí an tigh ósta. Dúirt cailín ansan liom go raibh dream istigh sa tábhairne ar mo thuairisc. Chuas chúchu isteach. Beirt fhear is cailín a bhí ann. Chuireas in iúl gur mé a bhí ann. Bhí fear meánaosta go raibh stuaic gruaige fionnrua air, fear eile óg dubh ann féin agus cailín dubh. Fuaireas aithne orthu: Ernie O'Malley an fear meánaosta, Bertie Rodgers an fear óg agus Ruth Jones an cailín BBC. Bhí deoch agus dhá dheoch againn i dteannta a chéile. Ní raibh iontu ach cuid den bhuíon agus bhí an triúr eile gan teacht fós. Bhí lón againn i bhfochair a chéile agus ansan chuamair go dtí Peig Séars, don ospidéal.

Bhí na mná rialta ina gcoda beaga timpeall orthu agus iad ag tabhairt gach aon áis dóibh. Bhí Peig féin fáilteach gealgháiriteach rompu agus romham féin leis, agus thosnaigh sí ag caint liomsa i nGaolainn ar dtúis agus ansan le Ernie O'Malley i mBéarla. Nuair a luas ainm Ernie O'Malley dhi, ba mhaith an aithne a bhí aici air. Ní ar a phearsain ach ar a cháil nuair a bhí an troid ar siúl. Cara mór do Pheig agus d'Ernie Síle Nic Amhlaoibh, agus thugadar tréimhse fada ag caint uirthi.

Maidir leis an gcúram, do shocraigh Bertie Rodgers clár oibre – cúpla scéal agus beagán seanchais ar a hathair agus ranna filíochta i mBéarla. Tháinig Siúr Philomena chughainn leis, agus thug sí cead speisialta do Pheig tobac a chaitheamh dá ba mhaith léi. Ní raibh an gléas tagtha fós agus chuamair go dtí an tigh ósta fhéach an rabhadar ann, ach ní rabhadar. Dúirt an triúr go raghaidís ar fuaid an bhaile mhóir. Chuas féin ag triall ar roinnt teachtaireachtaí.

Nuair a thána thar n-ais go dtí an tigh ósta bhí

an trucaill mór tagtha agus an triúr eile. Ach níor
dheaghas chun cainte leo nó gur tháinig an chéad
triúr. Bhí Brian George agus a bhean sa bhuíon eile
agus fear eile a bhí oilte ar an ngléas a oibriú.
Thugadar a ainm dom ach ní cuimhin liom é, ach
is é an ainm a thugaidís féin air, 'Skipper'.[84]
Ghluaisíomair orainn fé chionn tamaill suas go dtí
an ospidéal. Thug na mná rialta gach áis agus
cúnamh dóibh. Dhein Peig Séars a dícheall chomh
maith cé nár tugadh caoi dhi bogadh chun cainte
in aon chor.

Nuair a bhíodar ag imeacht is ea a bhí Peig i
dtiúin cheart chun cainte.

Ní raibh a fhios agam féin cad a bhí beartaithe
ansan acu. Mheasas go ndéanfaidís a thuilleadh
plátaí d'amhránaithe agus de cheoltóirí, ach nuair
a chuireas ceist orthu ní rabhadar chun a
thuilleadh a dhéanamh ach fuireach sa Daingean
an oíche sin dá bhfaighdís slí ann, agus imeacht
amáireach don Ghaillimh. Bhí an chéad triúr,
áfach, chun fuireach agus dul don Oileán Tiar. Ní
raibh slí sa Daingean agus thugas liom iad amach
go Baile an Fheirtéaraigh go dtí tigh an
Chaomhánaigh agus fuaireadar lóistín ansan. Dúirt
Ernie O'Malley liom naomhóg a sholáthar dóibh a
bhéarfadh don Oileán iad. Thána abhaile ansan.[85]

Mar ba dhual di, d'fháiltigh Peig go grástúil croíúil roimh na
strainséirí. Is léir, áfach, ó thuairisc Joe, go raibh na cúinsí
taifeadta i bhfad ó bheith ar fheabhas. Bhí Peig as baile agus i
ndrochshláinte, agus ní raibh Gaeilge ag aon duine d'fhoireann
an BBC. Ach maolaíodh cuid mhór a ndrochthionchar seo mar
bí cúpla rud dearfach i gceist freisin. Bhí áthas ar Pheig Joe a
fheiscint, gan dabht, mar a bhíodh i gcónaí, agus í sásta aon ní
a d'fhéadfadh sí a dhéanamh dó. Is cinnte gur chúnamh mór

36

eisean a bheith i láthair chun í a chur ar a suaimhneas agus í a spreagadh. Ina theannta sin, caithfidh go ndeachaigh an spéis bhríomhar a chuir an Phríomh-Bhanaltra, an tSr Philomena, agus na mná rialta eile i ngnó an taifeadta, i bhfeidhm ar Pheig. Ba chruthúnas soiléir ar a chíocraí is a bhí foireann an ospidéil go n-éireodh go maith léi, gur chuireadar ar ceal an dianchosc leanúnach a bhí ar thobac – cosc a luigh go trom ar Pheig – agus ba mhór an tógaint croí di an fhuascailt sin a fháil, mar bhí dúil mharfach aici sa phíopa. Bhí rímeád uirthi bualadh le Ernie O'Malley freisin (ar chúis éigin bhí sé seo in éineacht leis an bhfoireann taifeadta) mar ba phoblachtánach díograiseach í Peig a sheas go daingean in aghaidh an Chonartha. Is léir go mbeadh meas aici ar a ghaisce i gCogadh na Saoirse agus sa Chogadh Cathartha, agus ba bhreis sásaimh di a chlos go raibh cara i gcoitinne acu, Síle Nic Amhlaoibh. Níor baineadh lántairbhe as na coinníollacha fábhracha, áfach, mar de bharr brú ama, níor spéis leis an bhfoireann míreanna fada i nGaeilge a thaifeadadh, agus ní raibh ina ngnó le Peig ach jab amháin i sceadal broidiúil taifeadta.

De réir chuntas Sheosaimh Uí Dhálaigh, ba é Rodgers a bheartaigh an plean ginearálta d'ábhar na dtaifeadtaí, rud nárbh ionadh ón uair gurbh eisean a leagfadh amach an script do na cláracha a chraolfaí ar ball. Eisean a chuir na ceisteanna ar Pheig, rud a dhein sé i mBéarla. De réir chuntas Uí Dhálaigh, freagraíonn an t-ábhar a bhí ar a aigne ag Rodgers, cruinn go leor don ábhar a taifeadadh: ní foláir nó gurb iad an 'cúpla scéal' ná mír 1, an scéal cráifeach 'Naomh Breandán agus a leabhar Aifrinn' agus mír 8, 'A Thiarna, déan iarla dem mhac!' san fhoilseachán seo, agus d'fhéadfaí seanchas a bhaineann le hathair Pheig a thabhairt ar mhír 2, 'Cloigín ag bualadh', mír 4, 'Tomás Sayers agus an bhean feasa' agus mír 5, 'Bás Thomáis Sayers'. In áit 'ranna filíochta i mBéarla' níor taifeadadh ach ceann (mír 9), agus tógadh ábhar eile nach bhfuil luaite in aon chor i gcuntas Uí Dhálaigh, paidir i nGaeilge (mír 7) agus freagraí ó Pheig faoina scéalaíocht (mír 3 i nGaeilge agus mír 6 i mBéarla).

In ainneoin a bhfuil ráite sa chuntas i gcín lae Uí Dhálaigh, is ar éigean gur dhein Rodgers puinn thar a chur in iúl i slí ghinearálta gur theastaigh cúpla mír ghearr uaidh, rudaí mar fhinscéal faoi naomh áitiúil, scéal grinn agus cúpla mír a thabharfadh eolas faoi Pheig féin agus a cúlra; is dócha gurbh é Ó Dálaigh féin, ón eolas a bhí aige ar *repertoire* Pheig, a shonraigh na míreanna do Rodgers. Is fíor ar aon nós, go raibh an-tóir aici ar chuid de na míreanna d'inis sí, go háirithe 'Tomás Sayers agus an bhean feasa' agus an phaidir 'Coigilt na tine', agus bheadh sí breá sásta iad a chur i láthair lucht éisteachta fairsing. Ní féidir a shéanadh, áfach, ná gurbh ábhar mór díomá a bhí i gcuairt fhoireann an BBC do Sheosamh Ó Dálaigh agus do Pheig. Seachas na socruithe a dhein Joe maidir leis an taifeadadh ó Pheig, bhí roinnt ceoltóirí agus amhránaithe faoi réir aige, ach ní raibh aga ag an bhfoireann iad a thaifeadadh, agus maidir le Peig, bhí fonn uirthi i bhfad níos mó cainte a dhéanamh ná mar a bhí am acu éisteacht leis.

Mar sin féin, tá an t-ábhar a taifeadadh fíor-inspéise. Go bhfios, níl aon taifeadadh eile ar fáil de Pheig ag labhairt i mBéarla, agus is maith an léiriú ar a dea-chuimhne an véarsa a d'aithris sí (mír 9) a bhí foghlamtha aici ina hóige ó leabhar scoile. Ón uair go raibh Peig ábalta coimriú a thabhairt i mBéarla ar a scéalta, de réir Kenneth Jackson, caithfidh gurbh é faoi deara di diúltú go múinte do Rodgers, scéal a insint i mBéarla, ná gur thuig sí gur ealaín ann féin a scéalaíocht i nGaeilge, agus nár cheart í a mhilleadh trína chur i láthair go míshlachtmhar i dteanga eile. In ainneoin an bhrú ama a bhain leis an taifeadadh, ní foláir nó go raibh Rodgers tógtha le Peig óir chuir sé síos uirthi mar *a fine, gracious old woman with natural dignity and great expression in talking.*[86] Seans gur mhéadaigh a mheas uirthi nuair a deineadh an t-ábhar a taifeadadh a aistriú dó. Baineadh leas as sleachta den aistriúchán seo agus as bloghanna den Ghaeilge bhunaidh nuair a dhein Peig a *début* idirnáisiúnta raidió sa chlár *The Irish storyteller. A picture of a vanishing Gaelic world,* arbh é Rodgers a scríobh an script agus a chuir i láthair ar 13 Meitheamh 1948, nuair a chraol an BBC Third Programme é.

Ón uair a músclaíodh a shuim i bPeig, lean spéis Rodgers inti. Thug sé tacaíocht ghníomhach d'aistriúchán Shéamuis Ennis ar *Machtnamh Seana-mhná* a foilsíodh faoin teideal *An Old Woman's Reflections* i 1962, agus sholáthraigh réamhrá dó inar thug sé aistriúchán iomlán den scéal faoi bhás athair Pheig. Sa réamhrá seo leis, tugann sé sleachta as eolas scríofa i dtaobh Pheig agus a scéalaíocht, a fuair sé i 1960 (ar chomhairle Sheáin Uí Shúilleabháin) ó Sheosamh Ó Dálaigh. Is cáipéis thábhachtach atá san eolas seo ó Ó Dálaigh agus tá súil nach fada go bhfeicfear i gcló ina hiomláine í.[87]

TAIFEADTAÍ DIOSCA RADIO ÉIREANN 1947

Mar atá luaite thuas, thug Radio Éireann cabhair agus cúnamh dá gcomhghleacaithe ón mBreatain le linn dóibh a bheith ar an bhfód ag taifeadadh béaloidis in Éirinn. Thug an comhoibriú seo deis d'fheidhmeannaigh agus d'fhoireann Radio Éireann, eolas a chur ar an trealamh taifeadta nua a bhí ag lucht an BBC, agus ní nach ionadh, thuigeadar an buntáiste a bheadh ina leithéid sin de threalamh dá n-institiúid féin agus obair pháirce á chur chun cinn acu in Éirinn.

Roimh dheireadh na bliana sin, bhí beirt bhall foirne fostaithe ag Radio Éireann a raibh freagracht faoi leith orthu maidir le taifeadtaí páirce mar aon leis an trealamh taifeadta gramafóin a bhí riachtanach don obair sin.[88] Duine den bheirt ab ea Séamus Ennis a raibh taithí aige cheana féin, mar a luadh thuas, ní amháin ó bhailiú amhrán sean-nós, rud a dhein sé go máistriúil ar feadh cúig bliana do Choimisiún Béaloideasa Éireann, ach chomh maith leis sin, óna thréimhse le foireann an BBC. Ba é Seán Mac Réamoinn (1921-2007) an dara duine, fear a bheadh fós ina cheann feadhna sa tír seo ar chraoltóirí agus ar iriseoirí cultúir a linne.[89] Ar na chéad turais pháirce a thugadar, bhí a gcuairt taifeadta ar Pheig Sayers, a bhí anois tagtha abhaile go Baile an Bhiocáire ón ospidéal sa Daingean, mar ar deineadh an taifeadadh ar 6 agus 7 Samhain. Ní raibh veain cóirithe chun taifeadta faighte fós ag Radio Éireann don Aonad Taistil, agus bhí ar an bhfoireann – Mac Réamoinn, Ennis agus an teicneoir a bhí leo, Joe De Lacy – cur chun bóthair i seanFord Ennis féin.[00] Is cinnte go raibh ualach maith ar an gcairt nuair a chuirtear san áireamh meáchan agus toirt an trealaimh thaifeadta freisin.

Tá cuntas drámatúil agus greannmhar tugtha ag Peig féin ar theacht 'an triúr strapairí ' go Baile an Bhiocáire oíche 6 Samhain (mír 10). Níl amhras, áfach, ná gur chiúta ealaíne ag Peig, an áiféis lenar thrácht sí ar an bpreab a bhain na cuairteoirí aisti agus ar an trealamh a bhí leo. B'fhurasta di craiceann a chur ar scéal – tá a fhios againn go raibh trealamh taifeadta fuaime den sórt céanna feicthe aici cúpla mí roimhe sin. Ní móide ach oiread nár luaigh an triúr fear ó Radio Éireann agus iad á gcur féin in aithne, go mbeadh fear eile chucu i gceann cúpla nóiméad, Joe Daly, agus ní foláir nó go gcuirfeadh an méid sin ar a suaimhneas í. Dhein Séamus Ennis teagmháil le Joe níos luaithe sa lá ag iarraidh a chomhairle, agus ba mhairg dó nár ghlac go hiomlán léi mar a fheicfear ar ball. A bhuíochas do Joe go bhféadfaí dul ar aghaidh leis an seisiún taifeadta in aon chor, mar ar dtús níor theastaigh ó Mhícheál, mac Pheig, í a scaoileadh i mbun cainte. Tá an t-eolas seo go léir againn ón iontráil i gcín lae Joe do 6 Samhain, ina bhfuil, mar is gnách uaidh, tuairisc iomlán bheacht ar gach ar tharla:

Bhíos ag scríobh istigh ar maidin nuair a ghaibh Séamus Mac Aongusa chugham. Bhí beirt eile lena chois a dúirt sé, Seán Mac Réamoinn agus Joe De Lacy. Ba é a gcúram plátaí cainte a dhéanamh de chaint Pheig Sayers. D'fhiafraigh sé díom arbh fhéidir Peig a bhreith go dtí an tigh anso agus dúrt leis ná raibh aon tseans air sin, go raibh sí ró-mháchaileach. Chuaigh sé don Daingean fé chionn tamaill ansan, agus ar a chúrsa dó chuaigh sé ag

40

féachaint ar an mbóthar go dtí tigh Pheig Sayers.
Nuair a tháinig sé thar n-ais bhí sé mar scéala aige
dom go mbeadh sé ar a chumas an gluaisteán a
thabhairt tamall maith den slí. Mholas féin dó
gurbh fhearr dhó trucaill a fháil agus a chuid
fearais a bhreith ann agus gan an gluaisteán a bhac.
Nuair a tháinig an tráthnóna scaoileamair fé,
Séamas ina ghluaisteán chun tosaigh agus mise lem
ghluaisteán ina dhiaidh. D'imigh sé an bóithirín
amach rómham. Stadas féin mo ghluaisteán ag bun
an bhóthair agus shiúlas liom ina dhiaidh. Mheasas
go stadfadh sé in áit éigin sa bhóithrín, ach nuair a
chuas i radharc tí Pheig, bhí gluaisteán Shéamais
ina stad taobh amuigh de dhoras. Nuair a thána
suas bhí sé mar scéala ag Séamas go raibh sé tar éis
a bheith ag caint le mac Pheig, Maidhc, agus ná
labhálfadh san do Pheig aon chaint a dhéanamh
mar ná raibh Peig oiriúnach d'aon tsaghas líonrith.

'Is ea, raghaimid isteach ach go háirithe,' arsa
mise.

Chuamair isteach. Cuireadh fáilte romhainn.
Shuíomair thall is abhus. Thosnaíomair ag
déanamh cuideachtan agus bhíomair ag brath
romhainn agus ag bogadh romhainn gur
bhogamair Maidhc chun cuid dá chuid filíochta a
léamh dúinn. Moladh an fhilíocht agus moladh dó
é a chur ar phlátaí. Bhí sé lán-tsásta. Beireadh
isteach na gléasanna agus cuireadh ag obair iad
agus cuireadh ag obair Maidhc, agus bhí sé an-
shásta nuair airigh sé an filíocht á chraoladh go
láidir ar fuaid an tí. Mealladh Peig ansan chun
scéilín a insint. Tugadh braoinín biotáille dhi ar
dtúis agus d'inis sí an scéal. N'fhéadas féin a
thuilleadh moille a dhéanamh ansan. B'éigeant
dom teacht abhaile mar bhí mo gharsún breoite

ach bhí an cath briste agus an bóthar réidh chun na hoibre a dhéanamh. Thána féin abhaile.[91]

Faighmíd éachtaint eile ar ghníomhaíochtaí lucht Radio Éireann ón ionradh i gcin lae Joe, lá arna mhárach, 7 Samhain:

Bhí drochscéal ag Séamus Mac Aongusa nuair a tháinig sé inniubh chugham. Bhris an gluaisteán air ag teacht ó thigh Pheig Séars aréir. Thug sé leis abhaile é ach bhí an mháchail uirthi. Thug sé leis mo dhearthair Tomás ansan chun go mbeadh comhairle acu cad ab fhearr a dhéanamh. Bhíodar ar aon fhocal cad a bhí uirthi. B'éigeant domsa dul go Baile an Fheirtéaraigh ansan chun braon uisce beatha a fháil chun fortacht a dhéanamh do Pheig Séars chun cainte. Thána thar n-ais agus chuamair go léir ansan dtí bun an bhóithrín im ghluaisteánsa. D'imigh Séamus agus Tomás don Daingean d'iarraidh na páirte bhí briste i ngluaisteán Shéamuis. Chuas féin agus Seán Mac Réamoin agus Joe De Lacy go dtí Peig Séars. Bhí sceitimíní áthais ar Pheig agus ar Mhaidhc romhainn. Bhí óráid scríte ag Maidhc le cur ar phlátaí agus bhí Peig ag fiafraí díom féin cén scéal ab fhearr le cur ar an *radio*. Thosnaíodh ag obair láithreach, Peig le scéal ar dtúis, agus le scéilín eile agus nuair a bhí Peig traochta – is an-fhuirist an bhean bhocht a thraochadh anois – agus Maidhc ansan. D'fhágas féin ag obair iad mar bhí deithneas abhaile orm. Tháinig Séamus isteach chugham anso tar éis an Daingin. Bhí an 'pháirt' fachta aige.[92]

Tá tagairtí eile sa chín lae faoi 8, 9 agus 10 Samhain, d'fhoireann Radio Éireann (nár fhág go 10 Samhain), ach tráchtann siad ar dheisiú ghluaisteán Shéamus Ennis nó nithe nach raibh baint acu leis an taifeadadh.

Thuigfí ón méid seo go raibh cúrsaí níos sásúla d'fhoireann Radio Éireann ná mar a bhí d'fhoireann an BBC. Is fíor nach raibh Peig ar fónamh nuair a tháinig foireann Raidio Éireann ach oiread, ach bhí taithí faighte cheana aici ar thaifeadadh ar phlátaí gramafóin don raidió, agus níos tábhachtaí fós, bhí sí anois ina tigh féin. De bhreis ar sin, ní raibh baol an scáth céanna a bheith uirthi roimh Mac Réamoinn agus Ennis (iad beirt sna ficheadaí), agus a bhí roimh Rodgers, a bhí cuid mhaith níos sine, agus gur mhothaigh Peig gur chóir di beannú dó le *sir*. Bhí a mhalairt ar fad de dhearcadh aici ar an mbeirt sin – chaith sí leo mar bhuachaillí óga nár chás di a bheith ag áilteoireacht leo. Bhí rud eile fós – ba chainteoirí maithe Gaeilge iad[93] agus bheadh dámh ag Peig leo dá bharr sin, agus arís, mar gheall ar an tacaíocht iomlán a bhí acu ó Joe Daly. Is fíor nárbh aon laincis ar Pheig ach oiread go raibh spreagadh le fáil aici anois uathu nach bhfuair sí ó na mná rialta sa Daingean – smeacháinín fuisce. Ní hionadh mar sin gurbh fhonn léi a dícheall a dhéanamh agus díocas uirthi labhairt le pobal mór na hÉireann ó Thigh Mhóire go Domhnach Daoi.

Ní raibh an brú céanna ama ar fhoireann Radio Éireann agus a bhí ar fhoireann an BBC agus bhí siad ábalta breis ábhair a thaifeadadh – míreanna níos éagsúla agus níos faide – ná mar a dhein foireann an BBC. Thóg siad 14 mír ar fad, ina measc dhá scéal fhada, leagan den seanscéal iontais, *The Land and Water Ship* (19), agus scéal rómánsach (13), mar aon le 'dráma' i bhfoirm véarsaíochta (12). De bhreis orthu sin bhí dhá fhinscéal faoi imeachtaí osnádúrtha, 'Tomás Sayers agus an bhean feasa' (14) agus 'An cat a labhair' (16), dhá phaidir (17) agus trí sheanamhrán/dhán (15, 20, 21). Cuimhní cinn Pheig agus cuntais uaithi ar shaol an Bhlascaoid atá sna míreanna eile.

Mar a chonacamar thuas, ní raibh ar chumas Sheosaimh Uí Dhálaigh a bheith i láthair d'iomlán na dtaifeadtaí toisc a mhac a bheith breoite, ach dá n-éireodh leis a bheith ann, b'fhéidir gurbh fhearr a thuigfimis cad ina thaobh gur roghnaíodh na míreanna áirithe a taifeadadh. Pé scéal é, deirtear linn gur iarr Peig comhairle Joe i dtaobh cad ba cheart di a rá, agus tharlódh gurbh é a mhol di *The Land and Water Ship* a insint. Bhí a fhios aige, ar aon nós, go raibh an scéal seo ar eolas ag Peig agus gur inis sí go maith é, mar thaifid sé féin uaithi é i 1945, agus chuimhneodh sé go héasca air mar bhí leagan eile de a thaifid Flower i 1930 trascríofa aige cúpla seachtain sular tháinig foireann Radio Éireann. Bhí Mac Réamoinn agus Ennis eolach, gan dabht, ar a raibh bailithe ag foireann an BBC (mar a bhí Ó Dálaigh leis), agus b'fhéidir gur iarr siadsan go sonrach an scéal faoi Thomás Sayers agus an bhean feasa mar gur mhaith leo a leagan féin de a bheith acu. Bíodh sin amhlaidh nó ná bíodh, bheadh Peig thar a bheith toilteanach an scéal a insint. Ní theastódh aon tathant uaithi ach oiread an dá phaidir a rá (mar a chonacamar, bhí ceann acu, 'Coigilt na tine', tugtha aici freisin don BBC). B'fhéidir gur lean 'An cat a labhair' an scéal faoi Thomás Sayers agus an bhean feasa, mar is scéal é a bhíodh ag Tomás agus atá suite ina pharóiste dúchais.

Is díol suntais iad na taifeadtaí mar ní hé amháin go bhfuil iontu téacs an dáin chráifigh 'Fáilte an Linbh Íosa' (15) agus na n-amhrán 'An samhradh cruaidh' agus 'Coinleach glas an fhómhair' (20 agus 21), ach tá fonn leo seo chomh maith. Toisc spéis faoi leith a bheith ag Ennis i ngné an cheoil den traidisiún, eisean is dóichí a mheall na hámhráin ó Pheig. Is cruthúnas é ar cé chomh tógtha agus a bhí sí leis an ócáid agus ar a chíocraí is a bhí sí chun comhoibriú leo, gur thoilig sí iad a chasadh, agus gan aici mar a dúirt sí féin 'ach glór préacháin'. Chaithfeadh duine a mheas, mar sin féin, go ngoillfeadh amhránaíocht Pheig ar chluasa Ennis. Is féidir glacadh leis go raibh *Peig* agus b'fhéidir *Machtnamh Seana-mhná* léite ag Mac Réamoinn agus Ennis, agus go dtuigfidís go mbeidís léite leis ag go leor dá lucht éisteachta, rud a d'fhágfadh spéis faoi leith acu Peig a chlos ag cur síos ar an saol ar an mBlascaod.

TAIFEADTAÍ RADIO ÉIREANN 1953

Bhí cuimhní geala ag Mac Réamoinn agus Ennis ar a dturas eachtrúil i ngeimhreadh na bliana 1947, nuair a chuireadar aithne ar an scéalaí nótálta i mBaile an Bhiocáire, agus dheineadar a gcion chun a cáil a leathadh. Mar atá luaite cheana, d'aistrigh Ennis *Machtnamh Seana-Mhná* go Béarla, aistriúchán réidh snasta a léiríonn go maith tréithe an bhunleabhair. Ba mhór ag Mac Réamoinn gur casadh Peig air, agus bhí sé buíoch deis a fháil bualadh léi arís i 1953 nuair a tháinig sé go Dún Chaoin chun clár a dhéanamh faoi thréigean an Bhlascaoid Mhóir i Samhain na bliana sin.[94]

Ní dheachaigh aghaidh duine amú ar Pheig riamh, agus ba léir go raibh sceitimíní uirthi Seán a fheiscint arís. Ba léir freisin go raibh sí go mór ar a suaimhneas. An babhta seo, spreag Seán chun cainte í ar ghnéithe an-éagsúla de shaol an Bhlascaoid, e.g. bia, feisteas, scoil agus imirce; bhí an t-agallamh scaoilte go maith agus é cosúil in áiteanna le comhrá nádúrtha idir beirt seanchara. Taispeáineann na taifeadtaí seo cé chomh dea-ghiúmarach gealgháireach a d'fhéadfadh Peig a bheith i gcomhluadar. Mar atá ráite cheana, is díol suntais caighdeán na fuaime ar na taifeadtaí seo ó 1953 toisc gur ar théipthaifeadán a deineadh iad. Go deimhin, níl fáil ar aon taifeadadh eile de Pheig a déanadh le fearas den chineál sin.[95]

Mar a luadh thuas chuir Seán Mac Réamoinn clár faoi Pheig i láthair i mBéarla arbh é féin a scríobh an script chuige, ionas go dtuigfeadh éisteoirí gan Ghaeilge an bua ealaíne a bhí ag Peig. Bhain sé earraíocht sa chlár seo as ábhar a bhailigh Robin Flower chomh maith lena chuid taifeadtaí féin agus léigh Brighde Ní Loingsigh ó Amharclann na Mainistreach na scéalta go mothálach ealaíonta. Tugann tráchtaireacht Mhic Réamoinn ar an scéal faoi Mhac Uí Shé agus an rón (ceann de na scéalta a taifeadadh i 1953) éachtaint ar a ghrinntuiscint féin ar ealaín Pheig:

To hear Peig tell a story like that was to experience something very rare and very wonderful, it was to

45

witness an artist engaged in what F.R. Higgins called 'the secret joinery' of her craft, keeping always the delicate balance between tradition and originality, between the familiar and the preternatural, between explicit statement and poetic suggestion.

Ní i ngan fhios di féin a bhí an bua seo ag Peig agus bhaineadh sí sásamh as éisteacht le taifeadtaí dá glór féin. Seo mar a dúirt Seán Mac Réamoinn sa chlár céanna:

I remember, the delight with which she was listening to the playback of one of her recordings. Following every twist and turn of the tale with her lips as she rehearsed it again in her mind. She was proud that her voice was known to so many whom she had never met.

Ní bheadh an sásamh sin aici mura mbeadh W.R. Rodgers, Séamus Ennis agus Seán Mac Réamoinn. Tá ár mbuíochas ag dul dóibh agus dá n-institiúidí a choinnigh go slán toradh a saothair. Ní hé amháin go dtugann na taifeadtaí seo éachtaint dúinn ar ealaín mhórscéalaí ach cuireann siad chomh maith lenár dtuiscint ar a pearsantacht.

Cad é mar sin freagra na ceiste a chuir Peig féin 'Cérbh í an Pheig Sayers úd?' Beidh a lán tuairimí éagsúla acu siúd a léann a leabhair nó a éisteann lena scéalta, rud a léiríonn gur iomaí sin taobh a bhí ar Pheig agus gur maith casta a bhí a pearsantacht. Mothaím féin gurb iad focail Sheáin Uí Ríordáin ar an gclár cuimhneacháin *Bhí Sí Seal inár Measc*, is fearr a chuireann friotal ar shainiúlacht agus ar dhaonnacht Pheig. Seo mar a chuir sé síos uirthi agus í suite aniar sa leaba in ospidéal an Daingin, cuid mhór mar a bhí sí nuair a dhein Seán Mac Réamoinn an taifeadadh deireanach léi:

Bhíodh sí ansan suite aniar sa leabaidh, agus cros mhór gléigeal ar a brollach mar a bheadh ar phearsa eaglaise. Dá fhaid a bhí sí ag coimeád na leapan, bhí a chuma uirthi go raibh a croí chomh héadrom le druid, mar a déarfadh sí féin. Ar a shon go raibh sí dall, ba í an té ba mhó solas i gcónaí ar an gcomhluadar í. Bhíodh loinnir éigin ina cuntanós agus í ag labhairt leat, ionas ná braithfeá easpa an tsolais ina súilibh. Labharfadh sí leat lena cuntanós fé mar a labhrann lucht radhairc leat lena súilibh.

Cad a bheadh á rá ag an gcuntanós? – Gur Peig Sayers féin agus nach aon duine eile a bhí ag labhairt leat, go raibh céad míle fáilte ag SeanPheig romhat, mar gur thusa a duine féin, gur shíolraíobhair beirt ó chine uasal, gur thuigeabhair beirt uaisleacht na teangan Gaolainne agus croíúlacht, rógaireacht, diamhaireacht agus buairt an tsaoil, níos fearr ná aon duine eile, gur chúis ardaithe meanman do chách bhur dteacht le chéile mar seo ar aon láthair. Dúirt an cuntanós an méid sin leat agus a thuilleadh.

Is mar sin go díreach a labhróidh sí linn go léir.

Bo Almqvist

TAIFEADTAÍ AN BBC 1947

1. NAOMH BREANDÁN AGUS A LEABHAR AIFRINN

Rodgers: *Now Peig, have you any story about St Brendan you can tell us?*

Tá, a dhuine uasail, agus fáilte, scéal a chuala ag m'athair á rá, ag eachtraí ar Naomh Breandán nuair a bhí sé ina naomh anso i gCiarraí againn. Is é an áit chónaithe a bhí aige an t-am san ná Cnoc Breánainn, go nglaoimid *Brandon Hill* sa Bhéarla fé láthair air, agus do bhí urraim agus onóir aiges na daoine go léir timpeall dó. Do bhíodh Aifreann aige gach maidean i mullach an chnoic in airde, agus gach Domhnach agus lá saoire do bhíodh Aifreann speisialta á léamh aige, ach go mórmhór Domhnach Cásca, do bhíodh seanmóin mhór fhada agus teagasc aige á thabhairt dos na daoine agus don bpobal a bhí á leanúint.

Ach aon lá amháin do dhearmhad sé leabhar an Aifrinn ag an sáipéal ... na Cille agus nuair a chuaigh ... nuair a bhí culaith an Aifrinn curtha aige air, sin é an uair a chonaic sé cá raibh an botún déanta aige. Ach d'iompaigh sé de dhroim a ghualann ar an gcléireach a bhí ina sheasamh lena ais agus labhair sé leis os íseal agus dúirt sé leis go raibh an leabhar fágtha ina dhiaidh aige. Do labhair an cléireach uaidh amach leis an bhfear ba ghiorra dhó féin, agus má labhair, níor chorraigh éinne den bpobal agus den slua mhór a bhí ag leanúint Naomh Breandán an Domhnach Cásca san; níor iompaigh éinne acu agus níor chorraíodar a gcos, ach ó bhéal go béal, an focal, nó gur tháinig sé go dtí bun an chnoic.

Do tháinig an teachtaire go dtí an sáipéal ... na Cille mar a raibh an tseanchill ag Naomh Breandán, agus do thóg sé leis an leabhar, agus nuair a chuaigh sé mar a raibh críochnú ar an slua, do shín sé uaidh an leabhar go dtí duine acu, agus do bhí an leabhar ag imeacht ó láimh go láimh gan éinne ag corraí as láthair a bhonn, nó go dtí gur bhfuair an naomh beannaithe an leabhar isteach ina láimh ar an altóir. D'iompaigh sé agus do léigh sé an tAifreann, agus do dh'fhág sé a bheannacht acu.

Tá an lá san, Domhnach speisialta san, ó shin aiges na Caitlicithe go léir; bíonn na sluaite acu, dá mbeadh an Domhnach Cásca breá, bíonn siad ag déanamh cuimhniú míosa ar Naomh Breandán. Tugann siad an turas i mbarra Chnoc Bréanainn. Gach aon bhliain, gach aon Domhnach Cásca siúrálta beidh siad ann i bhfaid agus i ngiorracht. Ach faraoir, níl Colm Cille … ná Breandán le fáil ná a thuairisc, ach tá a chúram agus … rian a ghnótha fágtha ina dhiaidh aige, baochas le Dia.

Do bhí staighrí insan am san ag teacht anuas ó mhullach an chnoic, ar thaobh an chnoic anuas mar a mbíodh an naomh agus a mhórshlua ag dul suas. Bhíodh slua mhór mhanach gach lá sa tseachtain ag dul suas go mullach an chnoic. Tá an sáipéilín ann fós agus tá an turas á thabhairt, agus tá an tobar beannaithe ann, agus bíonn na daoine ag tabhairt an turas san, gach aon Domhnach Cásca ann, ach mura mbeidh lá an-olc ar fad. Tá siad ag coinneáilt an méid sin do Naomh Breandán suas.

2. CLOIGÍN AG BUALADH

Chloisinn m'athair i gcónaí á rá leis na blian ... go dtíos na blianta déanach ar fad, faid a mhair sé féin agus a mhuintir roimis, mar as an áit sin ab ea muintir a mháthar, go gcloistí an clog, cloigín ag bualadh gach aon mhaidean Domhnach Cásca idir a sé agus a seacht a chlog ar maidin, agus gan aon tuairisc ná rian de Naomh Breandán le fáil.

Ach nuair a tháinig na Súpanna, mar thugtaí orthu, na Protastúnaigh, tá a fhios agat, do loiteadar an creideamh agus do loiteadar an áit, agus nuair a thánadarsan go dtíos na reiligí agus go dtíos na teampaill, níor chualaigh éinne an cloigín ag bualadh ó shin.

3. MAR FUAIR PEIG A SCÉALTA

Rodgers: *Where did you get those stories from, Peig?*

Fuaireas ó m'athair, fear go raibh cruinniú maith scéalta agus eachtruithe aige. Ba é síofróir agus scéalaí do b'fhearr é a bhí i gCiarraí lena linn.

4. TOMÁS SAYERS AGUS AN BHEAN FEASA (1)

Rodgers: *Well now there is another story, the one, can you tell it, where the travelling woman told your father as to how his future wife looked.*

Do chuala é agus scéal eile aige mar gheall ar mhná … bean Ultach, *Ulster people*, a bhíodh ag gabháil an treo agus bhídís ag siúl rompu, agus deirtí go mbíodh fios agus leigheas acu.

Ach lá Domhnaigh, a dúirt sé, bhí sé féin istigh agus an chuid eile ag an Aifreann. Ach do bhí béile na maidine ag beiriú aige, is é sin prátaí a bhíodh le linn an ama san chun bricfeast aiges na daoine bochta. Ach do bhuail sí an doras isteach chuige, agus dúirt sé léithe suí suas. Do shuigh sí suas ar an gcathaoir, ach nuair a bhí na prátaí beirithe ullamh aige agus pé anlann a bhí aige, dúirt sé leis an mnaoi siúil suí síos ina theannta anois, mar ná raibh aon duine eile fé … an tí i láthair na huaire sin a chabharfadh leis chuig an bricfeast a dh'ithe.

Ach do shuigh sí ar chathaoir ina theannta ag an mbord.

Nuair a bhí an béile caite acu dh'éirigh sí agus do shuigh sí thuas cois na tine agus bhíodar araon ag caint le chéile ar feadh tamaill.

Ach dúirt sí leis:

'An bhfuileann tú pósta, a bhuachaill óig?'

'Nílim,' ar seisean, 'agus an mbeadh aon mhaith ionat a neosfadh dom cén bhean a bheadh agam, nó cá bhfuil mo bhean chéile?'

Do dhein sí smiota gáire, agus má dhein, do dh'fhéach sí air, agus do tháinig sí agus fuair sí sáspan agus do chuir sí isteach é in imeall na tine, an sáspan a bhí aici agus braon uisce. Lig sí dhon uisce go raibh sé ag fliuchaidh, agus nuair a bhí sé ag fliuchaidh do thairrig sí chúichi *canister* beag bosca agus do chuir sí *pinch* tae síos ar an uisce. Ach nuair a bhí sé tairrigthe aici, lig sí, dúirt sí leis babhla a thabhairt chúichi. Do thug sé leis aníos babhla, *bowl*, agus do bhuail sí amach an tae idir bhilleoig agus eile amach ar an mbabhla. Ach nuair a bhí sé ligthe amach aici ansan as an sáspan, do dhein sí é a dh'iompú isteach ar an dtaobh istigh den dtine agus do dh'fhan naoi nó deich de bhilleoga beaga, is é sin *tea leaves* a ghlaoimid orthu, ar thóin an bhabhla.

Nuair a bhí san déanta aici do ghlaoigh sí aníos ar m'athair:

'Suigh ansan ar an gcathaoir anois,' ar sise, 'agus fair mise.'

Do shuigh sé ar an gcathaoir ar a haghaidh amach agus pé deasa nó diablaíocht a dhein sí ar an mbabhla, is róghairid gur bhuail brainse de chailín óg an t-urlár aníos, agus stad níor dhein sí nó go dtí gur bhuail sí cúl a cos leis an dtine, ar lic na tine, agus bhí a drom leis an dtine agus a haghaidh síos ar an ndoras. Ach dh'fhan sí ann ar feadh trí neomataí, agus ansan pé corrú a dhein an bhean aosta, dh'imigh sí léithe an doras amach. Ach nuair a bhí sí imithe amach, do labhair an bhean chríonna:

'An bhfacaís an cailín úd?'ar sise.

'Chonac,' arsa m'athair.

'Sin í do bhean chéile anois,' a dúirt sí, 'pé áit go bhfuil sí.'

'Dhera, a bhithiúnaigh,' ar seisean, 'cad ina thaobh nár labhair, dúraís in am liom é go bhféachfainn i gceart uirthi agus go dtabharfainn fé ndeara go maith í, ná beadh aon mháchail uirthi gan fhios dom. Ní raibh caoi agam ar …' ar sé, 'agus tá … '

'Siúd í do bhean anois.'

Do bhí an ceart aici, mar chúig mbliana, nó trí bliana, ina dhiaidh sin is í an bhean chéanna a phós sé, agus is sin í mo mháthairse a phós sé.

Agus do chaitheadar cuid dá saol go maith agus cuid eile dhe go cráite agus go buartha agus go trioblóideach, ach do mhair sé cheithre scór agus hocht mbliana déag d'aos, agus is dóigh liom ná raibh a shárú de sheanchaí ná de scéalaí i gCiarraí lena linn. Agus ba mhór an trua ná raibh na deisméirithe seo agus na hadharca so agus na meaisíní seo chun a chainte agus a chómhrá do thógaint síos! Do bheadh Gaolainn agus scéalta agus eachtruithe go flúirseach ag lucht na Gaolainne do dh'fhoghlaim, ach faraoir, ní raibh, ach ag imeacht ó bhéal go béal. Ach tá siad anois ann, baochas le Dia, agus saothar maith acu á dhéanamh. Go dtuga Dia saol fada dhóibh!

5.   BÁS THOMÁIS SAYERS

Rodgers: *Do you remember the time your father wasn't able to finish his story, the story of the red ox?*

Cuimhním go maith ar an am, ar an oíche a bhí sé ag rá scéal an Damh Deirg. Do bhí sé in aois a cheithre fichid agus ocht mbliana déag an oíche sin agus é chomh beo, chomh sláintiúil. Do bhí sé ag gabháilt don scéal agus á insint dúinn ar an dtinteán, agus i lár an scéil istigh do stad sé agus níorbh fhéidir leis aon fhocal eile a labhairt go ceann tamaillín.

'Tá, do … tánn, tánn tú caillte, a athair,' a dúrtsa.

'Nílim,' ar seisean.

'Ó tánn tá,' a dúrtsa, 'mar tá an bás agat anois. Níor chuais amú ar aon scéal riamh faid atá cuimhne im cheann go dtí anocht, agus tá deireadh leat.'

'Níor fhág sé Corcaigh fós chugham, a chailín,' ar seisean.

Ach do dh'fhág, mar do theip air deireadh an scéil a chríochnú agus níor mhair sé ach naoi lá ina dhiaidh sin.

Agus do bhí saothar maith déanta aige maidir le cuileachta nuair a bhíodh na buachaillí timpeall air – bhídís óg is críonna – agus b'in é an chuideachta is mó a bhíodh acu an t-am san, ag scéaltóireacht agus ag seanchaíocht i dteannta a chéile. Ach ní mar sin anois, níl aon chuimhneamh acu ar an seanchaíocht ná na scéalta, agus do bhíodar fachta bás ós na sean … ós na daoine óga mar ní bhídís i mbun iad a phriocadh suas, ná iad a thógaint, ná iad a fhoghlaim. Ach tá fearas anois, baochas le Dia, atá i mbun iad a phriocadh suas dá mbeadh éinne i mbun iad a thabhairt uathu, ach níl, mar tá na seanGhaeil fachta bás. Agus ansan, an ghin óg atá ag éirí suas, níl an Ghaolainn ar feabhas acu, mar ní raibh aon tsuim acu inti go dtí le gairid d'aimsir. Agus is mór an trua é, mar is teanga uasal luachmhar is ea an

57

Ghaolainn. Tá sí … sinsearacht atá againn anuas ó ghlúin go glúin ós na fir mhaithe agus ós na Gaeil, seanGhaeil chiallmhar nár thug tosach do theanga namhad riamh go dtí le déanaí, go dtí gur cuireadh fé chois iad féin agus a dteanga. Ach tá sí ag beoú agus ag dul chun cinn agus ag neartú, agus is gearr le cúnamh Dé go mbeidh sí fé bhláth aríst fé mar bhí insa tseanaimsir ag ár ndaoine críonna a chuaigh uainn.

Go dtuga Dia an bheatha shíoraí dhona n-anam agus dár n-anam féin nuair a raghaimid á dh'iarraidh! Amen!

6. PEIG AGUS AN BÉARLA

Rodgers: *Peig, can you tell us a little in English about who you learned your stories from?*

I am sorry, I cannot, sir. I have very bad English because there was no English going on by my time when I was young. And another thing, I was too much given to the Irish, and I inherited that from my father. I'd rather the Irish stories and Irish songs and everything in Irish because I had no English. And then we thought it better to pick up the Irish than the English at the time. So I am no good for telling stories in English.

7.   COIGILT NA TINE

Rodgers: *Could you give us a prayer in Irish for the laying of the ashes?*

> Coiglím an tine mar choiglíonn Críost cách,
> Bríd i dhá gceann an tí agus Íosa ina lár;
> na trí haingil, na trí haspail is airde i bhFlaithis na
>   nGrást
> ag coimeád an tí seo agus a bhfuil ann go lá.

8. 'A THIARNA, DÉAN IARLA DEM MHAC!'

Bhí bean bhocht ann aon uair amháin agus ní raibh aici ach aon mhac amháin. Bean chríonna ab ea í agus do bhí an mac ag cur an-thinnis uirthi, a bheith gan céile, a bheith gan pósadh. Ach gach oíche a bhíodh sí ag dul a chodladh is é an phaidear a bhíodh aici nuair a bhíodh sí ag coigilt na tine: 'Mhuise, a Thiarna, déan iarla dem mhac; a Thiarna, déan iarla dem mhac.' Ba chuma léithi ach an mac a bheith saibhir agus … sara bhfaigheadh sí bás.

Ach aon oíche amháin bhí gála gaoithe aniar aduaidh á shéideadh agus do bhí an simné beag lán de shúiche in airde. Ach nuair a bhí sí ag féachaint in airde agus í ag guí go trócaireach, dar léi, go mbeadh an mac ina iarla, cad deire le cnapán súigh, ná gur thit anuas, is chuaigh sé isteach féna súil, an bhean bhocht, agus do bhí sí go dall caoch ag an súiche do bhí féna súil. Ach cad dúirt sí, in ionad guí thar n-ais, 'Á mhuise, loscadh is dó ort, mar bhotháinín súigh!'

Ní tapúla san ná bhí an tine dulta insa tigh, botháinín, agus í féin is a leabaidh dóite loiscthe. Ach nuair a tháinig an mac abhaile, pé an áit go raibh sé, ní raibh le fáil de chnámha na máthar aige ach … den máthair aige ach na cnámha. Agus dhein sé amach gur cinnúint éigint a dh'éirigh di, ach faraoir ní hea. Dá mbeadh an fhoighne aici agus go ndéarfadh sí an uair dhéanach, 'A Thiarna, déan iarla dem mhac', bhí uair na hachainí fachta aici. Ach is sin é díreach an t-am a dúirt sí, 'Loscadh is dó ort!' Agus deir na seandaoine ó shin anuas go mbíonn uair na hachainí ann. Ní fios cén uair a bhíonn an ghuí le freagairt nuair a bhítear ag guí chun Dé, ach tá sé ordaithe dhúinn a bheith ag guí i gcónaí i gcónaí mar go mbíonn uair na hachainí ann, ach ná fios cad é an uair é.

Do b'éigeant dó í a chur an méid a bhí fuílleach aici, agus ní fheadarsa an raibh sé ina iarla ná ina dhiúc, ach chaith sé déanamh ceal na máthar, pé scéal é.

61

9.   VÉARSA BÉARLA

I would I were in my bed of clay,
with my long-lost youth compeeres;
for back to the past though the thought brings woe
my memory ever glides
to the old, old times long, long ago,
to the time of the Barmecides.
Then youth was mine and fierce wild will,
 and my arm was strong in war;
but now I am weak and dim with age
and them days I shall see no more.

TAIFEADTAÍ RADIO ÉIREANN 1947

10. TRIÚR STRAPAIRÍ AG TEACHT ISTOÍCHE

Timpeall a sé a chlog tráthnóna a bhíos im shuí ar an gcathaoir agus mé ag cuimhneamh agus ag smaoineamh agus ag guí chun Dé. Do bhí pian agus trioblóid orm. Do bhí seacht mí caite insan otharlainn i mbaile an Daingin, Uí Chúise, agam agus do bhíos chomh holc anocht agus do bhíos an chéad lá a chuas ann, beagnach.

Ach níorbh fhada dhom insa smaoineamh dom. Ní raibh solas agam mar ní rángaigh le, leis an mac, íle a chur sa lampa. Do bhí an doircheacht ann agus do bhíos ag cuimhneamh liom féin. Bhíomair chun dul a chodladh agus níorbh fhiú leis an solas a dhéanamh ná a chur chun cinn. Ach do chuala an fothram ag teacht chun an tí. Shílíos gur long aeir a bhí ag teacht trasna fé mar ba ghnáth, agus níorbh ea, mar do stad sé go hobann.

'Más *aeroplane* an bús so,' arsa mise leis an mac, 'tá sí tite insa gharraí amuigh.' Chuaigh sé go dtí an doras, agus is amhlaidh a chuala an fothram ag teacht. Do bhí an solas agus an gléas agus an fothram – ní fheadair sé cad a bhí ann.

'Cóiste balbh is ea é,' arsa mise leis.

'Dhera, nár lige Dia don gcóiste balbh thú,' ar seisean, 'ní hea ná cóiste balbh!'

'Is cad a bheadh ann?' a dúrtsa.

Ní raibh aon duine ar an mbaile. Ní raibh aon tigh timpeall orainn ach an tigh beag so amháin go bhfuilimid inár gcónaí ann.

Ach níorbh fhada dhom gur tháinig an fothram agus an solas go dtí an doras. Do phreabas, dá laigeacht a bhíos, agus dá mhéad gearán a bhí roimis orm.

Ach do bhuail chugham isteach triúr strapairí fear, Dia ár

mbeannachadh! Agus do dh'fháiltíos rompu de réir mar ba cheart dom a dhéanamh. Ach …

'Cad a thug sibh?' arsa mise leo.

'Do thug,' ar siadsan, 'teastaíonn beagán cúraim uainn.'

Do thosnaíodar – agus bhí doircheacht acu mar ní raibh an solas ann – ar a bheith ag tarrac boscaí agus giúirléidí agus rudaí trína chéile isteach go raibh an tinteán lán de ghiúirléidí thíos – radharc ná facasa riamh agus ná, ná cífead go deo aríst faid a bheidh SeanPheig mar ainm orm.

Ach cad a bhí? Do bhíodar ag tógaint, bhí rud éigint a bhaineas le *radio* nó rud éigint acu nárbh fhios domsa. Ach nuair a chuamair chun suaimhnis do cuireadh ar siúl é. Agus déanfaimid ár ndícheall chuig pé ní a dh'féadfaimid a chur air, a chur air. Ach ní fheadar an féidir liomsa aon scéilín ná aon ní a chur air.

11. AR SON NA TEANGAN

Is olc an scéal é go bhfuil an aois ag teannadh liom agus ag druidim gach lá le deireadh mo shaoil, mar níl aon bhaol ná go bhfuil an méid atá caite dhem shaol agam, caite go hanróch agam – táim ag fulag le só agus le hanró agus le trioblóid. Ach mar sin féin, níor chloígh san mé ná gur dheineas mo dhícheall riamh don dteangain agus don dtír. Dá mbeadh a leath ná a thrian déanta aiges gach aon tseanbhean ar fuaid na tíre, is fadó riamh a bheadh ár dteanga dhúchais suas ar barr an chrainn.

Níl aon lá ná oíche le chúig mbliana déag agus daichead go bhfuil sos ná suaimhneas dulta ar mo theangain, ach ag cabhrú agus ag cuidiú leis gach Gaeilgeoir a bhíodh ar a tóir i d'fhonn is í a fhoghlaim. Níl aon bhaol go bhfuil aon aithreachas orm ná gur thugas mo lántoil agus mo láncúnaimh dóibh ins gach slí.

Ach anocht an radharc atá feicthe agam, ní fhaca riamh fós é, cé gur minic a tháinig Bláithín, nó Robin Flower, mar thugaimist air, leis an eideafón chugham, agus is minic a bhíos cráite mo dhóthain aige. Ach mar sin féin, radharc na hoíche anocht ní fhaca riamh ná ní chífead lem shaol aríst. Is mó duine ón Ioriatha anoir agus ón Lochlainn agus ón dtaobh theas de Mheirice, fiú amháin 'Mártan Mheicsiceo' a thugaimist air, ó Mheicsiceo, anall ó lár Mheirice, do bhí sé ag siúl ar an mBlascaod Mór, an áit a chaitheas deich mbliana agus daichead dem shaol, agus níor chualaigh aon duine íseal ná uasal ó shin, ná gur thugas mo láncabhair agus cúnamh dóibh ar pá pluic agus cead aighnis.

Ach mar sin féin, do b'fhiú an teanga cabhrú léithi mar tá rud éigin bun os cionn ag baint leis an dteanga Ghaelach: tá grásta éigint ag baint léi ná fuil ag baint le haon teanga eile insa domhan, mar is tríthi, céad baochas le Dia, do fuaireamair eolas ar Dhia agus ar ár gcreideamh agus ar aitheanta Dé, trí ár dteanga Ghaelach féin agus trí Naomh Pádraig agus trí Naomh Bríd agus trí Cholm Cille. Agus is ceart dos gach Éireannach meas agus urraim a bheith aige ar a son san don dteanga Ghaelach agus iarracht a thabhairt ar í a chur chun cinn chomh maith agus a d'fhéadfaidís.

Táimse ar mo dhícheall, ach go háirithe, ar a shón gur bean chríonna anocht mé. Tá éirí croí orm a bheith ábalta ar aon chabhair a thabhairt di ná ar í a leathnú ar fuaid na tíre chomh maith agus is féidir liom é. Ach níl an croí agam, faraoir, mar tá pianta im stracadh, agus mar sin féin, ní bhraithfead iad faid a bhead ag caint anocht.

Do casadh a lán daoine orm ná raibh focal Gaolainne ina bpus, ach mar sin féin, do dheineas mo dhícheall dóibh agus do thugas mo chabhair agus mo chúnamh dóibh, fara cabhair Dé. Agus do bhíos lán de chion agus d'urraim dóibh chomh maith agus dá amach ó bhéal an dorais agam iad. Do shiúlaigh a lán Sasanaigh anall ar an Oileán Mór i rith na hama so go léir agus do bhíodar chomh deas, chomh caoin, chomh cneasta, chomh homósach don áit agus dá ba Éireannach ceart aníos ó Bhaile Átha Cliath iad.

Agus …

12. DRÁMA GAELACH

Seo dráma Gaelach atá agam le labhairt anso anocht. Buachaill agus cailín a bhí ann. Do bhíodar i ngrá le chéile go mór, ach go mórmhór do bhí an buachaill imithe bán mar gheall ar an gcailín. Do bhí a lán buachaillí insan áit a bhí ag féachaint féna bhfabhraí uirthi. Ach do bhí eagla air seo go dtabharfadh duine éigint acu an cailín uaidh, agus níor dhein sé ach an cailín a dh'fhuadach óna muintir gan a dtoil.

Ach do bhí sí aige ar feadh dhá lae, agus ní ligfeadh sé cead a cos léi, ach fé dheireadh thiar thall do bhris ar an bhfoighne aici, nuair a dúirt sé:

'A Mhaighréad,' ar seisean, 'is fearra dhúinn ceangal na cléire a bheith eadrainn agus a bheith síoch grách le chéile ná bheith mar seo. Cuir d'aigne chun suaimhnis agus luífimid, pósfaimid araon.'

'Ní phósfad go deo thú,' a dúirt sí, 'ná ní chuirfir an fáinne sin agat ar mo mhéir gan cead m'athar agus mo mháthar.'

'Sin cead ná faigheadsa go deo,' ar seisean.

Ach do thosnaigh sí ansan agus dúirt sí mar leanas:

'Deirimse leatsa agus deirim gan dabht leat
go mbeidh tú aigem' dhaidí go daingean fé bholtaí
i bpríosún go daingean go deo deo go lobhfair
mar gheall ar an bhfortún
a cheapais gurbh fhonn leat.
Is um bochón mo bhrón!'

Dúirt an buachaill:

'Ní fheadarsa cé hé d'athair,' – a dúirt sé –
'agus is cuma liom 'on domhan é,

ach de réir mar mheasaim is seanduine cromtha é.
Níl aon fhear ar a ainm go n-iompóinn mo dhrom
    leis
ar faobhar claímh ná ar bata
ag tabhairt sásamh sa bhfoghail dó,
Is abair sin leo!'

'Ní fear bruíne ná maide,'– a dúirt sí –
'a bhí aigem' dhaidí á thogha dhom,
ach fear a romharfadh is ghrafadh,
chomáinfeadh is threabhfadh,
do chroithfeadh síol gráinne go sásta insa tsamh-
    radh,
is ní hé an badhbaire fáin seo go rángaíos ina
    chlampar.
Is och, och ochón!'

'Ní 'on Fhrainc ná 'on Spáinn is gá dul im
    fhoghlaim,
romharfad, grafad, comáinfead agus treabhfad,
croithfead síol gráinne go sásta insa tsamhradh,
Ach i gcúrsaí na rámhainne níor chrás riamh mo
    dhrom léi.
Is abair sin leo!'

'Deirid siad liomsa is creidim gur fíor é
gur duine thú dh'ólfadh id scornaigh a dtuillfeá.
Ní fear maith ar neoin thú is ní meon liom do
    ghníomhartha,
lig feasta lem ghnó mé, ní gheobhaidh mé leat
    choidhchin.
Is um bochón mo bhrón!'

'Is galar atá im dheoidhse tart mór agus íota,
ach ciach ar na cóbaigh, má ólaim é, díolaim.

B'fhearr liom mé a chrochadh as mo chosa lá
    gaoithe
ná é bheith le rá aigem charaid go mbeinn scartha
    leat choíche.
Is abair sin leo!'

'Cad é an mhaitheas duit mise?
 Ní bhfaighir pingin liom choíche,
titfead chuig lionn duibh
agus ní mhairfidh mé mí agat.
Beidh mallacht mo mháthar go brách brách id
    thimpeall
ins gach bealach is bearna agus áit dá ngeobhair
    choíche.
Is ochón mo bhrón!'

'Is cuma liom mallacht nó beannacht na baidhbe,
an chaille bhuí smeartha níor thaithnigh sí riamh
    liom.
A dtiocfaidh nó a dtáinig ní thógfadh sé m'aghaidh
    di,
gur sciobas le callóid ó chucól na n-adharc í.
Is abair sin leo.'

Sin a bhfuil agam.

13. AN CLEAMHNAS

Bhí feirmeoir ann aon uair amháin. Feirmeoir maith láidir ab ea é agus ní raibh aige ach aon iníon amháin. Cailín an-álainn thar na bearta ab ea í agus do b'fhuirist dhi buachaill a dh'fháil, bhíodar le gach aon mhéir aici le fáil.

Ach do bhí éileamh an domhain aici ar bhuachaill áirithe, ach do bhí sé bocht dealbh, ní raibh aige ach a phá lae. Ach, má tá, buachaill álainn thar na bearta do b'ea é ar a cuma féin agus bhí gean a cléibh tabhartha aici dhó.

Ach do bhíodh buachaill eile ag teacht don tigh, a muintire, gach oíche beagnach, agus do bhíodh sé ina bhruadaire suite thuas ar chathaoir cois na tine, agus é chomh tiarnúil agus gan focal aige, ach é ag cur an dá shúil tríos gach aon ní ar fuaid an tí agus á thabhairt fé ndeara.

Ach ceann des na hoícheanta, ach go háirithe, do tháinig gála gaoithe, do shéid gála gaoithe, agus má shéid, do bhí stácaí agus cruach féir an fheirmeora ag imeacht leis an ngaoith. Ach do bhí an scaothaire seo, ach go háirithe, an buachaill álainn seo – ní raibh puinn aithne air, n'fheadair sí … bhí sé tamall ó bhaile – do bhí sé i mbun agus i mbarr gnó an tí, ag ceangal na stácaí is ag ceangal na mbothán is gach aon ní. Ach níor chorraigh an buachaill ó chúinne na tine, ach a chos ar a leathghlúin aige agus é ag cluasfheadaíl.

Ach nuair a thánadar isteach tar éis saothar na hoíche a bheith déanta acu agus gach aon ní bheith ceangailte suas acu ón ngaoith mhóir, do dhírigh an strapaire ar an bhfear beag a bhí suite cois na tine:

'Léan ort,' ar seisean, 'nach gránna an duine thú agus coirce an fheirmeora,' a dúirt sé, 'fhir an tí, ag imeacht leis an ngaoith mhóir agus nár chorraís as an áit sin feadh na hoíche ag tabhairt cabhair ná cúnamh dó.'

Bhí an éileamh ag an mbeirt acu, mar dhia, ar an gcailín óg.

'Ho hó!' ar seisean, 'ní hé lá na gaoithe lá na scolb agamsa, a bhuacaill.'

Do bhí an cailín óg ag éisteacht leo, agus í féin agus an cailín aimsire – Bríde a bhí ar an gcailín aimsire – do bhíodar suite, agus do thóg sí an chaint a dúirt an fear beag a bhí suite ar an gcathaoir isteach ina ceann.

Ach, nuair a tháinig am codlata, do dh'imigh an bheirt stócach ón dtigh. Nuair a fuair an bhean óg gach aon ní ciúin agus an chistin fúithi féin agus fén gcailín:

'A Bhríde,' ar sise, 'ar chualaís an chaint a dúirt an fear beag an uair úd anocht,' ar sise, 'nuair bhí sé ag caint, "Ní hé lá na gaoithe lá na scolb agamsa"? Tá brí éigint,' a dúirt sí, 'leis an scéal agus leis an gcaint sin, agus caithfimid féachaint amach dúinn féin. Deinse rún domsa,' ar sise, 'agus beidh tástáilt againn.'

I gceann mí nó mar sin ina dhiaidh sin, cad é an tseift a cheap sí ach í féin agus an cailín – lá saoire do lorg ar a hathair, agus dúirt sí go raibh sí chun dul ar a saoire go ceann cúpla lae nó trí agus gan aon tsúil a bheith abhaile aige léi go dtí san, gur theastaigh uaithi cara léithe dh'fheiscint.

Ach do dhein sí féin agus an cailín suas iad féin i gculaith bean bhocht agus iad ag siúl, mar dhia, ó thigh go tigh, riamh agus choíche nó gur bhaineadar amach tigh an strapaire. Tigh beag gan mórán críche a bhí aige agus bhí bean aosta de mháthair dó sa chúinne.

Ach d'iarradar cead a bheith istigh go dtí maidean. Ach ambasa do fuaireadar cead a bheith istigh go maidean uaithi. Ach ní fada a bhíodar suite cois na tine nuair a bhuail an strapaire isteach, agus má tá, níor aithnigh sé an cailín óg ná an cailín aimsire, mar bhíodair folaithe go maith agus iad fé cheilt.

Ach bhí fothrom aige ar fuaid an tí.

'A mháthair,' ar seisean, 'an bhfuil aon ní beirithe?'

'Tá, a ghrá ghil,' a dúirt sí, 'tá píosa d'arán cruithneachta istigh i gcurpaidín ansan,' ar sise, 'agus tabhair leat amach ciota de bhainne atá istigh ansan.'

Do thug sé leis aníos an t-arán cruithneachta agus an bainne chuige féin agus bhuail sé chuige ar cheann an bhoirdín é, agus chomh luath agus do shuigh sé, do phrioc an bhean óg, do prioc sí an cailín chuig gach aon ní a thabhairt fé ndeara.

Ach i gceann tamaill is é ag ithe.

'Is mór an náire dhuit, a mhic,' ar sise, 'bheith ag imeacht id scaothaire ar an gcuma go bhfuileann tú agus balcaisí éadaigh leis an mbuachaill seo áirithe a thugann tú leat,' ar sise, 'chuig dul i bhfad ó bhaile gach aon oíche, tá siad salach bréan,' a dúirt sí, 'drochúsáidte agat agus ba chórtaí dhuit í chur abhaile ná bheith ag imeacht id straethaire gan chrích gan aird.'

'Am go leor, a mháthair,' ar seisean.

Ach níor thugadar cluas dona thuilleadh. Do chuaigh sé … dh'imigh sé uathu nuair a bhí a bholg lán is chuaigh sé i bpoll éigint a chodladh dhó féin.

Ach nuair a fuair an bhean óg agus an cailín fúthu féin an saol:

'An gcualaís,' ar sise leis an gcailín, 'a Bhríde, ar gcualaís cad dúirt sé siúd nó cad é an scéal aige é? N'fheadar,' ar sise, 'an raghaimist anois go dtí tigh an fhir bheag. Pé acu is rogha linn,' ar sise, 'beidh fhios againn pé acu fear is fearr chun ceangal leis i dtosach mo shaoil.'

D'fhágadar an tigh beag ar maidin agus gan iad róshásta. Bhíodar ag siúl leo fé mar bheadh aon dá bhean bhocht, riamh is choíche nó gur bhaineadar amach tigh an bhruadaire – a thabharfaidh mé air.

Ach do fáiltíodh rompu go fial fairsing agus is amhlaidh a bhí tigh breá feistithe aige sin agus gach aon ní acu i dtaisce ar fuaid an tí agus tine bhreá dhearg, agus compord.

Fáiltíodh rompu agus do cuireadh ina suí cois na tine iad, an áit a bhain an fuacht amach as a n-easnaíocha tar éis an lae. Fuaireadar bia agus deoch go flúirseach agus do cuireadh a chodladh iad i réleaba a bhí insa chúinne.

Ar maidin lá arna mháireach do fuaireadar baochas ó chroí le muintir an tí agus leis an mbuachaill ná raibh aon tuairim aici dhó agus thugadar a gcúl don dtigh. Ach ba é port a bhí acu ar fhaid an bhóthair go dtí gur bhaineadar a tigh féin amach, ag caint, cé acu b'fhearra dhi an fear mór a phósadh ná an fear beag. Ach, choinníodar gach aon ní fé chúl a gcoise. Níor ligeadar a rún go dtí éinne go ceann mí nó mar sin, agus tharlaigh oíche áirithe gur tháinig an bheirt, an fear beag agus an strapaire, go dtí an tigh.

Do shocraigh sé a chathaoir thuas insa chúinne fé mar ba ghnáthach leis agus do bhí an scaothaire ag imeacht ar fuaid an tí.

Ach d'éirigh an cailín – bhí sí comhairlithe go maith ag an mnaoi óig – d'éirigh sí ina suí agus do bhuail sí síos, an t-urlár síos.

'A mháthair,' ar sise, 'an bhfuil aon ní beirithe?'

'Níl, a ghrá gil,' ar sise; 'ach blúire d'arán cruithneachta atá ansan istigh sa churpaidín agus braon bainne. Tabhair leat é.'

'Ba chórtaí dhuit go mór is go fada,' arsa an bhean óg thuas mar a raibh sí suite, 'an chulaith éadaigh led pháirtí atá caite agat ó bheith ag imeacht ag caidéireacht agus as imeacht thall agus abhus id scaothaire, a chur abhaile, go bhfuil sí ina ciota fogha agat ó bheith á caitheamh, agus do tháinig sé anso anocht ag triall uirthi agus bhí náire orm í thabhairt dó.'

D'éirigh sé, an scaothaire, pé áit go raibh sé, do chuimhnigh sé go maith ar an chaint a bhí ráite aige féin tamall roimis sin. D'éirigh sé ina shuí agus do bhuail amach go támáilte.

Nuair a bhí an doras amach curtha aige dhe, ní dhein an bhean óg ach teacht aníos mar a raibh an bruadaire, mar thugaimist air, agus rug sí ar láimh air.

'Céad míle fáilte anso romhat.' ar sise. 'An cuimhin leatsa,' a dúirt sí, 'aon bheirt bhan bhochta a ghaibh chughat a leithéid seo dh'oíche agus gur thindeálais,' a dúirt sí, 'agus go chóiríobhair go slachtmhar chúchu? Is mise agus mo chailín Bríde,' a dúirt sí, 'a bhí ansan.'

'Ambaiste, más tú,' arsa an bruadaire, 'dá mbeadh a fhios agamsa,' ar seisean, 'gur tusa bhí istigh agam, gur fada go ligfinnse cead na gcos leat,' a dúirt sé, 'chomh fada is go rabhais istigh insa chúinne agam go gcoineoinnse greim ort.'

'Ní raibh a fhios agat,' ar sise, 'ach beidh a fhios agat anois é!'

Ach, do pósadh iad agus do bhí saol fada fé ghreann acu i dteannta a chéile ina dhiaidh sin.

14. TOMÁS SAYERS AGUS AN BHEAN FEASA

Is gnáthach le buachaillí óga go mbíonn cleasa agus áilteoireacht an domhain ag baint leo timpeall na gcailíní. Do bhí an galar céanna ag baint le m'athair féin nuair a bhí sé ina bhuachaill óg. Aon lá amháin do rángaigh ná raibh éinne i mbun an tí ach é. Bhí an chuid eile imithe go dtí An Daingean. Agus do bhí tine bhreá dhearg agus corcán prátaí ag beiriú ar an dtine aige, nuair a bhuail sí an doras isteach, bean mheánaosta. Agus do bheannaigh sí go cneasta. Bheannaigh sé dhi.

'Don diaidh,' ar seisean, 'gur maith tú ann, a mhnaoi aosta. Ní raibh éinne,' a dúirt sé, 'a dhéanfadh aon chuideachta dhom ná a bheadh ag ithe an dinnéir im theannta, agus beidh tusa im theannta anois.'

'Tá go maith, a stóir,' ar sise.

Thairrig sé suas stóilín cois na tine agus do shuigh sí ar an stól. Ach nuair a bhí na prátaí réidh do dh'ith sí a leordóthain acu, agus colmóir úr a bhí mar anlann acu leo. Nuair a bhí an méid sin déanta do bhí greadhnach breá thine ann.

'Níleann tú pósta fós, a mhic?' ar sise.

'Nílim,' a dúirt sé, 'agus is dócha b'fhéidir ná beinn go deo, a mhnaoi aosta!'

'Tá do bhean i dtaobh éigint,' a dúirt sí.

'Is dócha ná baisteadh fós í,' ar seisean.

Thosnaigh sé ar a bheith ag imirt cleas agus áilteoireacht ar an mnaoi aosta.

'Ó tá,' a dúirt sí, 'tá!'

'Cá bhfhios duitse' ar sé ... m'athair, 'an bhfuil?'

'Neosfaidh mé dhuit é láithreach,' a dúirt sí. 'An mbeadh aon leisce ort ... tabhair chugham aníos,' ar sise, 'sáspan nua agus braon uisce.'

Do thug sé chúichi an sáspan agus an t-uisce agus do bhuail sé clúid anuas ar an sáspan. Bhuail sí isteach i lár na tine é, agus nuair a bhí an sáspan ar fliuchaidh – an t-uisce – do thóg sí amach é agus do thairrig páipéirín amach óna binn, agus do rug sí ar lánchúile ina méar de bhraon, de ghráinne tae, agus do chuir sí síos ar an sáspan é is chlúdaigh sí anuas air. D'fhág sí ansan é ar feadh deich neomataí nó mar sin.

'Anois, tabhair chugham aníos báisín ón n*dresser*,' a dúirt sí.

Do thug sé chúichi an báisín agus do bhuail sí ar an lic é, agus d'iompaigh sí amach an sáspan agus a raibh ann idir bhilleog agus tae.

'An mbeadh anois,' a dúirt sí, 'píosa dhá scilling agat, nó pingin rua?' a dúirt sí. 'Déanfaidh aon cheann acu mé.'

'Tá go maith,' arsa an fear eile. 'Níl aon dá scilling agam, a mhnaoi aosta,' a dúirt sé, 'ach tá pingin rua anso.'

'Sin í is fearr,' a dúirt sí, 'tabhair chugham aníos í!'

Do thug sé chúichi an phingin rua agus do rug sí ar an mbabhla. Do scaoil sí an tae go haiclí ar an dtaobh istigh den dtine agus do dh'fhág sí na billeoga ar thóin an bhabhla. Ansan d'iompaigh sí a bhéal fé anuas ar an mbord, agus do bhuail sí an phingin rua anuas ar thóin an bhabhla. Agus do dhein sí cogarnaigh éigint go raibh a béal fé mar a bheadh sí ag déanamh sórt cainte os chionn an bhabhla agus na pingine in airde. D'iompaigh sí trí huaire an babhla ar cheann an bhoird, agus ansan do thóg sí an phingin agus d'iompaigh sí an babhla in airde. Bhí sé, an babhla, ansan, agus a bhéal in airde agus na billeoga ar thóin an bhabhla. Bhí sí ag féachaint orthu agus do bhí m'athair ag cur an dá shúil tríthi, agus bhí greann-mhaireacht ag teacht air nuair a chonaic sé na figiúirí go léir a bhí ar siúl ag an mnaoi aosta. Le linn dó bheith ag féachaint uirthi, do chonaic sé an fainge cailín timpeall agus cheithre bliana déag aoise ag bualadh an doras isteach agus an tinteán aníos, agus stad níor dhein sí gur bhuail sí cúl a cos leis an dtine, agus do bhí a dhá láimh le chéile agus í ag féachaint mórtimpeall an tí.

Ach, bhí sé ag féachaint uirthi agus ní mór an fhéachaint a dhein sé, mar is mó a bhí bean an bhabhla ag cur tinnis air ná an gearrchaile. Ach nuair a thóg sí a ceann ... d'éirigh an gearrchaille ón áit go raibh sí, agus bhuail sí an doras amach. Agus, má bhuail, nuair a bhí sí imithe, d'iompaigh sí sall air:

'A, fhir óig,' ar sise, 'an bhfacaís an cailín úd?'

'Do chonac,' arsa m'athair.

'Sin í do bhean chéile anois,' a dúirt sí, 'pé áit go bhfuil sí.'

'Ambaiste,' arsa m'athair, 'dá mbeadh sí siúd mar bhean céile agam go mbeadh rogha na mban agam.'

'Pé an áit go bhfuil sí,' arsa í, 'siúd í an bhean a bheidh pósta agat.'

'Agus do chroí don tsliabh,' ar seisean, 'cad ina thaobh nár dúirís liom é an fhaid a bhí sí istigh?'

'Níorbh fhéidir liom,' a dúirt sí, 'mar ná raibh sé ceadaitheach dom é a insint duit. Ach bí ag féachaint ina diaidh,' a dúirt sí, 'agus is siúd í a bheidh mar bhean agat chomh siúrálta agus atá an tón san suite ar an gcathaoir.'

Ach do bhí a thuilleadh cainte acu agus a thuilleadh agus a thuilleadh, ach ní bhíodh sé ag eachtraí air ach an méid sin.

Chomh siúrálta, a dúirt sé, agus do bhí ceann ar an asal, do buaileadh trasna an cailín air sé mhí ina dhiaidh sin, agus is é an áit go bhfaca sé í thiar i gCom Dhíneol. Agus cheithre bliana ina dhiaidh sin is ea phós sé í. Ní raibh sí ach ocht mbliana déag d'aois nuair a phós sé í. Agus do bhíodar lántsásta le chéile, a deireadh sé. B'éigeant dóibh titeam agus éirí leis an saol, mar níor dh'fhan an tsláinte ag an mnaoi bhoicht, go bhfóire Dia orainn!

Go dtabhara Dia suaimhneas síoraí a thabhairt dona n-anam anocht agus d'anam mhairbh Chaitlicithe na purgadóireachta agus dár n-anam bocht féin sa chrích dheireanaigh. Amen!

15. FÁILTE AN LINBH ÍOSA

Seacht céad déag míle fáilte
naoi n-uaire 'gus fiche
roime Mhac Dé na Glóire
'gus na Maighdine Muire.
Do thuirlic 'na broinn ghlórmhar
'na Dhia 'gus 'na dhuine,
gurb í Oíche Nollag Mór
a rugadh Rí cheart na Rithe.

Is hocht lá 'na dhéidh sin
's ea do ghlaoigh siad Lá Coille air,
i dTeampall na dTríonóide
mar ar doirteadh an fhuil mhilis,
dá chuir in úil dóibh siúd
gur scéal é a bhí chuige,
ag fulag na daorpháise
is ag iompar na croise.

Is mo ghrása an Mhaighdean Ghlórmhar!
's í Banríon Fhlaithis Dé,
a rugadh 'na haingeal
agus baisteadh 'na naomh;
níor dhéin sí riamh peaca,
ó, ná ní fheadair cad é;
nó gur thuirlic 'na gealbhroinn chúichi
Mac dílis Dé.

16. AN CAT A LABHAIR

Bhí bean i gCill Mhic an Domhnaigh ina cónaí tá blianta móra fada ó shin, agus do bhí caitín aici insa tigh i gcónaí. Is dócha go raibh sé sé nó seacht de bhlianaibh. Ach níor tháinig crích ná aird air ach lán de bhallaíocha dóite, i gcúinne na tine agus na luaithe gach aon lá.

Ach ní tae ná caife ná cócó a bhí aiges na daoine an tráth san ach praiseach mine coirce a bhíodh acu agus arán cruithneachta nó prátaí. Ach do bhí an phraiseach, ach go háirithe, ligthe amach ar chíléir aici. Do bhí ceathrar fear ag cur phrátaí – san earrach ab ea é – is ní raibh bainne ná bleachtas ag éinne.

Ach chomh luath agus do bhí an phraiseach ligthe amach ar an mbeiste aici, d'éirigh an brothallacháinín a bhí i gcúinne na tine agus do shleamhnaigh sé síos, agus do chuaigh sé go dtí an cíléir go raibh an phraiseach lighte amach air agus do thosnaigh ar a bheith ag dul síos insa bheiste. D'fhógair sí air agus d'fhógair sí aríst agus aríst eile air, ach ní raibh aon tairbhe aige ann, ach do rug sí ar chúl ar an gcat agus do bhuail sí cúpla buille nó trí dhena phus agus dena cheann i gcoinne an chíléara.

'Drochchrích ort,' a dúirt sí, 'chuig a bheith ag sá do chinn síos ansan, mar an tú atá lán de luaith agam.'

D'iompaigh sé ón gcíléir agus do chuaigh sé síos go dtí íochtar an tí is chuir sé cochall air féin, is d'fhéach sé uirthi:

'A Shiobhán,' ar seisean, 'an mar gheall ar an bpraisigh a bhuailis mé?'

'Ní hea, a dhalta,' ar sise, 'ach do bhí eagla orm go ndófadh sí thú.'

Do dh'iompaigh sé suas agus do chuaigh sé go cúinne na tine, mar a raibh sé. Agus nuair a bhí an dinnéar réidh, ghlaoigh sí isteach ar na fir, ach do bhí sí ina gcoinne ar an dtaobh amuigh de dhoras.

'Ó, a Thiarna, a Sheáin,' ar sise, 'ní haon chat atá insa tigh linne,' a dúirt sí, 'ach deamhan atá ann – labhair sé liom. Bhuaileas é,' ar sise, 'mar bhí sé ag dul ag ól na praisce don chíléir, agus do labhair sé,' a dúirt sí, 'agus cochall air, agus dúirt sé liom, "A Shiobhán, an mar gheall ar an bpraisigh a bhuailis mé?" Agus caithfear,' a dúirt sí, 'rud éigint a dhéanamh.'

Thánadar isteach, is níor lig sí aon ní uirthi. Agus an corcán mór a bhíodh ag beiriú prátaí – do bhí greidhneach bhreá thine ann agus do thairrigíodar amach an tine dhearg – agus do dh'iompaíodar béal an chorcáin anuas ar an dtine dheirg agus do chuireadar an cat isteach fén gcorcán. Agus do mhúchadar é insa tine dhearg agus do bhí a ndóthain cúraim ar bheirt acu. Nuair a rug an tine agus an strus ar an rud a bhí fén gcorcán, do bhí a ndóthain cúraim ar bheirt des na fir luí anuas air agus é a choinneáilt fén gcorcán nó go dtí gur bhfuair sé bás.

As san go dtí lá a báis ní ligfeadh sí cat ná piscín isteach don tigh; bhí sí scanraithe ina beathaidh. Ach bhí sé mar sheanfhocal i mbéal na ndaoine ó shin, 'Mhuise, a Shiobhán, an mar gheall ar an bpraisigh a bhuailis mé?'

17. PAIDREACHA

A.   Ag dul a chodladh dhuit

Fé mar luím ar an leaba luím ar an uaigh.
M'fhaoistine go cruaidh leat, ó, a Dhia,
ag iarraidh na haspalóide ort atáim,
fénar dheineas agus a ndéanfad.
Cros na n-aingeal sa leaba go luífead,
brat na n-aspal go dtigigh im thimpeall.
Mo ghrá thú, a linbh, a rugadh sa stábla,
mo ghrá croí thú, a Mhuire Mháthair,
mo chabhair chabhartha gach am is tráth thú
 agus céad baochas a bheirim leat,
 a Mhic Athair na ngrást gheal!

Idir mé agus mo namhaidibh go léir,
istigh agus amuigh,
i dtaobh anam agus choirp,
anois agus ar uair mo bháis,
cuirim Muire agus a Mac,
Bríde agus a brat,
Mícheál agus a sciath,
Dia agus a lámh deas,
Lámh deas Dé fém cheann.
Dia agus Muire liom.
Is má tá aon ní in aon chor ar ár dtí
cuirimid Mac dílis Dé idir mé agus é.
Amen!

Seo paidear a déarfá le linn dul a chodladh dhuit agus
síneadh siar id leaba chodlata.

B. **Coigilt na tine**

Coiglím an tine fé mar choiglíonn Críost cách,
Bríd i dhá gceann an tí agus Íosa ina lár;
na trí haingil, na trí haspail is airde i bFlaithis na
   nGrást
ag coimeád an tí seo agus a bhfuil ann go lá.
Amen!

18. NOLLAIG AR AN OILEÁN

Tar éis mise, na chéad bhlianta tar éis mise a dhul don Oileán, do bhíodh ólam tró agus bualadh bas aiges na haosóga go léir ag fáiltíu roimis an Nollaig. Bhíodh áthas ar gach duine acu mar ba ghnáthach leo, na buachaillí beaga, do bhíodh éadaí nua ag teacht chúchu i gcomhair na Nollag; na cailíní beaga do bhíodh balcaisí deasa ag teacht chúchu, féiríní beaga ó dhaoine thall agus abhus; agus do bhíodh na cailíní a bhí fásta suas, do bhídís go gliondarach agus go dícheallach ag glanadh an tí agus gach ball den áit. Do bhíodh sé chomh déanta suas acu le pálás. Do bhíodh páipéir go nglaoimist páipéir scolbálta, do bhíodh sé ar gach blúire dhen ndriosúr agus desna cearchaillí a bhíodh fén dtigh. Ní bhíodh orlach den dtigh idir áras ná eile ná bíodh nite glan scabhrálta acu. Do bhíodh an bord, fiú amháin, chomh geal le scilling, nite le gaineamh na trá agus le huisce te i d'fhonn is go mbeadh sé glan cumhra i gcomhair Oíche Nollag.

Do bhídís ag imeacht ó thigh to tigh agus, 'Tá an Nollaig againn … Oíche …' agus port acu,

'Oíche Nollag … Oíche Nollag, ní hobair dúinn
insint dul a chodladh gan bogadh beag rince.'

Bhídís ag imeacht ó thigh go tigh agus iad dathaithe, agus iad … dreoilín beag acu, agus deirimse leat go mbeadh ceol agus dul trí chéile acu. Thagaidís ó thigh go tigh agus an dreoilín, mar dhia, acu. Bhíodh daoine ag tabhairt dóibh.

Ansan sara dtagadh Oíche Nollag do bhí … théadh muintir an Oileáin Mhóir go léir go dtí An Daingean … Uí Chúise agus do thugaidíst leothu lón. Do b'fhuirist é a thabhairt go dtí an tigh an t-am san de bhreis ar an am atá ann fé láthair, go bhfóire Dia orainn! Do bhí sé saor, do bhí tae agus plúr agus giúirléidí i gcomhair na Nollag siar go dtí an ainís, do bhí sé le fáil ar luach beag. Do bhíodh gach ní i dtreo. Do bhíodh bollóga fé leith déanta acu. Do bhíodh altóir bheag socair suas acu agus coinneal dhearg nó coinneal uaithne, nó coinneal bhuí lasta agus í lán d'eidhneán ghlas agus de pháipéir, de bhláthanna páipéir, agus de chuileann, socair acu. Nuair a buailtí an choinneal san ar an mbord is í an chéad tsolas a lastaí i gcomhair Oíche Nollag í. Do thugadh bean an tí léithe an t-uisce beannaithe agus do chroitheadh sí in ainm an Athar agus an Mhic agus an Spiorad Naomh ar an gcoinnil trí huaire é. Do thugadh sí léithe ansan – bhíodh íle insa lampa – do thugadh sí léithe páipéar nó lasán agus do lasadh sí an choinneal in ainm an Athar, an Mhic agus Spiorad Naomh. Amen! Do lastaí an choinneal – b'í an chéad tsolas a lasfaí í tráthnóna Oíche Nollag. Lasfaí an lampa ansan. Do bhíodh coinneal eile lasta insa tseomairín a bhíodh ann ar an bhfuinneoig agus í déanta suas ar an gcuma chéanna. Ansan nuair a bhíodh an dinnéar – timpeall a ceathair a chlog, bhíodh an dinnéar ullamh – prátaí breátha trioma teo agus iasc garbh cumhra agus é déanta suas le hanlann.

Seachtain roim Nollaig do bhíodh na mná tí ag cur an phráta ramhar agus an práta ab fhearr fé chomhair Oíche Nollag. Do théadh naomhóga an Oileáin go léir, do théidís go dtí baile mór an Daingin agus do thugaidís leothu lón i gcomhair na Nollag. Ní lón na Nollag a thugaidís leothu ach lón dhá mhí ina dhiaidh. Is minic a tháinig … a chonac bád gluaisteáin ag teacht go dtí an tOileán fé lón na Nollag acu. Bhíodh plúr agus feoil agus tae agus siúicre agus subh agus im agus gach uile ní ab fhéidir léamh air a bheadh riachtanach i gcomhair na saoire. Do bhíodh na bróga go dtí an ngarsún, bhíodh an gúna go dtí an ngearrchaile nó an bhib, nó bhíodh na bróga go dtí an seanmhnaoi, bhíodh féirín éigint go dtíos gach éinne a bhíodh sa tigh mar ómós don Nollaig.

Ansan nuair a thagadh Oíche Nollag, nuair a lastaí an choinneal so, do bhíodh an dinnéar ullamh agus do ligtí amach bord breá prátaí tirim teo agus an sáth anlainn d'iasc garbh agus d'anlann curtha air, praiseach mar a déarfaimid, agus oiniúin agus piobar agus im nó smearadh éigint, insa tslí go mbíodh sé go slachtmhar. Daoine go mbíodh bainne acu leothu agus daoine eile ná bíodh, ach bhídís sásta.

Nuair a bhíodh an dinnéar caite ansan, do shuíodh fear an tí, má bhíodh an fear tí ann, do shuíodh sé ag ceann an bhoird, agus do bheireadh sé moladh agus baochas agus altú do Dhia a thug saor ón mbliain iad agus chuig cabhair agus cúnamh agus grásta a thabhairt dóibh i gcomhair an bhliain a bhí ag déanamh orthu, agus ag tabhairt adhradh agus moladh don Slánaitheoir gléigeal a bhí insa stábla an tráth san den mbliain.

Ansan nuair a thagadh timpeall a deich a chlog, do bhíodh tae beirithe – b'annamh a bhíodh tae ann an t-am san, ní bhíodh aon trácht thairis, ach gan dabht bhíodh sé ann um Nollaig go flúirseach. Is cuimhin liom bliain go raibh hocht puint déag tae i gcomhair na Nollag istigh im thigh féin. Ach maidir le siúicre, faraoir, níl sé chomh gann … ní raibh sé chomh gann agus tá sé anois, ná fuil neart ag bean bhocht spíonóg siúicre a chur ar a cupáinín tae. Do bhíodh leathmhála plúir lán de shiúicre le lón na Nollag. Do bhíodh tae go flúirseach agus im agus *jam* agus arán milis.

Nuair a bhíodh an méid sin i leataoibh do bhailíodh líon an tí chun a chéile timpeall a haon déag a chlog agus d'ofrálaidís suas an choróin pháirteach in onóir do Dhia agus don Maighdean Bheannaithe agus in onóir don Slánaitheoir gléigeal a rugadh sa stábla i lonramh na hoíche sin.

Théadh gach éinne a chodladh ansan. Agus ar maidin amáireach do ghléasadh na buachaillí agus na cailíní iad féin chomh maith agus do b'fhéidir leo, agus dá mbeadh an mhaidean ciúin, do thiocfaidís go léir amach go dtí Dún Chaoin, go dtí Aifrinn Dé a dh'éisteacht.

Idir a seacht agus a naoi nó a deich a chlog san oíche – Oíche Nollag – do bhíodh na buachaillí óga agus na cailíní óga, do bhídís bailithe isteach in aon tigh amháin. Do bhíodh cuideachta acu gan aon amhras. Do bhíodh ceol agus rince agus cuideachta ar siúl as san go dtína deich nó go dtína haon déag a chlog acu. Sin é a t-am a théidís abhaile chun an tae a bheith acu.

Ach ar maidin, nuair a théidís go dtí an tAifreann, is minic a bhíodh, is minic is cuimhin liom é, go mbíodh an mhaidean go ciúin ar an bhfarraige, agus nuair a bhídís ag filleadh ó Dhún Chaoin isteach go dtí an tOileán, ná beadh aon choinne ag aon duine go gcífeadh sé éinne leis go deo – d'éiríodh an stoirm mar d'aistríodh an ghaoth, agus do bhídíst i mbaol a mbáite.

Ach nuair a thagaidís abhaile, do bhíodh dinnéar maith rompu. Do bhíodh prátaí agus feoil agus bainne go flúirseach acu, agus bhíodh an chuid eile dhe Lá Nollag acu ag imirt chaide nó báire, nó rud éigin, síos … mar tá tráigh bhreá bhán ghainimhe fé bhun na dtithe síos ar an Oileán, agus is ann a bhíodh cuideachta aiges na daoine óga go léir, an Oileáin, an t-am san. Do chaithidís Lá Nollag go compordach chomh maith agus dá mbeidís istigh i gcathair Bhaile Átha Cliath.

Do bhídís i gcuideachta a chéile ansan oíche Lae Nollag, agus ceol agus rince agus rangás acu, agus níorbh fhada leat lá agus oíche a bheifeá ina measc ag éisteacht leothu, mar do bhí cailíní cliste insan Oileán an tráth san go raibh ar a gcumas amhrán breá Gaelach do chanadh – agus na buachaillí chomh maith. Do bhíodh cuid des na buachaillí agus an veidhlín acu agus iad ag seimint. Ba bhreá lem chroí a bheith ag féachaint orthu ar an urlár ag rince agus ag damhas. Ach faraoir, d'imigh san!

Nuair a thagadh Oíche na Coda Móire ansan, is é sin an t-ochtú lá, do bhíodh nuaíocht éigint fé leith acu i gcomhair na hoíche sin: is é sin b'fhéidir, turcaí, nó gé, nó lacha, nó cearc, nó rud éigint bun os cionn le caoireoil a chuirfeadh i gcuimhne dhóibh an chéad lá den bhliain nua. Nuair a bheadh an tae caite chun suipéir ansan acu, do bheadh bollóg aráin bácálta ar an mbord nó ar an bhfuinneoig agus í déanta gan cháim le rísíní agus le sóláistí eile a bhíodh oiriúnach. Thiocfadh mac óg an tí, nó fear an tí, agus bhéarfadh sé ar an mbollóg ina dhá láimh

agus raghadh sé go dtí an doras agus bhuailfeadh sé an bhollóg
i gcoinne chomhla an dorais amach:

>An sonas isteach,
> an donas amach!
>Fógraímid an ghorta
>ar mhuintir na Turcaí
>– nó ar na Sasanaigh –
>ó anocht go dtí bliain ó anocht,
>agus as san amach!

Do dhéanfaí é sin trí huaire, mar dhia, leis an mbollóig chuig
an donas a choinneáilt amach ón dtigh agus ón dtinteán.

Ach anois níl aon trácht air sin. Tá na daoine óga imithe. Tá
siad imithe dóibh féin. Fán fada fuar atá orthu sna dúichí
iasachta ag tabhairt bláth a saoil agus a sláinte agus a gcuid allais
i ndúichí iasachta, nuair ba chóir dóibh a bheith ina dtírín féin.

19. ÁRTHACH TIRIM AG RITH AR AN mBÓTHAR

SMR: *Anois tosnaigh!*

An scéal?

SMR: *Aha!*

Bhí bodach mór láidir ina chónaí i gCaiseal Mumhan fadó riamh aimsir na bpágántaíocht. Págánach nó Pailitíneach a tugtaí air. Fear mór saibhir ab ea é, agus an ní nach ionadh, do bhí caradas mór idir é féin agus an líomatáiste a bhí ina thimpeall. Bhí sé pósta, ach má bhí, do rángaigh gur saolaíodh leanbh iníne dona mhnaoi. An oíche a saolaíodh an leanbh san dúirt an draoi a bhí aige leis:

'An chéad leanbh mic,' arsa sé, 'a bheidh ag d'inín, is é is trúin bháis duitse féin, a rí! Ach is féidir duit,' a dúirt sé, 'an obair sin a chur ar leataoibh.'

'Tá go maith,' arsa an Pailitíneach. Do bhí an scéal go maith aige. Do choinnibh sé a rún fé cheilt chuige féin agus fios ná eolas ní thug sé d'aon duine cad a bhí ar a aigne.

Ach do bhí an leanbh ag fás suas agus ag éirí suas – an méid ná borradh an lá dhi bhorradh an oíche – go dtí go raibh sí ag éirí suas ins na déagaibh agus í ina cailín álainn. Ach do bhí móruaisle an cheantair go léir ag baint na spor dá chéile, féach cé acu ba mhó a dhéanfadh muintearas agus caradas leis an ógbhean, mar do bhí sí álainn thar na bearta. Ach nuair a tháinig sé in aois pósta dhi, do chuir a hathair gairm scoile – nó fógra mar a déarfá – amach, ná raibh aon dul go deo go raibh a iníon féin le fáil le pósadh ag aon fhear óg, íseal ná uasal, ach an té do chuirfeadh an soitheach tirim ag rith ar an mbóthar. Do leath an scéal agus an fógra ó áit go háit agus ó bhéal go béal, agus do bhí méala mór ar na buachaillí óga a bhí timpeall ná raibh aon dul acu féin uirthi.

Ach do rángaigh go raibh baintreach ann, insa timpeall i dtaobh éigin, agus bhí triúr mac aici. Ach do dheineadar suas a n-aigne go dtástálfaidís féin an soitheach so a dhéanamh chomh maith le cách. Ach aon mhaidean amháin do labhair an mac críonna lena mháthair:

'A mháthair,' ar seisean, 'tá sé buailte isteach i m'aigne go bhfuil sé chomh maith agam triail a bhaint as an árthach so atá ar siúl i mbéalaibh na ndaoine. Cá bhfios,' a dúirt sé, 'nach orm a thitfeadh an t-ádh agus go mbeadh iníon an duine uasail agam?'

'Tá go breá, a mhic,' ar sise.

'Dein suas lón dom,' a dúirt sé, 'pé scéal é!'

Do dhein sí suas arán i gcomhair an lae a bhí chuige a bhácáil, agus nuair a bhí sé ar maidin ... a chip is a mheanaithí bailithe suas ina mháilín bóthair aige:

'Is ea anois,' a dúirt sí, 'do lón bóthair – cé acu is fearr leat, an bhollóg mhór agus mo mhallacht ná an bhollóg bheag agus mo bheannacht?'

'Is mór an ní an bhreis, a mháthair,' ar seisean, 'tabharfaidh mé liom an bhollóg mhór, mar tá an lá fada,' ar seisean, 'agus beidh ocras orm.'

Dh'ardaigh sé leis an bhollóg ina mháilín agus thug sé a aghaidh ar an gcoill ag gearradh adhmaid is ag socrú. Ach do bhí sé ag obair go tiubh nó go dtí gur tháinig ocras air meánlae siar, agus do shuigh sé chuige ar bhinsín glas a bhí ar bruach tobar fíoruisce. Thairrig sé chuige a chuid aráin agus do thosnaigh ar a bheith ag ithe, agus ag ól bolgam den uisce fé mar theastaíodh uaidh. Ach, ní fada a bhí sé ag ithe mar sin nuair a chonaic sé Spideoigín Brollachdearg ag teacht ag triall air, de mhuintir Shúilleabháin. Agus do labhair sí:

'Mhuise,' a dúirt sí, 'brúscar nó bráscar a thabharfad go dtí mo ghearrcaigh atá i bpoll an chlaí le ráithe!'

'Dhe, ciach áir ort,' arsa mac na baintrí, 'ní mór dom féin a bhfuil agam,' ar seisean, 'agus gan a bheith á roinniúint leatsa ná le héinne eile!'

Ní dhein sí ach a heireabaillín a tharrac tríd an dtobar, agus dhein sí uachtar fola agus íochtar meala dhe. Do sceinn sí as a radharc, agus as go brách léi. Ní fhéadfadh sé aon úsáid a bhaint as an dtobar ansan, agus do b'éigeant dó tabhairt suas agus a ghreim aráin a dh'ithe tur as a dhorn, mar a bhí sé. Chuaigh sé i bhfeighil oibre nuair a bhí an dinnéar caite aige, ach má chuaigh, níorbh fhéidir leis aon ní cóir ná fónta a dhéanamh. Do b'éigeant dó a chip is a mheanaithí a bhailiú suas agus teacht abhaile.

Nuair a chonaic a mháthair ag teacht é:

'Cad a thug abhaile thú, a mhic?' ar sise.

'Níorbh fhéidir liom aon ní a dhéanamh,' a dúirt sé.

'Ó, mo thrua thú,' arsa an tarna deartháir. 'D'aithníos féin ná raibh ionat ach plobaire amadáin,' ar seisean, 'ná raibh aon chruacht ná fuinneamh ná ábaltacht ionat. Murab ea, a mháthair!' a dúirt sé. 'Dein suas arán domsa i gcomhair na maidine agus bainfead féin triail as!'

Chomh maith do dhein, an bhollóg bheag agus an bhollóg mhór.

Agus ar maidin nuair a bhí sé réidh chun bóthair:

'Is ea, a mhic,' a dúirt sí, 'an b'í an bhollóg mhór agus mo mhallacht nó an bhollóg bheag agus mo bheannacht?'

'Tabharfad an bhollóg mhór liom, a mháthair,' ar seisean, 'is mór an ní an bhreis!'

'Tá go maith, a mhic!' ar sise, agus chuir sí slán leis.

D'imigh sé. Agus, dálta an lae inné roimis sin, nuair a bhí an t-am aige chun an blúire bidh d'ithe, do tháinig an sprideoigín chuige i bhfianaise an tobair:

'Brúscar nó bráscar,' ar sise, 'a thabharfad go dtí mo ghearrcaigh atá i bpoll an chlaí le ráithe!'

'Ciach áir ort!' a dúirt sé. 'Níl brúscar ná bráscar agam ach brúscar go bhfuil gá maith agam féin leis.'

Ní dhein sí ach a heireabaillín a tharrac tríd an dtobar

fíoruisce agus uachtar fola a dhéanamh de agus íochtar meala. B'éigeant dó tabhairt suas i bhfaid an lae siar, ar nós an deartháir, agus teacht abhaile.

Ach do bhí an tríú mac:

'Is ea, a mháthair,' a dúirt sé, 'bainfeadsa triail as. Tá mo bheirt dearthár traochta,' a dúirt sé, 'agus cá bhfios nach orm féin a bheadh an t-ádh?'

Do dhein sí an lón dó, agus ar maidean lá arna mháireach nuair a bhí sé ag imeacht chun bóthair:

'A mhic,' a dúirt sí, 'an b'í an bhollóg bheag agus mo bheannacht nó an bhollóg mhór agus mo mhallacht?'

'Dhe, níor theip beannacht na máthar riamh, a mháthair,' a dúirt sé, 'tabharfaidh mé liom an bhollóg bheag agus do bheannacht.'

'Mo bheannacht,' ar sise, 'agus beannacht Dé leat, a mhic!'

D'imigh sé agus a ghiúirléidí aige.

Ach nuair a bhí an t-ocras ag teannadh leis, do shuigh sé ar bhruach an tobairín fíoruisce. Agus ní mór a bhí ite aige nuair a tháinig an spideoigín chuige.

'A Mhic na Baintrí,' a dúirt sí, 'brúscairín nó bráscar a thabharfad go dtí mo ghearrcaigh atá i bpoll an chlaí le ráithe!'

'Mhuise, mo ghraidhin go brách tú,' a dúirt sé, 'níl aon dea-chló ort! Tá fuílleach,' a dúirt sé, 'agus ár ndóthain araon anso. Tair anso in aice liom,' ar seisean, 'agus líon suas do bholg, agus is féidir leat an fuílleach a dh'ardú leat go dtí do ghearrcaigh.'

'Tá go maith,' ar sise.

Do thairrig sí a heireabaillín tríd an dtobar, agus dhein sí íochtar uisce dhe agus uachtar meala.

'Ithimist agus ólaimist ár ndóthain anois!' ar sise.

Do dheineadar. Agus nuair a bhí an méid sin déanta acu:

'Is ea, anois,' arsa Mac na Baintrí, 'is féidir leat an fuílleach a thabhairt go dtí do ghearrcaigh.'

'Is féidir liom,' a dúirt sí, 'agus is féidir liom maith a dhéanamh ar do shonsa. Anois,' a dúirt sí, 'i gceann dhá lae

tairse anso chughamsa, agus beidh an t-árthach déanta agamsa,'
ar sise, 'féna seol agus féna crann agus féna hinnill!'

Do ghluais sé abhaile agus níor lig sé a rún go dtí deartháir
ná máthair.

Ach nuair a tháinig an mhaidean a bhí beartaithe amach
aige, do ghléas sé suas i gculaith mhaith éadaigh – den
ngnáthéadach a bhíodh á chaitheamh insa tsaol san – agus thug
sé a aghaidh ar an gcoill. Agus nuair a shroich sé an lantán go
raibh sé ag ithe roimis sin, amuigh ar an mbóthar mór, do bhí sí
go reigneálta agus go hornáideach, an t-árthach ba dheise gur
dh'fhéach éinne suas riamh uirthi agus í ag imeacht fúithi féin
le hinneall tine ar an mbóthar mór.

'Is iontach an obair atá déanta agat!' arsa Mac na Baintrí.

'Ó,' a dúirt sí, 'níleann tú réidh fós. Caithfear foireann a
dh'fháilt don árthach anois. Beidh ort,' a dúirt sí, 'seisear fear
chun foirne a dh'fháil di. Agus nuair a bheir ar an mbealach ag
déanamh ar thigh an duine uasail,' a dúirt sí, 'beidh na fir sin
romhat. Ná fág éinne acu id dhiaidh,' a dúirt sí, 'ach beir leat
iad, mar oirfidh gach aon duine acu dhuit. Slán is beannacht
leat anois!' ar sise.

Bhailibh sé leis, agus thug sé a aghaidh ar an mbóthar ag
déanamh ar dhúnbhaile na mná óige. Ach ní fada a bhí sé nuair
a chonaic sé fear agus é sínte ar an mbóthar ar a bhéal agus ar a
aghaidh.

'Cad tá ansan ort?' arsa Mac na Baintrí.

'Ó, fuacht ort,' arsa an fear eile, 'nár lig dom! Bhí dhá
choileach ag glaoch sa Domhan Toir, agus bhíos ag éisteacht
leo,' ar seisean. 'Ba mhaith liom … cé acu acu go mbeadh an
fear maith aige. Is é an ainm a glaotar ormsa,' ar seisean, 'Cluas
le hÉisteacht.'

'Tair isteach,' a dúirt sé, 'liom! Teastaíonn tú uaim, agus pé
tuarastal a loirgeoir beidh sé le fáil agat.'

Phreab sé isteach, agus do thiománadar chun siúil.

Ní fada eile den bhóthar a bhí sé nuair a chonaic sé fear ar
an dtaobh istigh de chlaí agus … i bpáirc mhór leathan réidh

agus cheithre cinn do ghiorraithe aige agus iad ag imeacht fiain ar fuaid na páirce, é ina ndiaidh a d'iarraidh ná ligfeadh sé aon cheann des na giorraithe thar claí. Agus, rud ab aite ná san, ní raibh fé ach aon chos amháin. Bhí an chos eile craptha leis. Do ghlaoigh sé air agus dúirt sé leis:

'Tair liom, a fhir mhaith!' a dúirt sé. 'Lig dóibh sin! Pé tuarastal a loirgeoir orm beidh sé le fáil agat. Ach cad ina thaobh,' a dúirt sé, 'ná fuil an chos eile agat á oibriú?'

'Á, a dhuine,' ar seisean, 'dá n-oibreoinn an dá chois ní fhéadfadh an saol seasamh liom.'

Do ghluais sé leis, agus i ndeireadh ... sa stáir chéanna do bhuail fear leis i ndíg an chlaí sa bhóthair agus conabarlach feola fuaire aige á stracadh as a chéile agus gíoscán aige á bhaint aisti.

'Cad ab áil leat ansan?' arsa Mac na Baintrí.

'Á,' ar seisean, 'tá ocras im stracadh, agus ní féidir liom mo dhóthain bidh a dh'fháilt in aon áit, agus táim a d'iarraidh an ocrais a bhaint díom féin léi seo.'

'Fág ansan í,' a dúirt sé, 'agus gluais liomsa!'

Do ghluais. Bhíodar ag cur díobh agus ní fada go bhfaca sé fear in airde ar mhullach an chlaí agus saighead is bogha aige. Ach labhair sé leis:

'Cad tá ansan uait?' ar seisean.

'Tá,' a dúirt sé, 'táim ag faire ar rud éigint atá ag déanamh cros, agus táim ag faire ar é a lámhach. Is fear mise sa bhfaid agus sa ngiorracht.'

'Pé tuarastal a dh'iarrfair ormsa,' a dúirt sé, 'tá sé chomh maith agat gluaiseacht liom.'

Do dh'imigh sé in aonacht leis. Phreab sé isteach san árthach, agus chuadar tamall eile. Ach do bhuail droichead breá leis go raibh abhainn mhór uisce ag rith féna bhun. Chonaic sé fear ar a bhéal agus ar a aghaidh in imeall na habhann, agus gach aon tsú a thugadh sé fén uisce a bhí ag teacht go flúirseach le fánaidh, chuireadh sé trí troithe den abhainn tirim suas thairis. Labhair sé leis:

'A fhir mhaith,' ar seisean, 'cad tá ansan ort?'

'Ó, fuacht ort,' ar sé, 'nár lig dom mo thart a mhúchadh! Fear mise nár múchadh mo thart riamh, agus ní féidir leis an abhainn mhór so,' ar seisean, 'mo thart a mhúchadh!'

'Fág ansan í,' a dúirt sé, 'agus gluais liomsa! Pé tuarastal a dh'iarrfair, beidh sé le fáil agat.'

Dh'imigh sé in éineacht leis, agus bhíodar ag cur díobh agus ag comhrá, is dócha, i dteannta a chéile, agus aga eile den mbóthar do chonaic sé fear ar thaobh an bhóthair agus sceach gheal aige, í lán de dheilgne, agus é á tarrac sall agus anall trí lúthracha a chos. Ach do labhair sé leis:

'Cad tá anois ort?' a dúirt sé.

'Ó, tá,' ar seisean, 'tá tochas millte i lúthracha mo chos agus níor baineadh riamh as é, agus ní lú ná a bhainfidh sí seo as é. Do bheirfeadh sí seo,' ar seisean, 'an clár nimhe, go mbeadh nimh air,' ar seisean, 'do bheirfeadh sí agus do bhainfeadh sí an nimh as!'

'Tá go maith!' a dúirt sé. 'Gluais liomsa, agus pé airgead a loirgeoir beidh sé le fáil agat!'

D'imíodar leothu ansan. Agus ní fada in aon chor a bhíodar, mar do bhí fear faire amuigh ag an nduine uasal, ag an bpágánach, nuair a chonaic sé an t-árthach tirim ag rith ar an mbóthar ag teacht fé dhéin na cúirte chuige. Seo isteach é go dtí an máistir.

'So súd orm, a rí,' ar seisean, 'go bhfuil fear maith éigint ag teacht agus an t-árthach déanta aige. Tá d'iníon scartha anois leat nó riamh!'

'Imigh, a ghiolla,' a dúirt sé, 'agus gaibh an carbad atá ansan. Agus tá taobh de,' a dúirt sé, 'atá … éinne a shuífidh air, go ndéanfaidh sé min mheilte de, agus cuir,' a dúirt sé, ' … captaen an árthaigh sin, cuir ina shuí ar an dtaobh san den gcarbad é,' ar seisean, 'agus beidh a chúram díot!'

Ní raibh ach an méid sin cainte ráite ag an ngiolla agus ag an rí le chéile nuair a labhair Cluais le hÉisteacht, an fear a bhí ag éisteacht leis na coiligh roimis sin:

'A mháistir, a mháistir,' a dúirt sé, 'tá do namhaid ag teacht.

Bí ar d'aire féin! Tá an carbad ag teacht,' a dúirt sé, 'ag triall ort go bhfuil taobh nimhe air, agus chomh luath agus cuirfear tusa id shuí air beidh tú,' ar seisean, 'id mhin mheilte.'

'Ní bheidh go deimhin,' arsa an fear go raibh an sceach gheal aige.

'Tabhair domsa rogha, a mháistir,' a dúirt sé, 'cúpla scríob den sceich seo a thabhairt dó, agus is beag an baol ná go mbeidh sí mín!'

Mar sin a bhí!

Nuair a tháinig an carbad suas do tugadh rogha dho Mhac na Baintrí chuig suí i dtaobh an charbaid.

'Faighim párdún agaibh,' ar seisean, 'tá beagán cúraim agam le déanamh ar dtúis!'

Do ghlaoigh sé ar Fear na Sceiche, agus do tháinig sé mar a raibh sé chun suí, agus do thug sé cúpla scríob den sceach gheal – mar bhí an draíocht uirthi – don gcarbad, agus do bhí sé chomh mín le síoda.

'Suigh isteach, a mháistir, anois,' a dúirt sé, 'is ní baol duit!'

Chuaigh sé go dtí an tigh agus bhí dhá shúil mhóra ag an rí nuair a chonaic sé gan aon óspairt ná barrthuisle, ag imeacht insa charbad, ar an gcliamhain a bhí le bheith aige. Fáiltíodh roimis, gan dabht.

Ach nuair a bhí an dinnéar caite is gach aon ní socair suas do bhí a thuilleadh ceisteanna aige le réiteach. Do bhí air fear a dh'fháil a dh'íosfadh d'aon bhéile an méid feola a cuirfí chuige. Ach is aige a bhí sé, Fear na Feola Fuaire an lá roimis sin, dúirt sé gurb é féin an fear. Niseadh Cluais le hÉisteacht dó pé ní a bhíodh ar siúl ag an rí agus ag an dteaghlach le chéile. Do bhíodh cuntas maith ag Mac na Baintrí air, mar do bhí an fear, Cluais le hÉisteacht, do bhí eolas maith aige cad a bhíodh acu á rá, is do niseadh sé gach focal dó.

Is maith ansan ... ar mhaithe leis, do tháinig sé agus do cuireadh chuige an fheoil. Má tá, do bhí sé ag ithe agus ag ithe agus ag ithe. Ach ní fada in aon chor gur loirg sé a thuilleadh, agus do loirg sé a thuilleadh!

'Ó, ar son an tsaoil,' arsa an rí, 'íosfair mé féin sa deireadh!'

Do dhein sé seift ina dhiaidh sin, agus dúirt sé go gcaithfeadh sé fear a dh'fháil a dh'ólfadh an áirithe sin dí, gan stad. Ach do bhí Cluais le hÉisteacht ag éisteacht leo. Ach dúirt sé leis:

'A mháistir,' ar seisean, 'caithfidh tú fear a dh'fháil anois don rí a dh'ólfaidh an áirithe sin,' a dúirt sé, 'ná ligfidh aon bhraon des na srutha atá ag teacht ar an gcúirt … aon bhraon de thairis.'

'Ná bac san dó,' arsa an fear a bhí ar a bhrollach san abhainn. 'Beidh mádh maith i gcártaí aige nó ní ligfeadsa aon bhraon tharam!'

Chuaigh sé i bhfeighil an uisce; agus do bhíodh gach aon tsú a thugadh sé dhen sruth a bhí ag teacht anuas féna bhráid, chuireadh sé seacht slata tirim thairis suas é.

'Ó, ar son an tsaoil,' arsa an rí, 'is mór an scanradh thú!'

Is ea. Bhí an oíche sin go maith acu.

Ach lá arna mháireach do theastaigh uaidh go bhfaigheadh sé fear a bheadh chomh luath lena chapall iallaite a bhí ar stábla leis na blianta roimis sin aige, agus ceann an chapaill bháin óna leithéid sin d'áit, a thabhairt chuige – go gcaithfeadh sé fear a dh'fháil a choinneodh suas leis an gcapall iallaite agus le marcach, agus ceann an chapaill bháin a bheith aige níos luaithe ná é.

'Is ea, anois,' arsa Cluais le hÉisteacht, 'a mháistir, cad tá le déanamh agat?'

'Ná bíodh aon cheist ort, a mháistir,' arsa Fear na Leathchoise agus na ngiorraithe ó chianaibh, 'mise an fear dó!'

Lá arna mháireach tairrigíodh amach capall fiain láidir, amach as an stábla, agus do bhuail marcach ar a dhrom, agus as go brách leis féin agus le Fear na Leathchoise. Bhíodar ag imeacht agus ag imeacht agus ag síorimeacht le chéile. Agus bhí an teaghlach go léir ag faire ar cad é an scéal a bheadh uathu. Ach do chualaigh Cluais le hÉisteacht, ach go háirithe, is dúirt sé go raibh an marcach chun tosaigh. Ach dúirt Fear Saighead is Bogha:

'A mháistir,' ar seisean, 'ná bíodh ceist ort! Aimseodsa an buachaill,' ar seisean, 'agus ní baol dhuit!'

Do dhein. Dh'imigh sé féin ar leataoibh agus do ghléas sé – mar do bhíodar lán de dhraíocht – do ghléas sé an saighead is bogha. Agus nuair a bhíodar i ngiorracht réimse dhon dtigh is don gcúirt do dh'aimsigh sé an marcach agus do leag sé anuas den chapall é. Tháinig an capall, agus do bhí Fear na Leathchoise agus a anál go breá tairrigthe aige roimis.

Ach is mar sin a bhí.

Do thug sé leis ceann an chapaill bháin, agus nuair a thug sé i láthair an rí é:

'Is ea, a rí,' ar seisean, 'tá d'iníon agam!'

'Ó, tá gan aon dabht,' a dúirt sé, 'm'iníon agat. Agus má tá,' ar seisean, 'is cúis bháis dom féin é!'

'Ná bíodh eagla ort, a rí,' ar seisean, 'ní hé an tslí atá agat inniubh,' a dúirt sé, 'a bheidh agat sara fada. Beimid go léir in aon rian amháin.'

Pósadh Iníon an Rí agus Mac na Baintrí le chéile, agus do bhí fleá agus féasta agus bainis ar fheadh seacht lá agus seacht n-oíche ag bocht agus ag nocht, mórtimpeall, insa teaghlach san, fé chompord agus fé cheol agus fé cheannas chomh maith agus dá mbeadh sí pósta le mac le rí agus banríon.

Do bhí an saol imithe ansan agus an bhainis i leataoibh agus an draíocht imithe des na buachaillí seo do thóg sé isteach ina árthach. Do bhí an draíocht imithe den árthach tirim ag rith ar an mbóthar. Do bhíodar ag mairiúint go compordach soilbhir suairc i dteannta a chéile ar feadh lae agus bliana, agus do saolaíodh mac óg do Mhac na Baintrí. Agus deirtear gur … nuair a dh'éirigh san suas in aois, deirtear gurb é an chéad rí Críostúil a bhí ar Chúige Mumhan é insa tseanaimsir lena linn.

Do thug sé leis a mháthair tar éis tamaill, agus do bhí an chuid eile dhe dheireadh a saoil aici go compordach, an bhean bhocht – mar nár dh'fhan éinne ina teannta. Agus do bhí sí go soilbhir suairc ina theannta agus gan aon cheal sa tsaol uirthi nó go dtí go raibh sí críonna casta. Agus do chuir sé í chomh huasal agus do cuirfí banríon i dtalamh Dé nuair a fuair sí bás.

Sin é mo scéalsa, agus má tá bréag ann bíodh! Níl leigheas

agamsa air. Tá mo dhícheall déanta agam air, agus faraoir, níos mó ná mo dhícheall, mar táim sínte siar go tréan sa leabaidh ar chúl mo chinn agus mé ag caint ar fuaid an domhain le chéile agus píp ar mo bhéal, agus nach iontach an scéal é, thiar díreach mar a bhfuil Tigh Mhóire! Raghaidh mo chaint chomh fada le tigh Joe, síos go Tigh Dhomhnach Daoi. Táimse i dTigh Mhóire agus muintir Joe ag Tigh Dhomhnach Daoi i gCúige Uladh Agus nach mór an t-uafás agus an cor sa tsaol é – go leaga Dia an t-ádh ar bhur saothar! Amen!

20. AN SAMHRADH CRUAIDH

Do ghaibheas-sa 'mach sa tsamhradh chruaidh
is do seoladh isteach mé ar lóistín fhuar,
cuireadh im shuí mé ar shuíochán chruaidh
is ní fiafraíodh díom cér thána.

Bhí boird ar leathadh acu is mórán bidh,
bhí baraillí lán is iad ar meisce ó fhíon;
ó ló go ló is go deo deo ag caoi,
a chailín óig, do dhóis mo chroí,
do bhainis mo mheabhair go léir díom.

'A ghiolla úd thíos ar íochtar cláir
go bhfuil do pheann is do dhubh agat id láimh,
tú ag síorchur síos ar na gníomhartha ab fhearr
fé mar ba dhual dod shórt a rá.
Dá mbeinnse bocht is go bhfaigheadh m'fhear bás
an bhfaighfeá liúm mar chéile?'

Is ní dod chuid a thugas grá
ach duitse féin a spéirbhean bhreá,
a chuach na gcraobh, slán leat go bráth,
dá ba liúm gach ard go bhfuil féar ag fás
ní iarrfainn féin aon spré leat.

Níl mo ghrá-sa dubh ná buí,
is nílim ag moladh an té a cháinfeadh í;
a dhá súil ghlasa agus a béilín binn,
's is beannaithe é an talamh dá siúlaíonn sí.

21. COINLEACH GLAS AN FHÓMHAIR BHUÍ

Is éireoidh mise amáireach gan spleáchas le
     cúnamh Dé,
is ní fhanfaidh mé san áit seo go brách brách ar
     fheadh mo shaoil;
is é do chomhrá tláithlag do chráigh is do mhairibh
     mé,
go deimhin is bocht an bás atá i ndán dom má
     scairim léi!

Is ar choinleach ghlas an fhómhair bhuí, mo
     chumha, is ea do dhearc mé í;
ba dheas a cos i mbróigín is ba ró-dheas a leagean
     súl,
a gruaig a bhí ar dhath an óir bhuí 'na coirdíní a
     bhí fite dlúth,
mo léan, nach lánú phósta sinn ar bord loinge ag
     dul anonn!

Do chuireas litir scríte go dtí mo ghrianghrá le
     cuntas cruaidh;
do chuir sí chugham arís í go raibh a croí istigh
     chomh dubh le gual;
a com ba ghile, míne, ná an síoda is ná clúmh na n-
     éan,
nach buartha cráite a bhímse nuair a smaoiním ar
     ghrá mo chléibh!

Is thíos ag cé Phort Láirge tá an t-árthach ag brath
     le gaoth,

a bhéarfaidh mé thar sáile is go brách brách ní
chasfaidh mé;
beidh mo mhuintir is mo chairde go cásmhar ag
gol im dhéidh,
anois ó raghad thar sáile, céad slán libhse, a
Chlanna Gael!

22. CUR SÍOS AR AN OILEÁN TIAR

Is é an tOileán Mór an ball is deise dá bhfuil le fáil sa tsamhradh, ach faraoir ghéar, is é an ball is measa chun cónaí ann dá bhfuil ar dhroim an domhain mhóir é sa gheimhreadh. Níl fascadh ná fothain ó aon tsín dá dtiocfaidh ann. Níl fothain ón ngaoith aduaidh ná aneas ann. Beidh an tsín go síoraí ag bualadh isteach sa bhéal air. Tá sé déanta fé mar a bheadh míol mór a bheadh ina chodladh ar barr na farraige ciúine.

Do thugas leathchéad blian dem shaol ann. Is ann a thógas mo leanaí go léir. Do bhí sé go fónta agus do bhí sé go dona, fé mar deir an seanscéal. Ní raibh sólás gan dólás á choimhdeacht. Do bhí a bhrón féin agus a shólás féin le hiompar aiges gach duine ann agus le gabháil tríd. Do lean anró mór na fir, mar do bhídís amuigh san oíche. Is minic oíche a chaitheas mo shaol gan dul ar aon leabaidh ach isteach agus amach. An gaoth aduaidh agus aniar aduaidh ag leagadh an tí orm agus mo dhaoine amuigh ar an bhfarraige agus gan súil go gcífinn go deo aríst iad. Do thagaidís chugham le cabhair Dé ar maidin go suaite fliuch tnáite tar éis na hoíche, is minic ar bheagán dá bharra. Oícheanta eile bhíodh luach saothair acu ach is go fada fánach é sin.

Ach is cuma san! In aon áit go mbíonn cónaí ar dhuine bíonn sé sásta leis – an áit go mbeidh sé ag tógaint a leanbh agus ag cur an tsaoil de, is é an áit is deise leis é.

Do bhí sé anróch go maith ach insa tsamhradh nuair a bhuaileadh na daoine uaisle agus na cuairteoirithe trasna do bhíodh sólás ar na daoine óga. Bhíodh rince agus ceol agus éirí in airde acu ar feadh an ama, faid a bhíodh an samhradh agus na cuairteoirithe ag teacht. Sa gheimhreadh do bhíodh ceol agus rince agus amhráin agus *diversion* acu féin chomh maith. Do bhíodar ann, lán baile acu. Is cuimhin liom go maith, an chéad bhliain a phósas agus a chuas go dtí an mBlascaod Mór chun cónaithe, do bhí chúig chliabhán déag ag luascadh leanbh ar an Oileán an t-am san.

Bhí tigh scoile ann agus do bhíodh sí lán de scoláirí, chomh fada le trí fichid scoláire. Bhíodh mo dhóthain cúraim ar an múinteoir gabháil tríothu. Ba iad san na leanaí cliste! Ní raibh puinn Béarla acu agus ba dheacair eolas a thabhairt dóibh mar ná raibh taithí ar Bhéarla acu, ná aon chaidreamh acu air, ná aon chlos acu air – aon fhocal Béarla ó saolófaí iad go dtí go raghaidís isteach ar scoil, agus ó fhágfaidís scoil ní chloisfidís focal Béarla nó go dtí go raghaidís go tigh na scoile aríst.

Ach, do bhí ag éirí leo go hálainn nó go dtí gur tháinig an tOllamh uasal Cormac Ó Cadhlaigh agus sin é an t-am díreach a cuireadh clár an dá theangan ar bun sa scoil. Do bhí cuid des na buachaillí beaga a bhí ag dul ar scoil, do ghlacadar suim mhór insa teangain sin, agus insa Ghaolainn. Do bhídís dílis don múinteoir agus cé gur minic a chuiridís fearg air, ní nach iontach, do bhíodh sé dílis dóibh. Do bhí múinteoir maith againn an t-am san, go ndearna Dia trócaire ar a anam agus anama na marbh – Tomás Ó Sabháin ab ainm dó, múinteoir cliste. Bhí eolas ar an dá theangain aige, mar is amhlaidh do dh'fhoghlamaigh sé an Ghaolainn. Ach do bhí eolas aige uirthi ós na leabhartha roimis sin. Is ós na scoláirí do dh'fhoghlamaigh sé an chuid is mó dá chuid Gaolainne.

Do bhí glan trí fichid tithe san Oileán an t-am a chuas-sa ann. Is beag tigh acu san ná raibh mac an tí nó iníon an tí pósta agus ag tógaint a leanbh suas. Do bhí páistí óga ins gach tigh, ach amháin fíorbheagán. Do bhíodh seilg farraige agus cnoic acu á dhéanamh. Do bhíodh na fearaibh ag iascach i rith an tsamhraidh, bhíodh seilg maircréal, seilg gliomach agus seilg dorú acu á dhéanamh. Bhíodh iasc dorú acu á mharú insa tslí go mbíodh slí bheatha bheag acu á thabhairt go dtí an dtigh i gcónaí.

Nuair a thagadh an gheimreadh ... an t-am san den ngeimhreadh, do bhíodh seilg chnoic acu á dhéanamh – áit is ea an tOileán go bhfuil mórán mór coiníní ann. Do bhíodh an fheoil le n-ithe acu agus na seithí le díol. Do bhíodh luach mór le fáil ar chroiceann na gcoiníní an t-am san. Bhíodh trí is réal, nó b'fhéidir sé scillinge, gach turas orthu. Ba mhór an tslí bheatha do dhuine bhocht dhealbh na rudaí sin an t-am úd, mar do b'fhearr punt an uair sin chun mairiúint do dhuine bhocht ná chúig phuint insa lá atá inniubh ann.

Do bhíodar ag cur an tsaoil díobh, an chuid acu a bhíodh le pósadh do phósaidís, agus an chuid acu ná bíodh slí acu do théidís go dtí an tOileán Úr. Ní raibh eolas ar a mhalairt acu. Ní raibh éirí in airde ná mórchúis iontu, bhíodar ag mairiúint, fé mar bhí a muintir chríonna rompu. Na cailíní, do bhíodh b'fhéidir dosaen cailín óna hocht déag go dtína ceathar fichead de chailíní, bhídís bailithe in aon tigh amháin. Bhíodh cniotáil ar siúl acu chun ná beidís díomhaoin, bhíodh geansaí, nó bhíodh stoca nó bhíodh rud éigint ar siúl acu. Ansan nuair a thagadh an Domhnach, nuair a bhídís bailithe i dteannta a chéile, bhí áit thiar ann go nglaoimis Barra Thráigh Ghearraí air, áit a bhí fé leith oiriúnach do bheith ag rince agus ag damhas dos na daoine óga. Bhídís tar éis dinnéir bailithe ansan agus dá mbeadh aon stróinséir ná cuairteoir ina measc, ba ghearra leis a bheadh an tráthnóna, ba luath leis a thiocfadh d'am dhoircheacht chuig teacht abhaile.

Nuair a bhíodh an suipéar caite acu do bhuailidís siar laistíos de bhun an Oileáin, siar an bóthar a bhí ann, agus ba dhóigh leat gur sochraid bheag nó ag dul go dtí séipéal Dé a bheidís. Do bhíodh an tslua de dhaoine, de bhuachaillí agus de chailíní óga, tráthnóna tar éis tae ag dul go dtí an áit sin ag rince agus ag damhas agus ag déanamh cuideachtan na hóige dóibh féin, mar ba ghnáth.

Ansan nuair a thagadh an t-am do bhuailidís lastuas aniar bóthar eile a bhí ann go dtí na tithe nua a bhí tógtha ag an mBord … na gCeantar Cúng. Bhí tigh acu san againne. Do bhínn ag féachaint orthu agus nuair a chínn ag teacht iad do bhíodh orm an túlán, an tlú agus gach giúirléid a bhíodh ar fuaid na cistean a chur i bhfolach agus in áit fé leith go mbeadh neart agam é dh'fháil ar maidin, mar siúrálta, bheadh lorg an lae agam ar na giúirléidí sin tar éis na hoíche. Do bhuailfidís chugham isteach, slua acu, agus do shuífidís thall agus abhus dóibh féin. Ó, ní bhfaighfeá ar pháirc aonaigh an t-am san den saol, buachaillí chomh grámhar, chomh geanúil, chomh slachtmhar, chomh deigh-mhéiniúil agus do bhí insan Oileán Mhór an t-am san. Is é sin díreach am an *Treaty* a dhéanamh.

Ach faraoir, ní fada gur tháinig an t-athrú. Do thosnaigh na daoine óga ar imeacht, do thosnaigh an saol chun dul chun ainnise, d'ardaigh an luach ar na hearraí beaga orthu agus do theip an t-iascach orthu. Bhíodar cloíte. Níorbh fheadar siad cad ba mhaith dhóibh a dhéanamh. Bhíodar cráite clipthe ag an saol. Bhí anró mór á leanúint. Do bhí trí mhíle fada bealaigh farraige idir iad agus an tír mhór amuigh. Is minic go mbíodh gá acu le dul go dtí an tír sin, ach faraoir, ar chasadh dhóibh, do bheireadh an gála agus an scríob orthu, agus ní bheadh coinne agat go gcífeá duine acu beo go deo aríst. Do thuilleadar a slí bheatha ann agus do fuaireadar cruatan má fuair aon dream ar thalamh an domhain riamh, do fuaireadar é, agus go speisialta ó thosnaigh an cogadh déanach. Do bhí an tslí bheatha caillte orthu, ní raibh an bia acu le fáil ach go gann, ní raibh aon tslí bheatha bheag le fáil acu chomh fada le tae agus le rudaí den tsórt san, ní bhíodh sé le fáil acu, ach an chaolchuid. Áit ab ea é ná bíodh flúirse bidh. Ní bhíodh flúirse prátaí ann. Ach ansan nuair a theipeadh an cantam orthu, fé mar thugaimist air, is minic go mbíodh dhá lá agus trí lá gan aon ghreim acu a chuirfidís ina mbéal mura maróidís caora bheag ón gcnoc dóibh féin. Do ghaibheadar trí scanradh agus trí anró má ghaibh aon bhochtáin bhochta riamh i rith an Chogaidh Mhóir ó cuireadh an cháin agus an dealús ar an mbia agus ar an anlann a bhí acu le fáil.

Ach ansan do thosnaíodar ar a bheith á thréigean – bhí gach éinne ag rith lena n-anam chomh luath agus ab fhéidir leis é. B'fhearr leis gach éinne go mbeadh lán a chos den dtalamh tirim aige. Bhí duine ag imeacht soir, chuadar ó thuaidh ar an Mhuirígh cuid acu, go Baile na nGall cuid acu, tháinig cuid acu go Dún Chaoin. Ach nár stad Dia liom féin nó gur thána go Dún Chaoin chomh maith le cách, insa tseanáit go raibh áitreabh ag mo mhuintir romham. Táim anso sínte siar go fannlag anois agus gan súil le puinn ama eile ar an saol so. Ach go dtuga Dia cabhair dom chun gabháil tríd!

Do b'é an tOileán an t-am úd fíorthobar na Gaeilge, sruthán fíorGhaelach a bhí ann. Ní raibh focal [ach Gaeilge] le clos ag aon duine. Do bhí a rian air do bhíodh na cuairteoirithe go priaclach ag dul á foghlaim ann agus is beag duine acu a chuaigh ar a tóir ná gur thug leis lán a bhoilg go slachtmar di as an Oileán. Do bhí gach aon duine go ceansa cneasta leo. Ní raibh duine insan Oileán an t-am san a dhéanfadh bagairt orthu, a dhéanfadh fonóid fúthu, ná a dhéanfadh aon ní, ach gach aon chabhair ab fhéidir leothu a thabhairt dóibh, do thabharfaidís dóibh é agus do thugaidís.

Ach, do bhí na daoine chomh cneasta, chomh grámhar, chomh blácánta, chomh deas san agus nuair a bhí na cuairteoirithe ag teacht [imeacht] go mbíodh uaigneas orthu. Ba chuimhin liom féin sara dh'fhágas-sa é, cuairteoir ó Luimnigh, gurbh ainm do Mícheál Ó Súilleabháin a tháinig go dtí an tOileán ar laethanta saoire. Agus do chonacsa an fear san fé mar a bheadh buachaill ón Oileán a bheadh ag dul go dtí an tOileán Úr agus é ag gol ar nós páiste. Admhaím gur chuir sé ag gol mé féin. D'fhiafraíos de: 'A Mhichíl,' a dúrtsa, 'cad atá do chur ag gol? Cad tá ort, go bhfuileann tú chomh buartha?'.

'Ó tá,' a dúirt sé, 'tá uaigneas agus cathú orm,' a dúirt sé, 'níor chaitheas aon phioc de mo shaol chomh grámhar ná chomh subháilceach in aon áit dár ghaibheas agus atá caite agam ó thána anso.'

23. ÓRÁID PHEIG

Is ea, tá an méid seo saothair déanta agam, a chairde. Ní hé an chéad shaothar déanta agam é, ach is baolach liom gurb é an saothar déanach ar an saol na bpeacaí seo é. Ach más é féin, toil Dé go raibh déanta! Tá an t-aos tagtha. Tá mo chion féin déanta agam agus táim lán-tsásta go raibh sé ar mo chumas beagáinín cabhartha a thabhairt dom thírín agus dom theangain i rith m'aimsire féin.

Anois táim ag scaoileadh mo bheannacht agus beannacht Dé agus mo dheigh-mhéine go léir chun lucht na hoibre seo, chun muintir na hÉireann, chun mo chairde go léir, agus go speisialta iad san timpeall go raibh dhlúthbhaineas agam leothu agus caradas agam leothu ar feadh na mblianta fada atá imithe tharainn. Tá mo chairde go bhfuil aithne agam orthu agus caidreamh agam orthu i bhfaid agus i gcóngar. Anois tuigidís go bhfuil an focal déanach curtha ar chraobhscaoileachán ná ar Ghaolainn ag SeanPheig. Tá mo ré suas, is eagal liom. Níl a fhios agam cén t-am a thiocfaidh mo ré ná mo lá. Táim ag faire ó lá go lá ar dhul go dtí an uaigh. Go dtuga Dia cabhair dúinn i gcomhair an bhóthair fhada agus an t-ualach trom atá againn le hiompar, is é sin, ualach na bpeacaí. Ach tá an Breitheamh fabhrach – go ndéana Sé trócaire orainn idir charaid agus namhaid!

Beannacht Dé oraibhse a lucht an chraobhscaoileacháin agus ar gach créatúir atá ar fuaid na tíre. Go neartaí Dia le hár muintir chun saoirse agus ceannas a thabhairt dúinn! Tá súil le Dia agam go mb'fhéidir go mairfinn le haon ní amháin d'fheicint agus do chlos, is é sin an t-aon ní amháin: ár dtír dúchais a bheith fé láimh Gael, agus dul i seilbh, agus ár dteanga a bheith fé réim; ár mbuachaillí óga atá imithe ar fán gur mhian leo filleadh ar a dtír, a theacht chughainn fé cheannas chun cabhair a thabhairt

109

d'ár nUachtarán agus sinn féin a bheith ag síolú a chéile i ngrásta Dé agus i gcreideamh Naomh Pádraig, Naomh Colm Cille agus Naomh Bríde, gur deonaitheach le Dia trína n-impí go bhfaighmist ár saoirse agus ár neart agus ár nglóire ar an saol so agus an bheatha shíoraí ar neamh tar éis ár mbáis, trí Íosa Críost ár dTiarna. Amen!

Mo bheannacht, agus beannacht Dé libh go léir agus leis an saol so, mar níl a fhios agam cén neomat anois é. Táim sínte siar ar mo leabaidh anso sa chúinne agus níl a fhios agam an mbeinn beo ar maidin. Ach mura mbead féin … Tá súil agam go gcuimhneoidh mo chairde orm agus go dtabharfaidh siad an méid sin compord agus sásamh aigne dom, go gcuimhneoidh siad orm i gcomhair na saoire má bhím beo. Ach mura mbead, go ndéanfaidís cuimhniú míosa éigint ar ghuíochtaint le m'anam ar uair na Nollag.

Go mbua Dia agus beannacht Dé libh anois agus mo bheannachtsa leis!

TAIFEADTAÍ RADIO ÉIREANN 1953

24. ÚSÁID RÓIN

D'imíodar *sure*. Ní bhaineann éinne anois aon úsaid as [an rón]. Agus rud eile, bhídís ag díol an seithe, craiceann róin, dheineadh táilliúirí agus daoine, bhainidís úsáid an domhain as veist, veist bheag – dheinidís den gcraiceann róin é mar do bhíodh sé sábhálta acu, na seithí, agus ghaibhdís airgead maith ar na craicinn róin. Agus cheannaítí uathu iad.

SMR: *Ar bhlais tú féin d'fheoil an róin riamh?*

Do bhlaiseas agus dhá uair déag, a Sheáin, agus ba chosúil le muicfheoil í.

SMR *An b'ea?*

B'ea. Bhí an fheoil bhán, bhí sí ar nós, cosúil leis an muicfheoil bhán a bhíonn ag teacht aníos ón siopa. Nuair a bhíodh sé leasaithe agus é tirim suas agus é leataoibh ina bhinse anuas ar a chéile, breá leasaithe, dá gcífeása píosa dhe san agamsa ná ag aon duine eile, thabharfá an Leabhar Breac gur aníos ó thigh Johnny Moore a tháinig píosa bagúin.

SMR: *Agus níor bhriseadh troscadh é ach oiread, is dócha.*

Ha?

SMR: *Níor bhriseadh troscadh é ithe.*

Ó, ní raibh aon troscadh air, cé go raibh saill go leor air.

25. MAC UÍ SHÉ AGUS AN RÓN

San am san do bhíodh róinte go flúirseach á mharú insan Oileán Mhór agus báid ag teacht as gach aon áit á marú agus bhainidís usáid bheatha astu maidir le anlann agus solas. *Sure* ní bhíodh aon chúnamh solais le fáil insan am san, mar ná bíodh coinnle ná *gas,* mar a thugaimid air, ní bhíodh aon tsolas le fáil in aon áit ach an íle a bhíodh le fáil ós na hiascairithe go mbíodh, a bhíodh ag marú an éisc ghairbh insan fhaill, thíos ar an gcaladh. Do bhíodh scilling acu, an cárt acu á dh'fáilt ar an íle chuig solais a dhéanamh.

Ach an t-am san do bhí sé istigh san Oileán fear óg, agus do bhíodar, thoilíodar féin le chéile ar maidin chun dul ag marú na róinte, mar bhí an lá an-chiúin. Ach dhein sé suas é féin agus do fuair a bhata, maide breá, go bhfuil sé i mbéal na ndaoine riamh ó shin, 'mharódh an maide sin rón, a dhuine', déarfadh duine le duine eile go mbeadh maide maith láidir ina láimh aige.

Ach d'imíodar leothu siar go Ceann Sléibhe, agus tá áit ansan go nglaonn siad – nuair a gheofá aneas Ceann Sléibhe, fé bhun an áit ina bhfuil an bóthar go ngaibheann an gluaisteán – tá poll ann go nglaonn siad Poll an Róin air, ag teacht ar thaobh Dhún Chaoin den dtalamh, den bhfarraige.

Ach nuair a thánadar go dtí an poll, bhí sé faid an lae suas uathu fén bhfaill. Ach chaithfidís, éinne a raghadh suas, caithfeadh sé é féin a nochtadh suas go dtína cheathrúna chuig gabháilt tríd an uisce, mar bhíodh an t-uisce tanaí istigh ar an dtaobh amuigh dhen áit go mbíodh an rón ina stad. Ach í seo go mbíodh an t-éan aici, do bhíodh sí i bpoll fé leith, i bpoll róin fé leith.

Ach do tharlaigh an lá san nuair a chuaigh sé ag gabháilt dos na róinte, bhí an maide aige is chuaigh sé isteach agus do bhí … chuala sé is é ag déanamh ar an bpoll, an gearán truamhéileach agus bhí ionadh a chroí air cad é an rud a bhí ag gearán istigh sa pholl.

Nuair a chuaigh sé isteach sheasaimh sé mar a raibh an t-éan … an rón, ina luí is thóg sé an maide, mar dhia, go mbuailfeadh sé sa cheann í.

Ach labhair sí:

'Fóill ar do láimh, a Mhic Uí Shé,' a dúirt sí, 'agus ná buail go fóill mé, agus ná mairbh mé go gcuirfinn díom cúram m'éin!'

Ach nuair a chuala sé an t-ainmí aingiallta ag caint leis tháinig crith chos is lámh air is ní mór ná gur thit sé mar a raibh sé.

'Go deimhin, a bhean,' ar seisean, 'ní mharód aon ainmhí dhe do shórtsa faid a mhairfead aríst ná aon ní eile mar go bhfuil … a bheidh ag imeacht ar do leithéid. Ní baol dhuit,' ar seisean, 'ní baol dhuit mise!'

Ach dhein sí trí ghearán mhóra ansan, mar dhia a fáilt baochais leis, agus do thóg ceann dá lapaí agus do bhuail anuas i gcoinne na lámh é, agus do chuir sé a lámh i gcoinne an lapa, agus fé mar a bheadh duine daonna ag baint croitheadh as a láimh chionn an mhaith a bhí déanta aige.

D'fhág sé an poll agus d'fhág sé an bhainirseach róin ansan nó go dtí go raibh an t-éan aici, agus ó shin riamh níor mhairbh fear de mhuintir Shé aon rón in aon áit.

26. SAOL AN OILEÁIN

SMR: *Bhuel, féach a Pheig! Ní raibh aon ocras riamh ar an Oileán le do linnse, an raibh?*

Ní raibh aon ocras, baochas le Dia, mar bhíodh rud éigint, bhí grásta Dé éigint ag baint leothu, a Sheáin, go mbíodh an Fear Naofa … dóthain na hoíche dhóibh i gcónaí. Ní raibh aon am is mó a bhraitheadar é ná na blianta déanacha ansan go raibh an, an cruatan ar an bplúr is ar gach aon ní. Cad é an ainm é siúd a bhí air, ara, ná faighfí, ná raibh aon ní le fáil?

SMR: *Is ea!*

Bhíodh. Bhí an plúr curtha dhá phunt an b'ea nó punt, an fear, plúir? Agus ansan, ní bhíodh [ach] an méid sin in éadan gach éinne, punt plúir, na blianta déanacha ansan go raibh an cosc ar an bplúr nó an stop air. Ach nuair a théidís don Daingean ag triall air, ní bhíodh le fáil aiges gach aon duine ach punt plúir in aghaidh gach duine a bheadh sa tigh. Agus is minic a bhíodh deichniúr agus hochtar agus seachtar muirir sa tigh, agus ba ghairid an mhoill ar lucht a bhíodh ag obair ar an bhfarraige is gach aon ní, ba ghairid an mhoill orthu punt plúir. Bhíodh sé in aon chíste amháin.

SMR: *Ach do chonaic tú féin plúr á dhéanamh ar an Oileán, nach bhfaca?*

Is beag é, ach do chonac min choirce ag seanbhean a bhí ann go raibh bró aici, chonac min choirce aici á mheilt. Ní bhíodh an plúr ann. Ní bhíodh aon chruithneacht curtha ann lem linnse, ach bhíodh sí roimis sin ann.

SMR: *Agus do bhíodh an mhinchoirce á dhéanamh?*

Ó bhíodh an mhinchoirce, chínn an mhinchoirce.

SMR: *Conas a bhí an bhró?*

116

Bhí sí fé mar tá an … bró muilinn, tá a fhios agat, ach í bheith beag. Agus ansan bheadh ceann acu anuas ar an gceann eile, agus lámh, lámh adhmaid amach as an gceann barra a bheadh anuas air, agus gur poll, poillín beag anuas ina mullach, an ceann barra, agus bheadh an gráinne i gcónaí á chaitheamh síos fé mar a bheadh an bhró dá chasadh bheifeá ag cur leis an láimh chlé, gráinne síos i gcónaí den gcoirce, agus bheadh sé ag teacht meilte ina mhinchoirce amach ar an dtaobh eile ansan.

SMR: *Bhuel, is dócha gur beag beann a bhí ag muintir an Oileáin ar an tír. Is beag má bhí sibh i dtuilleamaí earraí ón tír ar aon chor.*

Eh, ní … Bhídís i gcónaí ag tarrac leothu ón dtír rudaí, mar is minic ná bíodh na prátaí flúirseach agus nuair a thagadh an ghaoth mhór do sciobadh sé an ceann des na prátaí nuair a bhídís glas, agus d'fhágadh san gan aon phrátaí flúirseach san Oileán. Chaithidís a bheith ag teacht amach ar an dtír ag lorg rudaí. Is minic nuair a thagadh an t-earrach, bheireadh gearra orthu agus ansan bhíodh an foráiste ite ag an stoc agus chaithidís beartaíocha coirce agus féir a thabhairt leothu. Ach is suarach é. Bhí a gcuid bidh féin acu.

SMR: *Agus a gcuid éadaigh féin freisin, is dócha?*

Ó, a gcuid éadaigh. Ní raibh aon bhall éadaigh ag leanbh ná duine críonna insan Oileán á chaitheamh, éadach siopa, ach a gcuid éadaigh féin.

SMR: *Bhí na fíodóirí ann?*

Bhí. Bhí na fíodóirí ann. Bhí dhá fhíodóir ann. Bhí. Agus do bhídís féin ábalta ar a gcuid éadaigh a dhéanamh.

SMR: *Is cinnte go raibh.*

Bhíodar. Do bhí na fir a bhí ann go dtí … agus inniubh an méid atá ann acu, an fuílleach a dh'fhanann acu, táid siad chomh cliste le haon cheardaithe ar an dtaobh so dhe Chorcaigh ina gcáilíocht féin. Aon ní … ní fhacadar aon ní go gcuirfidís a láimh air ná déanfaidís.

SMR: *Agus cad mar gheall ar na bróga?*

117

Aha, do thástáil cuid acu na bróga a dhéanamh. Níorbh fhéidir é mar do lean fearaistí na bróga, go gcaithfidís a bheith acu. Agus do thástáladar iad. Má chualaís riamh trácht uirthi, an *Quebra*, an t-árthach, an línéar mór a bhuail sa Bhlascaod ar lastuaidh des na hoileánaibh, bhuail sí i gcoinne na, ar chúl an iaca, tá a fhios agat, agus shuncáil sí. Línéar mór a a bhí dulta amach go dtí an *front* an chogaidh an uair sin. Ach do bhí sí lán de leathar.

SMR: *Tuigim.*

Agus do thugaidís iarracht ar bróga a dhéanamh, tá a fhios agat. Tá sórt pátrún … an bhróg a bhíodh orthu.

SMR: *As an éadáil a fuaireadar?*

Is ea. Ach dhein cuid acu suas go mbainfidís aimsir éigint astu ach ní raibh aon dealramh orthu, mar ní raibh na fearaistí eile acu, búclaí ná aon rud.

SMR: *Ní raibh aon ghréasaí ceart ann ar an mbaile.*

Ní raibh aon ghréasaí ann. Ní raibh. Dheinidís an naomhóg dóibh féin is dheinidís an veidhlín dóibh féin.

SMR: *Is ea. An minic a thagaidís don Daingean?*

Is minic. Is minic a thagaidís don Daingean.

SMR: *An dtagaidís ar Aonach na Samhna?*

Ar m'ainm go dócha go dtagaidís mar bhíodh an t-iascach ar siúl an uair sin agus sin é … bhíodh iascach na bliana déanta acu ach beagán, um Shamhain, agus is sin é an t-am go dtógaidís an méid airgid ón gceannaitheoir, an dtuigeann tú, a bhíodh déanta tar éis na bliana acu. Bhíodh an t-airgead go léir féna gcomhair, b'fhéidir go mbeadh daichead punt ag naomhóig, nó b'fhéidir deich puint is daichead, ach nuair a bhíodh trí roinnt déanta dhe gan dabht, bhíodh sé suarach, ach mar sin féin, bhí gach aon ní saor an t-am san, agus b'fhearr punt an t-am san ná chúig phuint inniubh.

SMR: *Mise á ra leat!*

Bhídís, fé mar dúirt an sagart fadó, bhídís ag feadaíl lastuaidh síos agus ag búirthigh laisteas aníos, mar do dh'fhanaidís istoíche Dé Sathairn, do dh'fhanaidís insa Daingean, mar do bhíodh an déanaí ann, agus níor mhaith leothu an déanaí a bheith ag imeacht i measc na bhfaillteacha siar, agus do dh'fhanaidís mar a mbídís, agus má tá, ní tirim a bhídís.

SMR: *Bhuel, bhíodh aon oíche amháin mhaith acu.*

Bhíodh oíche amháin mhaith anois is aríst acu.

SMR: *Is fíor san!*

Bhíodh.

SMR*: Is ea a Pheig, is cuimhin leat nuair a chuaigh tú ar an Oileán ar dtús?*

Is cuimhnin liom nuair a chuas go dtí an tOileán ar dtúis, go raibh cuileachta agus daoine múinte béasach cuileachtúil gealgháireatach críostúil lena chéile, is ann a bhíodar. Ní fhaca beirt bhan, a Sheáin, ag bruíon ná ag cáinseoireacht ar a chéile, faid a bhíos ann ar feadh deich mbliana agus daichead. Ní fhaca beirt bhan i mbéal na ndoirse ag cáinseoireacht fé mar chífeá in áiteanna eile.

SMR: *An rud is annamh is iontach!*

An rud is annamh is iontach! Ach, gan dabht, do bhíodh argóintí idir na fearaibh timpeall dhraethe bád is naomhóg, dolaí is téada, is líonta is rudaí mar sin, tá a fhios agat. Is minic ná réitídís le chéile. Ach maidin, is iad ag imeacht chun siúil, dá mbeadh cath aighnis acu le chéile agus cáinseoireacht, tráthnóna, tar éis teacht abhaile dhóibh, do bheadh duine acu, bhíodh an bheirt a bhíodh ag cáinseoireacht, bhíodh sé suite ar an gcathaoir duine acu, agus nuair a thagadh an fear eile isteach, d'éiríodh sé ón gcathaoir agus thugadh sé an chathaoir dó. Agus bhíodh píp duine acu á dh'ól ag an nduine eile, tráthnóna, tar éis an cháinseoireacht go léir.

SMR *Agus bhíodh síocháin eatarthu.*

Bhíodh *sure*, as san amach, *no more*, ní bheadh aon chuimhneamh air.

SMR: *Bhuel, bhí slua maith daoine ar an Oileán an uair san.*

Do bhí – is dócha breis is céad go leith duine.

SMR: *Agus bhí scoil ann?*

Nuair a chuas-sa don Oileán, do bhíodh sé chliabhán déag ag luascadh páistí óga.

SMR: *Anois!*

Bhí scoil ann agus ní haon mháistir náisiúnta a bhí ann an t-am san ach máistir, fear ab ea é gur dhein an sagart paróiste trua dhó. Seanshaighdiúir ab ea é agus bhí sé … scoláire maith ab ea é.

SMR: *An raibh Gaolainn ar an scoil?*

Ó Gaolainn a bhí aige. Ní raibh a mhalairt ann. Gaolainn a bhí ar an scoil i gcónaí. Ach do dhein sé trua dhó. Bhí sé pósta agus, bhí, meaintín mná a bhí pósta aige, agus mar bharr ar an scéal do bhí an bhean a bhí pósta aige, bhí sí bacach. Níor thugamair riamh uirthi ach 'Joan Bhacach'. Ní lóchtódh san í, ambaist! Bhí sí ábalta ar a snáthaid a dh'oibriú. Ach do bhíodh sé ag múineadh na scoláirí; gan dabht, ní múineadh náisiúnta ceart a bhí aige, ach do b'fhearr é ná iad a bheith ina n-asail gan aon rud. Do bhíodar ábalta ar an Teagasc Críostaí a fhreagairt ó thúis go deireadh agus bhí a n-urnaithe acu agus bhí gach aon ní a bhaineas le béasa scoile acu, ach gan dabht, ní raibh an graiméar atá anois ann acu.

SMR: *An raibh múinteoir náisiúnta ann?*

Ó, bhí ina dhiaidh seo. D'imigh sé. Fuair … thug an bás leis é seo ansan agus do tháinig múinteoir, oide, ann.

SMR: *Bhuel, an cuimhin leatsa nuair a thosnaigh an imirce, nuair a thosnaigh an daoine ag imeacht ón Oileán?*

Bhíodar ag imeacht i bhfad romhamsa, tá a fhios agat. De réir mar a bhídís éirithe suas bhíodar ag tosnú ar bheith ag imeacht go Meirice.

SMR: *Agus chuiridís airgead abhaile?*

Ó, is é Meirice a choinnibh riamh ó shin ina mbeathaidh iad, dálta dhaoine in áiteanna nach é; chuiridís. Ach ní bhíodh an pá mór ann, dálta gach aon áit, go dtí le déanaí. Duine más ea, duine as an gcéad acu a dh'imíodh. Ba gheall le tórramh a bhíodh ar an bhfear a bhíodh ag dul go Meirice an uair sin. Bhíodh slua mhór ag dul á thionlacan go dtí an áit speisialta go dtéidís ag fágaint slán aige. Dh'imíodh sé leis in ainm Dé. Ach ní mar sin anois. Tá siad ag imeacht ina seabhacanna chomh luath is atá na cleití fásta orthu.

SMR: *Agus cad é do thuairim faoi iad a bheith ag dul amach go Dún Chaoin?*

Ó mhuise, níl aon dea-thuairim agam dóibh, a dhuine uasail, mar níl ann ach dorn de dhaoine críonna agus níl siad ábalta ar aon ní a dhéanamh. Níl siad ábalta ar gharraí prátaí a romhar ná a bhaint anois, an chuid is mó acu, agus ansan an ceathrar nó cúigear de thrasfhearaibh óga atá ann, níl siad ábalta naomhóg ná fearas a dh'oibriú ó ché Dhún Chaoin amach. Bhí cothrom acu a bheith ag oibriú san Oileán mar do bhí an áit cóngarach dóibh. Ach níl siad … is dóigh liom nach aon fheirmeoirithe iad ach go háirithe; ach i nDomhnach nuair is cruaidh don gcailligh caithfidh sí rith.

SMR: *Is fíor dhuit!*

27. AN *QUEBRA*

… An gála agus an ghaoth agus cipineach agus … tithe ann, ceann feilte. Nuair a thagadh an gála mór dh'ardaíodh sé an feilt sa tsiúl go minic. Is minic a dh'fhágadh sé maol mantach gan aon chlúid iad mar do bhí béal na farraige agus na haimsire isteach agus bhí sé an-scéirdiúil. Ach ní dóigh liom gur … Ach do bhuail línéar mhór ó Mheirice go nglaoimist an Caemar air, *Quebra.* Bhí gach aon tsórt inti sin, ó, sin í is fearr a dh'fhóir ar mhuintir an Oileáin riamh.

SMR *An éadáil a fuaireadar?*

Ó bhí gach aon sórt inti, a chroí istigh, gach aon tsórt. Bhí an plúr inti is … ach do dhein an sáile dochair dó. Ní raibh aon tae inti ach do bhí siúicre agus málaí siúicre agus boscaí *loaf sugar* is dócha, ach do leáigh, leáigh an sáile é. Bhí boscaí móra troma *chocolates* inti ach do bhíodar loite ag an sáile. Ach do bhí bagún inti, *American bacon,* go flúirseach a chuir teaspach ar mhuintr an Oileáin an tráth san.

SMR: *Go maith, ar mh'anam.*

Ba mhaith é!

SMR: *An b'in an uair a tháinig an leathar?*

Is é. Is é, an t-am céanna. Bhí *sheets* lán de, *cargo* aici, ag dul go dtíos na saighdiúirí go dtí, go dtí, an *front* amach an uair sin sa *war* mór, sa Chogadh Mhór. Ach bhí sé ráite an uair sin gur – conas a déarfad? – gur feall a deineadh uirthi, gur duine éigint a bhí ar bord a dhein feall an uair sin. Mar nuair a bhí sí ag fágaint cé Bhastún – Bastún nó New York a bhí sí ag fágaint – bhí sí amuigh insa chuan agus í, fleaige tógtha in airde aici agus í lán go barra des gach aon sórt a bhí le beith inti, an *cargo* ar fad, ag dul don Spáinn nó ag dul don Ghearmáin a bhí sí go dtíos na … an cogadh.

Ach bhí na huaireadóirithe inti, *watchanna*, boscaí móra, agus do bhí na boscaí móra troma den *gelatine* inti. Tá a fhios agat *gelatine*?

SMR: *Tá a fhios agam.*

Gelatine, agus gach aon rud a dh'iarrfadh do bhéal. Do bhí cuid chaite acu á bhaint as gach aon rud. Bhí plúr againn, an ní nach iontach san go ceann bliana gan aon phlúr a thabhairt ón mbaile mór, agus ba é sin an plúr breá.

SMR: *Is olc an ghaoth ná séideann maith do dhuine éigin.*

Is olc an ghaoth, ní … is olc.

SMR: *Is olc go deimhin.*

CD 2:10

28. PEIG SAN OSPIDÉAL

SMR: *Bhuel, a Pheig, conas atá tú ar an aimsir seo nó conas atáid ag ré leat anso?*

Táid go hálainn, baochas le Dia, agus táid go han-bhaoch dom. Ní fhéadfaidís aon ní eile a dhéanamh. Táim im peata. Níl tart ná ocras ná fuacht orm, ná aon ní.

SMR: *Agus níor staon tú den chaint go fóill!*

Ó níor staonas. Nuair a gheobhaidh éinne an treo faid a bheidh barra na teangan ag corraí, beidh an chaint ar siúl. Níor dheineas.

SMR: *Bhuel anois …*

Is minic nuair a thagann siad ansan, cuid acu, bíonn beirt ins gach taobh den leabaidh, a Sheáin, agus dhóigh leat, gur, n'fheadar cad é an rud sin, agus mé ag ag raideadh Gaolainne leothu.

SMR: *Bhuel, anois, a Pheig, beidh mórán de do chairde ag éisteacht leis seo. An bhfuil aon scéala nó teachtaireacht nó beannacht agat dóibh?*

Ní fhéadfainn cuimhneamh ar aon ní anois. Agus féach, uair eile do bheadh sé ag imeacht trí mhullach mo chinn amach. Níl aon ní agam le rá, is dócha, ach mo …

SMR: *Cad dúirt tú leis 'An bhFile' sa leabhar?*

Dúrt leis a chur síos 'Beannacht óm … ort, a scríbhinn.'

SMR: *Is ea.*

> 'Beannacht Dé óm chroí ar lucht a léite;
> rath agus séan ar an dtír,
> agus go gcabhra Críost le lucht a saortha!'

Sid é a scrígh é dom.

SMR: *Go maith, agus go gcúití Dia do shaothar féin leat, a Pheig!*

Mhuise, amen!

SMR: *Dhein tú mórán ar son na Gaeilge.*

Do dheineas mo dhícheall. Níor ligeas ... is minic, is minic mhuise ... Cuimhníonn sé seo air. Bhíodar ag teacht aníos ó Bhaile Átha Cliath, buachaill. Is dócha go bhfuil aithne agat féin ar, ar Thomas Mason.

SMR: *Bhí tú ag caint liom fé cheana.*

Bhíos. Bhí a mhac san ar feadh dhá bhliain ag teacht aníos go raibh sé ina Ghaeilgeoir ceart. Bhí sé insan arm Ghaelach in Aimsir na gCros, an aimsir dhéanach, Diarmaid Mason ab ainm dó, agus ní raibh aon fhocal Gaolainne aige nuair a tháinig sé. Agus deirimse ... bhí sé ina mháistir scoile, bhí sé ina mháistir scoile le Gaolainn san am gur dh'fhág sé an tOileán.

Ní raibh aon phaiste i dtír na hÉireann, ná ní raibh aon choláiste ná máistrí scoile ab fhearr chuig Gaolainn a mhúineadh ná an tOileán agus muintir an Oileáin, mar ní raibh aon fhocal le clos ó mhaidean go dtí an oíche ag an gcuairteoir ná ag an stróinséir ach an Ghaolainn thíos agus an Ghaolainn thuas agus Gaolainn ins gach aon áit. Agus do bhíodar chomh cliste chomh dílis di agus dá mbeidís fiche bliain, na páistí óga a bhí ann. Nuair a bhíodh an stróinséir ag trácht leis an ... bhóthair agus go dteastódh ceist bheag uaidh a réiteach, do stadfadh an páiste ar a aghaidh amach, agus do réiteodh sé chomh seanchríonna chomh cliste le máistir scoile dhó an cheist a bhíodh uaidh le cur ina leabhairín.

SMR: *Nach iontach san!*

Bhí.

SMR: *OK Ned! That's enough now!*

29. MUIRISÍN DEAS IS NORA

Bhí baintreach thiar i mBaile an Bhiocáire, an áit go rabhas-sa gurbh ainm di Nóra, agus tar éis í bheith, is dócha, deich bliana agus trí fichid, tháinig éileamh ar phósadh aici. Ach do bhí sí féin agus na buachaillí in iomarbháil lena chéile, ní fheadair siad an domhan conas a bheadh tamall seó nó cuileachtan bainte as Nóra acu, mar an-bhean seoidh ab ea í, agus bhí sé de theist uirthi go raibh a lán pinginí bailithe suas aici ar feadh a saoil. Bhíodh dhá mhuic ramhar aici, ar feadh, gach aon bhliain agus gan éinne chúichi ná uaithe ach í féin; chuireadh sí ladhar phrátaí insa gháirdín is gach aon rud, a mhic.

Ach do rángaigh go raibh bóthar Cheann Sléibhe á dhéanamh an t-am san agus do theastaigh gabha, ach is é an áit gur tháinig an gabha as chun a bheith sa cheártain, ó Oileán Ciarraí. Is é an ainm a bhí air, Pádraig Ó Catháin – Paddy Keane a thugaimis riamh air, fear deas, mhuis. Ach do chuir na buachaillí suas é go raibh na pinginí ag Nóra agus dá bhféadfadh sé gabháilt timpeall uirthi agus í a phósadh, go mbeadh aige. Bhí dúil mhallaithe insa bhraon aige agus raghadh sé go hifreann ag triall ar rud éigint a dhéanfadh an braon a shroistint dó.

Ach do phrioc an bheach Nóra gur dhein sí suas le Paddy é, agus gur phós an bheirt. Bhí sí pósta roimis sin agus í óg, ina bean óg, ach ní raibh muirear uirthi, agus is é an ainm a bhí ar an bhfear a bhí aici, Muiris – 'Muirisín' a thugaidís air, Muirisín deas is Nóra. Ach ambaiste, má tá, do phós Paddy í, agus má phós, do bhíodar ag mairiúint go compordach i dteannta a chéile. Bhíodh sé ag dul ar an mbóthar ó dheas i gcónaí ach ní fada gur ghlaoigh an scornach air agus go mbíodh sé ag lorg ar Nóra. Tá a fhios agat, ní raibh aon Ghaolainn aige ach focail bheaga gan éifeacht.

'Ó léan ort, a chroí,' a deireadh sí, 'léan ort! B'fhuirist aithinte dhom féin nárbh aon dea-shúic thú agus nach aon ní cóir a sheol im, im shlí thú.'

'Cuala tú riamh, a Neaineo,' a deireadh sé, 'an gcuala tú riamh a Neaineo, airgead caillí á mún cois fallaí?'... Nuair a bhíodh an braon ólta aige.

'Ha habha,' a deireadh sí, 'go maraí sé thú!'

Ach sa deireanaí, an bhean bhocht, do dhein na buachaillí, do bhí amhrán éigin déanta acu di féin agus do Mhuiris roimis sin, ach bhainidís a mheabhair den ngabha toisc a bheith ag rá an amhráin os a chomhair nuair a bhíodh sé ag obair. Bhídís ag obair ar an mbóthar ina theannta:

> Ach a Mhuiris, a chroí, ó mheallais leat í,
> tabhairse im is feoil di,
> ar eagla aon ní do gheobhadh an tslí
> is go mbéarfaidís uaitse Nóra.
> Do ghearra-chois deas, do ghearra chois deas ...

SMR: *OK, All right. Gabh mo leithscéal, gabh mo leithscéal, a Pheig, tá, tá deireadh leis an, leis an ríl ....*

NÓTA AR THRASCRÍOBH NA dTAIFEADTAÍ

Is trascríobh as an nua ar fad ar thaifeadtaí de chuid an BBC agus Radio Éireann atá i dtéacsanna an fhoilseacháin seo. Bhí roinnt den ábhar iontu scríofa amach cheana féin ag Seosamh Ó Dálaigh, bailitheoir lánaimseartha .i. míreanna 12, 13, 15, 17, 22, 23, 29 (CBÉ 1931:65-94); bhí mír 19 trascríofa cheana ag Dáithí Ó hÓgáin (ar fáil in CBÉ freisin) mar chuid den ullmhúchán d'eagrán iomlán de scéalta Pheig. Baineadh leas as na saothair sin i réiteach an eagráin seo.

Ó tharla go bhfuil léiriú beacht ar chanúint Pheig óna béal féin le clos ar na dlúthdhioscaí a ghabhann leis an bhfoilseachán seo, tuigeadh nár ghá tabhairt faoi shonraí na canúna sin a léiriú go leanúnach sa trascríobh. Go deimhin, bheadh an baol ann gur mhór an chiotaí ar go leor léitheoirí iarracht dá leithéid, agus beartaíodh dá réir sin, cloí sa trascríobh, cuid mhór, le gnáthchoinbhinsiúin litrithe an lae inniu.

Ach ionas nach mbeadh bearna rómhór ar fad idir na taifeadtaí fuaime agus an téacs scríofa, léiríodh dul na canúna in áiteanna, go háirithe i ngnéithe de dheilbhíocht agus d'fhóneolaíocht an bhriathair, an ainmfhocail agus na haidiachta. Mar shampla, scríobhadh foirmeacha mar *niseadh (d'insíodh), scrígh (scríobh), chualaigh (chuala), ná cífeadh (nach bhfeicfeadh), san otharlainn (san otharlann), ón ngaoith mhóir (ón ngaoth mhór), ar an dtine dheirg (ar an tine dhearg)* etc. Léiríodh cáilíocht chaol an chonsain dheiridh sa bhfoirceann briathartha -*mar* (> -*mair*) agus i roinnt foirmeacha eile mar *gaibh, tair, etc.;* agus arís léiríodh *t* breise leis na deirí briathartha - *mis, - dís* (> - *mist, -díst*) nuair ba shoiléir gurbh ann dó.

Géilleadh don chanúint i gcás roinnt foirmeacha atá aitheanta mar leaganacha malartacha in N. Ó Dónaill 1977, *e.g, dearmhad, maidean, chugham, etc.* Scríobhadh de réir na dtaifeadtaí *t* deiridh breise le focail nach n-aithnítear mar leaganacha malartacha leis an *t* sin iad in Ó Dónaill, ar bhonn analaí le focail a n-aithnítear leagan malartach díobh le *t, e.g., scríobhadh coinneáilt, etc.* (nach bhfuil aitheanta) ar bhonn analaí le *fáilt, etc.* (atá aitheanta). Arís, ar bhonn analaí le réamhfhocail a chríochnaíonn ar ghuta agus a gcuirtear *-s* breise ina ndeireadh roimh an alt iolra nó *gach* (agus a bhfuil na foirmeacha malartacha sin díobh aitheanta in Ó Dónaill, e.g., *aiges, des, ós, etc.*), scríobhadh *go dtíos, fés, tríos, etc.* (nach bhfuil aitheanta) de réir na dtaifeadtaí. Scríobhadh athruithe tosaigh mar a léiríodh iad sna taifeadtaí seachas i gcás na bhfocal *chomh* agus *féin* a scríobhadh de réir caighdeáin. Léiríodh nithe a bhí doiléir dúinn sna taifeadtaí le [?] sa tráchtaireacht ar na míreanna faoi leith. In áiteanna sna taifeadtaí ina bhfuil siollaí nó focail athráiteacha nó fáin, níor léiríodh i gcónaí iad sa trascríobh. Tugadh léiriú breise ar fhoirmeacha canúna i ndréachtaí véarsaíochta.

Cuireadh an córas céanna eagarthóireachta i bhfeidhm ar na sleachta as cín lae Sheosaimh Uí Dhálaigh a thugtar sa Réamhrá.

Gheobhaidh an léitheoir a chuireann spéis faoi leith i sonraí foghraíochta i gcaint Pheig, léiriú breise orthu in Jackson (1938) mar a bhfuil córas litrithe curtha in oiriúint dá canúint agus aird dírithe sna nótaí (lgh 93-6) ar ghnéithe de chaint Pheig, mar shampla, *comh* in áit *chomh, chéilig* in áit *chéile* agus *féin mar* in áit *fé mar.* Tá trascríobh foghraíochta ar mhórán téacsanna ó Pheig in Wagner agus Mac Congáil (1983) agus in Wagner agus McGonagle (1987 agus 1991). De bhreis ar na saothair sin tá anailís chuimsitheach ar chanúint Chorca Dhuibhne in Sjoestedt-Jonval (1931 agus 1938), Ó Sé (1995 agus 2000) agus Ua Súilleabháin (1994).

TRÁCHTAIREACHT

1. NAOMH BREANDÁN AGUS A LEABHAR AIFRINN

Bean chráifeach ab ea Peig agus bhí spéis mhór aici in eachtraí agus i bhfinscéalta faoin Slánaitheoir, an Teaghlach Naofa, agus na naoimh, chomh maith le scéalta a bhain le ceisteanna morálta mar an ceart, maithiúnas agus díoltas Dé. Seachas scéalta faoi naoimh a raibh deabhóid go náisiúnta dóibh, leithéidí, Phádraig agus Bhríde, bhí scéalta aici freisin faoi naoimh áitiúla mar Chuán agus Chaitlíona. Taifeadadh ar a laghad trí scór scéal cráifeach uaithi.

Bhailigh Seosamh Ó Dálaigh leagan eile den scéal faoi naomh Breandán agus a leabhar Aifrinn ó Pheig i 1943 (CBÉ 858:156-157) agus thug sí le fios dó go raibh an scéal ar eolas go forleathan. Tá an leagan a thugtar anseo beagnach faoi dhó chomh fada leis an leagan a bhailigh Ó Dálaigh, agus is í an óráid ag a dheireadh is mó is cúis leis sin. Tá leagan eile ó Mhícheál Ó Gaoithín in téip Almqvist 1970:1:11.

2. CLOIGÍN AG BUALADH

Móitíf choitianta i mbéaloideas na hÉireann is ea áit bheannaithe, go mór mór tobar beannaithe, a bheith truaillithe ag Protastúnach. Féach chomh maith an scéal in *Machtnamh Seana-mhná* a insíonn conas mar a bhíodh Naomh Caitlíona le feiscint i riocht eala sa reilig i bhFionntrá ach gur tháinig deireadh leis an taispeánadh sin nuair a cuireadh an chéad *Souper* ann (Sayers 1939: 16-17 = Sayers 1980: 5-6; Sayers 1962: 5-6).

Súpanna ('Súpars'): téarmaí maslacha a tugadh ar Chaitlicigh bhochta a fuair fóirithint ar a gcruachás nuair a chuaigh siad le Protastúnachas na mBíoblóirí go háirithe timpeall aimsir an Ghorta; maidir leis an achrann creidimh ónar eascair na téarmaí seo i gCorca Dhuibhne, féach Ó Mainín 1973 agus de Brún 1969.

Tugtar an turas go barr Chnoc Bréanainn i gcónaí, ach is é 29 Meitheamh an lá is coitianta chuige anois.

3. MAR FUAIR PEIG A SCÉALTA

Is minic a léirigh Peig an meas mór a bhí aici ar chumas scéalaíochta a hathar.

4. TOMÁS SAYERS AGUS AN BHEAN FEASA (1)

Sa taobh ó dheas d'Éirinn bhí bua feasa luaite le mná siúil ó Chúige Uladh. Bhí dhá scéal eile ag Peig chomh maith leis an gceann seo ina léirítear an tuiscint seo (CBÉ 847:251-254; CBÉ 847:282-284). Gach seans gurbh é faoi deara do Pheig an focal 'Ultach' a mhíniú ná gur i mBéarla a iarrradh uirthi an scéal a insint (agus freisin b'fhéidir, toisc a fhios a bheith aici gurbh Ultach é Rodgers).

Bhí an eachtra seo 'Tomás Sayers agus an Bhean Feasa', a raibh dlúthbhaint aige lena saol féin, ar cheann de na scéalta ab ansa le Peig agus bailíodh uaithi roinnt babhtaí é. Foilsíodh leagan de a thóg Robin Flower ar an eideafón uaithi *c*.1930 in *Béaloideas* 25 (Flower 1957:83-84) agus tá trascríobh den taifeadadh sin déanta ag Seosamh Ó Dálaigh in CBÉ 984:310-314. Is cosúil gur bunaithe ar insint eile ó Pheig atá an leagan a thugann Flower in *The Western Island* (Flower 1940:51-53). Bhí aithne mhaith ag an úrscéalaí Pádraig Ua Maoileoin ar Pheig (Ua Maoileoin 1991:52-68) agus gach seans fiú gur chuala sé an scéal seo uaithi. Is cinnte go raibh eolas aige ar an leagan atá i gcló in *Béaloideas* 25, áit a n-admhaíonn Séamus Ó Duilearga an chomaoin a chuir Ua Maoileoin air maidir leis an eagarthóireacht. Ina úrscéal *Bríde Bhán* (Ua Maoileoin 1968:74-9), bhain sé casadh as an scéal seo, mar gur cumaraíocht a fir a thaispeáintear d'ógbhean ann, ach seachas sin, cloítear go dílis le mionsonraí an leagain in *Béaloideas* 25, go fiú an fhoclaíocht féin in áiteanna. Is leagan eile ó Pheig í mír 14 san fhoilseachán seo. Tógadh leagan den scéal ar théip ó Mhícheál Ó Gaoithín freisin (Almqvist 1970:3:17).

Dhealródh gur inis athair Pheig an scéal seo mar eachtra a tharla dó féin agus is cosúil gur chreid Peig gur chuntas ar imeachtaí a tharla i ndáiríre a bhí ann. Níl aon cheist, áfach, ná gur finscéal taistealach idirnáisiúnta é seo (maidir leis an seánra seo, féach nótaí le míreanna 16 agus 25 thíos). Mar sin féin, ceiltear ann, cuid mhór, an gnáthdheireadh i bhfinscéalta

131

idirnáisiúnta faoi fháistiníocht, ina léirítear na deasca docharacha a leanann dóibh siúd a bhíonn páirteach san fháistiníocht, e.g. fulaingt fhisiciúil an té a thugtar i láthair agus cineálacha éagsúla mí-áidh a leanann an lánú ina dhiaidh sin. Tharlódh, áfach, go bhfuil iarsma den mhóitíf sin i gceist ag deireadh an leagain i mír 14 thíos mar a luann Peig easláinte a máthar. Pé acu a bhfuil nó nach bhfuil, tá friotal an-soiléir i leagan Mhichíl ar an tuiscint nach ceart a bheith ag plé le lucht feasa agus gur fearr do dhuine gan a bheith eolach ar a raibh i ndán do. Tá friotal curtha ag Peig ar an tuiscint chéanna sin (ach gan é nasctha leis an scéal seo) in *Beatha Pheig Sayers* (Ó Gaoithín 1970:30; *cf.* freisin *ibid.*: 32).

fé … an tí [?].

5. BÁS THOMÁIS SAYERS

Bhain Rodgers leas as an scéal seo ina réamhrá le *An Old Woman's Reflection* (Sayers 1962:ix-x).

'*An Damh Dearg*': Ní raibh aon scéal leis an teideal sin go díreach ag Peig ná ag a mac Mícheál. Is dealraitheach, áfach, gur ionann é agus an scéal 'An Tarbh Dearg' a thóg Kenneth Jackson (1934:301-306) ó Pheig. Is leagan é seo de ATU 511, *One-Eye, Two-Eyes, Three-Eyes,* cumasctha le ATU 300, *The Dragon Slayer.* Tógadh dhá leagan den scéal sin ó Mhicheál Ó Gaoithín ach 'An Tairbhín Dearg' a bhí mar theideal aige orthu (Almqvist 1966:9:2 and 1967:1:3).

6. PEIG AGUS AN BÉARLA

Ní heol gur ann d'aon taifeadadh eile de Bhéarla Pheig seachas é seo agus mír 9 thíos.

Is dealraitheach go raibh míthuiscint ar Pheig maidir le ceist Rodgers mar shíl sí gur theastaigh uaidh go ndéarfadh sí scéalta i mBéarla, cé nach raibh i gceist aige ach go labharfadh sí faoi na daoine óna bhfuair sí a scéalta. Is intuigthe, ar aon nós, nach mbeadh fonn uirthi a scéalta a insint i mBéarla; bhí a healaín dlúite leis an nGaeilge mar is sa teanga sin a chuala sí na scéalta agus a d'fhoghlaim sí iad óna hóige.

Níl aon fhírinne i ráitis a chloistear go minic, agus fiú a fheictear i gcló ó am go chéile, ag tabhairt le fios nach raibh ach beagán Béarla ag Peig, nó fiú go raibh sí gan aon Bhéarla. Ní féidir, ach oiread, aon ghéilleadh rómhór a thabhairt dá ráiteas féin go raibh an-drochBhéarla aici. Bhí oiliúint mhaith uirthi ó mháistir scoile a raibh meas mór aici air, agus chaith sí blianta dá saol in aimsir i dtimpeallachtaí a mbeadh Béarla le clos go laethúil aici. Tá fianaise leis gur ghlac sí le comhairle a máistir sa Daingean a mhol di leanúint le léamh nuachtán. Tá fianaise mhaith arís ar an éileamh a bhí aici ar amhráin Bhéarla agus ar bhileoga bailéad. Thóg Seosamh Ó Dálaigh téacsanna amhrán Béarla síos uaithi agus tuairiscíonn a mac go raibh sí scafa chun billeoga bailéad a cheannach (Ó Gaoithín 1970:21-22). Níos tábhachtaí fós, tá dearbhú Kenneth Jackson go raibh sí ábalta ar choimriú a thabhairt ar a scéalta agus iad a mhíniú i mBéarla. Dúirt Cosslett Ó Cuinn, a thug turas ar an mBlacaod i 1929, nach raibh ach beirt ann a bhí ábalta ar Bhéarla a labhairt agus go raibh Peig ar dhuine acu (Ó Glaisne 1996:15). Fiú más deacair an ráiteas sin a chreidiúint ina iomláine, léiríonn sé an teist mhaith a bhí ar chumas Béarla Pheig. Thug na hiarBhlascaodaigh, Seán agus Muiris Ó Guithín, le fios (de bhéal) go mbíodh comhrá Béarla go laethúil ar an mBlascaod ag Peig ar feadh na mblianta le bean an mháistir scoile Ó Sabháin, a bhí ar fhíorbheagán Gaeilge, de réir dealraimh.

7. COIGILT NA TINE
Tá taifeadadh eile den phaidir seo i mír 17. Féach na nótaí leis an mír sin maidir le paidreacha Pheig i gcoitinne.

Féach don phaidir áirithe seo, Ó Catháin, 1999:35-40 agus 1992:12-34; Ó Héalaí agus Ó Tuairisg, 2007:30-31 agus nótaí lch 271, agus Ó Laoghaire 1975:76-77.

8. 'A THIARNA, DÉAN IARLA DEM MHAC!'
In ainneoin nach é tuairim na coitiantachta é, bhí an-acmhainn grinn i bPeig, rud a luaigh Seosamh Ó Dálaigh agus Seán Mac Réamoinn go minic. Is cruthúnas maith ar sin an líon mór scéalta grinn a bhí aici – breis agus dhá dhosaen de na scéalta átá áirithe sa chatagóir 'Scéalta Grinn agus Staróga' in ATU, agus an líon céanna arís de scéalta eile atá gaolmhar dóibh.

Scéal grinn é 'A Thiarna, déan iarla dem mhac!' atá bunaithe ar an tuiscint go bhfíortar guí ag tráth éigin sonrach nach féidir a aithint roimh ré. Cé nach bhfreagaíonn an scéal seo go hiomlán d'aon scéal atá sonraithe le huimhir tíopa in AT, ATU ná TIF, tá gach aon chuma air gur tíopa idirnáisiúnta é. Go míchruinn, áfach, tá 30 éigin leagan den scéal áirithe in TIF faoi Thíopa 1186, *With His Whole Heart,* agus tá thart ar dhá dhosaen eile áirithe faoin Tíopa 813, *A Careless Word Summons the Devil* (féach Ní Dhuibhne 1984 I:4, 336). Ar leaganacha den scéal seo i gcló, tá *Béaloideas* 5:254 agus 11:167. Bhailigh Máirtín Ó Cadhain an chéad cheann díobh sin i gCois Fharraige agus bhailigh Séamus Ó Duilearga an dara ceann ón scéalaí Stiofán Ó hEalaoire ó Chontae an Chláir (athchló in Ó Duilearga 1981:186). Bhailigh Robin Flower leagan eile de ó Pheig (CBÉ *Nachlass* Flower, Bosca 3:12:8) agus thóg Seosamh Ó Dálaigh dhá leagan de uaithi i 1943 (CBÉ 853:424-425 agus 915:43-45). Is maith a léirítear ealaín scéalaíocht Pheig trí chomparáid idir leaganacha a bailíodh uaithi siúd agus leaganacha a bailíodh ó scéalaithe eile.

Do scéalta eile i mbéaloideas na hÉireann faoi thoradh míchuibhiúil ar phaidir, féach Ó Héalaí 2001.

9. VÉARSA I mBÉARLA
D'fhoghlaim Peig an dán seo ó leabhar beag scoile. Tá cuntas in *Peig* (Sayers 1936:44 = Sayers 1998:25; Sayers 1974:39) ar conas mar d'fhoghlaim sí filíocht Bhéarla de ghlan mheabhair as leabhar, agus b'fhéidir go raibh an véarsa atá anseo sa leabhar céanna sin. Is é James Clarence Mangan údar 'The Time of the Barmecides', an dán lena mbaineann an véarsa, agus tá 'From the Arabic' mar fhotheideal aige leis (Mangan 1903:175-176).

The Barmecides: teaghlach uasal Peirseach a raibh cumhacht mhór pholaitiúil acu i réimeas na gcailifí Abbasid.

10. TRIÚR STRAPAIRÍ AG TEACHT ISTOÍCHE
Is breá mar a léiríonn an mhír seo cumas Pheig gnáthimeachtaí a thuairisciú go drámatúil, mar aon lena bua i gcumadh comhrá agus á aithris.

An mac sin é Mícheál Ó Gaoithín.

11. AR SON NA TEANGAN
Is minic a chuir Peig tuairimí agus mothúcháin den chineál seo in iúl faoin nGaeilge. e.g. in *Peig* (Sayers 1936:248 = Sayers s.a.: 196 = Sayers 1998:183; Sayers 1974: 210) agus in *Machtnamh* (Sayers 1939:223-224 = Sayers 1980:117-118; Sayers 1962:108).

Robin Flower. De réir Sheosamh Uí Dhálaigh, thagraíodh Peig go minic don trioblóid a chuir Flower uirthi ag taifeadadh leis an eideafón agus mar a chuir sé as dá guth.

Ioriatha: [?].

'*Mártan Mheicsiceo*': Seo é Mártan Diolún, ar a dtugtaí go magúil 'Mártan Dé Luain'. Bhí Peig an-cheanúil air agus tá caibidil iomlán tugtha suas dó in *Machtnamh* (Sayers 1939:223-231 = Sayers 1980:117-121; Sayers 1962:108-112).

Agus ... : Bhí an diosca ídithe ag an bpointe seo. Mura mbeadh sin is cinnte go leanfadh Peig uirthi tamall maith eile.

12. DRÁMA GAELACH
Agallamh beirte atá sa mhír seo agus is gnách go mbíonn idir ghreann is aoir i gceist leo sin (féach Ó Morónaigh 2001:591-621).

Tá fáil ar cheithre leagan eile den agallamh seo ó Pheig: thaifid Robin Flower ceann ar eideafón i 1931 (trascríofa ag Seosamh Ó Dálaigh in CBÉ 983: 268-271 agus trascríofa níos luaithe ag Flower féin, *Nachlass,* Bosca 2:2. lgh 11-12); thóg Seosamh Ó Dálaigh síos leagan eile uaithi i 1940 (CBÉ 701:277-280) ina ndeireann sí gur chuala sí óna hathair go minic é; thóg sé leagan eile fós uaithi i 1948 (in CBÉ 858:150-153); agus thóg Heinrich Wagner leagan eile arís uaithi i bhfogharscríobh i 1946 (Wagner agus Mac Congáil 1983:247-253). Tá an t-agallamh taifeadta faoi dhó ó Mhícheál Ó Gaoithín (Almqvist 1970:3:6 agus 1972:15:6).

13. AN CLEAMHNAS
Baineann thart ar dhosaen de scéalta Pheig, ina measc cuid de na cinn is faide aici, leis an gcatagóir 'Scéalta Réalaíocha (Novelle)' in ATU (a fhreagraíonn do 'Novelle [Scéalta Rómánsúla]' in AT). De ghnáth is déantúis an-chosúil le 'Scéalta Iontais' iad seo ach go mbíonn ar iarraidh uathu na heilimintí fantaiseacha agus osnádúrtha atá chomh mór chun tosaigh sna 'Scéalta Iontais'; fós

féin, bíonn cuid acu míréalaíoch go leor in ainneoin an teidil atá curtha orthu in ATU. Bheadh na scéalta seo tarraingteach do Pheig mar go mbaineann cuid mhór acu le suirí, pósadh agus saol teaghlaigh, nithe ar chuir sí an-spéis iontu. Téamaí coitianta i 'Novelle' is ea bheith i mbréagriocht agus dul ó aithint, mar aon le rogha á bhaint as beirt suiríoch. Is minic seanfhocail i gceist sna scéalta seo agus déantar a imbrí a léiriú. Baineann na tréithe seo ar fad le 'An Cleamhnas' ach níl aon Tíopuimhir ag freagairt dó i gcatalóga seanscéalta, agus ní lú ná mar a aimsíodh aon leagan eile de i gcartlann CBÉ. Tharlódh gur iriseán pobail nó a leithéid is foinse bhunaidh dó.

14. TOMÁS SAYERS AGUS AN BHEAN FEASA

Féach nótaí le mír 4 thuas.

15. FAILTE AN LINBH ÍOSA

Bhí stór mór amhrán traidisiúnta ag Peig a bhain le seánraí éagsúla – amhráin ghrá, amhráin chráifeacha, amhráin stairiúla, amhráin mhagúla agus amhráin leanaí. Dúirt Séamus Ó Duilearga go raibh suas le 40 amhrán ag Peig. Fiú má chuirtear san áireamh an deacracht a bhaineann le hamhráin a dhealú ó dhánta, tá an líon sin i bhfad ró-íseal. Measann Ríonach uí Ógáin (le teacht) go raibh téacs *c.*60 amhrán aici. Ní raibh aon ghuth amhránaíochta ag Peig, ach mar sin féin, bhí spéis mhór aici san amhránaíocht agus b'iontach go deo an cur amach a bhí aici ar théacsanna amhrán ó thaobh cruinnis agus iomláine mar a dhearbhaíonn Pádraig Ua Maoileoin (1984), údar maith ar na cúrsaí seo.

Níl ach na chéad trí véarsa de 'Fáilte an Linbh Íosa' ar an taifeadadh fuaime seo. Tá leagan eile de ina bhfuil ocht véarsa in *Peig* (Sayers 1936: 95-97 = Sayers *s.a.*: 68-70 = Sayers 1998: 65-67; Sayers 1973:82-3). Tá deich véarsa i leagan a chuir Pádraig, an mac ba shine a bhí ag Peig, go dtí an *An Lóchrann* (Mí Nodlag 1912:4). Seachas na véarsaí breise, tá an fhoclaíocht geall le mar a chéile sna leaganacha seo, agus is ar éigin má tá aon cheist ná gur fhoghlaim Pádraig an t-amhrán óna mháthair. Léimid in *Peig* go ndúirt sí an t-amhrán seo an chéad Oíche Nollag a bhí sí in aimsir sa Daingean agus gur thug a máistir leathchoróin di as é a rá. Is críoch nádúrtha leis an dán an véarsa deireanach sa leagan atá anseo agus oireann sé go maith d'fhéile na Nollag. Seans gur mar gheall ar sin a fágadh amach an dá versa breise gur i leagan a mic amháin atá fáil orthu. Féach freisin Ó Criomhthain (1956:240-241 agus nóta lch 261).

16. AN CAT A LABHAIR

Baineann an scéal seo, mar aon leis an scéal faoi Thomás Sayers agus an bhean feasa (míreanna 4 agus 14) agus an scéal faoin rón ag caint (mír 25), le haicme scéalta a shonraítear mar fhiscéalta taistealacha, agus níos cruinne fós, le fo-aicme díobh sin a bhaineann le neachanna agus fórsaí osnádúrtha. Is iondúil go mbíonn finscéalta den chineál seo suite in áiteanna sonraithe agus gur daoine saolta a luaitear iontu. In ainneoin na n-eilimintí diamhaireacha agus osnádúrtha a bhíonn i gceist iontu, is minic a chreidtear gur eachtraí iad a tharla i ndáiríre. Tá liosta de thíopaí na scéalta seo foilsithe ag an scoláire Ioruach Reidar Th. Christiansen (1958) agus tá suirbhé de na tíopaí díobh atá ar fáil in Éirinn in *Béaloideas* 58. Bhí ar a laghad dosaen finscéal taistealach ag Peig. Thóg Seosamh Ó Dálaigh leagan eile de 'An Cat a Labhair' uaithi i 1943 (CBÉ 859:374-377). Is faide é ná an leagan a thóg Radio Éireann (712 focal i gcomparáid le 539).

Dhealródh ó shuíomh an scéil i gCill Mhic an Domhnaigh gur óna hathair a d'fhoghlaim Peig é agus dearbhaíonn a ráiteas féin do Sheosamhh Ó Dálaigh gur fíor sin. Dúirt sí leis freisin gur scéal é seo a insíodh Tomás Sayers go minic. Scríobh Mícheál Ó Gaoithín leagan den scéal óna chuimhne féin (CBÉ 1459:88-90), agus tá leagan téipthaifeadta uaidh in Almqvist 1966:2:9. Dhealródh nach raibh an finscéal seo róchoitianta.

Bhí dhá scéal eile ar eolas ag Peig faoi chat a labhair. Ceann acu, *The King of Cats* (ML 6070 B) a tógadh síos uaithi faoi dhó: thóg Máire Ní Ghuithín é i 1937 (CBÉ 459:345-347) agus Seosamh Ó Dálaigh i 1943 (CBÉ 911:289-292). Bhí an finscéal seo ar eolas go forleathan agus tá plé air in Ó Néill 1991. 'An Cat i dTigh an Mhinistir', an dara ceann, scéal a d'inis sí do Sheosamh Ó Dálaigh i 1943 díreach tar éis dó leagan de *The King of the Cats* a thógaint síos uaithi (CBÉ 911:293-296).

17. PAIDREACHA
Bhí cáil na bpaidreacha ar Pheig agus ní gan chúis é mar a léiríonn Pádraig Ua Maoileoin go paiteanta:

> Bhí paidir do gach aon ócáid aici, agus nár mhaí Dia ar an té a bhuailfeadh isteach agus í ar a paidrín. Beireadh orm féin aon uair amháin, agus a leithéid d'eireaball agus d'aguisíní níor chualaís riamh. Paidreacha do so agus paidreacha do súd; agus paidreacha do dhaoine a déarfá ná raibh aon ghnó acu de phaidreacha. Ach b'in é an saghas bean í, bean croí mhóir.

Bhreac Seosamh Ó Dálaigh síos go leor de phaidreacha Pheig (CBÉ 847:115-122; 983:31-32; 1201:362-363). Tá paidreacha agus cuntais ar ócáidí a n-aithris tugtha in *Peig* (Sayers 1936:224 = Sayers *s.a.*:173 and Sayers 1988:166; Sayers 1973:190) agus in *Machtnamh* (Sayers 1939:17-19 = Sayers 1980:6-8 ?; Sayers 1962: 6-8). Do phaidreacha na muintire sa Ghaeilge, féach Ó Héalaí 1979.

A. *Ag dul a chodladh duit*
Tá raidhse mhór paidreacha am codlata sa traidisiún béil agus cuid acu gaolmhar don cheann seo ag Peig, féach Ó Laoghaire 1975:96-105 and Ó Héalaí agus Ó Tuairisg (2007: 176-178 maille le nótaí 278-279). Tá leagan eile den phaidir seo a thóg Seosamh Ó Dálaigh síos ó Pheig in CBÉ 847:56-57.

B. *Coigilt na tine*
Féach nótaí le mír 7 thuas.

18. NOLLAIG AR AN OILEÁN
Do nósanna Nollag i gcoitinne, féach Danaher 1972:233-264; agus do phaidir Oíche na Coda Móire, *ibid.*: 259-261.

Tá mionchuntas a thug Peig do Sheosamh Ó Dálaigh ar

cheiliúradh na Nollag ar an mBlascaod agus i nDún Chaoin in CBÉ 1084: 407-420; (tá cuntais ar an Nollaig le fáil ina lán leabhar ón mBlascaod, e.g. Ó Cearnaigh 1992:53-57, 92). Don Athbhliain agus d'fhéile na hEipeafáine féach an t-ábhar a thóg Ó Dálaigh ó Pheig in CBÉ 967: 289-193 and 327-330.

Do veidhleadóirí agus ceol veidhlín ar an mBlascaod féach uí Ógáin 1988:207-214, agus d'iomáint féach na tagairtí faoi 'Blascaed' in Ó Caithnia 1980: 807.

19. ÁRTHACH TIRIM AG RITH AR AN mBÓTHAR

Tá ar a laghad 26 scéal iontais taifeadta ó Pheig, agus i mbeagnach gach uile cás, is faide agus is iomláine a leaganacha siúd de na scéalta sin ná leaganacha formhór scéalaithe eile. Is faide fós ar uaire leaganacha a mic, Mícheál, ach aisteach go leor, níor tógadh aon leagan uaidh den scéal áirithe seo. Baineann an leagan atá tugtha anseo le tíopa ATU 513B, *The Land and Watership* (fothíopa de ATU 513, *The Extraordinary Companions*) mar aon le heilimintí de AT 934C*, *Man Will Die if he ever Sees his Daughter's Son* (*cf.* ATU 934, *Tales of Predestined Death*).

Is scéal an-choitianta é *The Land and the Watership* i mbéaloideas na hÉireann; tá 67 leagan de áirithe in TIF faoin uimhir 513B (agus go deimhin bheadh sé chomh ceart céanna go leor de na leaganacha atá áirithe faoi 513A a chur isteach faoi 513B).

Tógadh an scéal seo trí huaire ó Pheig. Seachas an ceann atá anseo ó 1947, thóg Robin Flower taifeadadh eideafóin i 1930 (trascríofa ag Seosamh Ó Dálaigh in CBÉ 983:55-68 agus 985:102-104), agus thóg Seosamh Ó Dálaigh taifeadadh eideafóin eile i 1945 (CBÉ 967:543-574). Tá leagan eile den scéal a bhailigh Heinrich Wagner (Wagner agus Mac Congáil 1983:263-271) luaite go míchruinn léi (*ibid.*:iii); féach Almqvist 2004:33, n.2.

Ta éagsúlacht mhór i bhfad na dtaifeadtaí seo (Flower 3615 focal, Ó Dálaigh 6560 focal, agus taifeadadh Radio Éireann 3676 focal). Tagann sé seo leis an bpátrún ginearálta gur faide iad taifeadtaí Uí Dhálaigh ná taifeadtaí bhailitheoirí eile, ar an gcúis is dócha, gur mhó a bhí Peig ar a suaimhneas agus gur lú an brú ama a bhain leo.

Dúirt Peig le Ó Dálaigh gur fhoghlaim sí an scéal óna deartháir

Seán *c.*45 bliain sular deineadh an taifeadadh, tráth a raibh Seán *c.*45 bliain d'aois. Bhí sé ráite gur scéalaí maith é Seán, agus chuir sé a scéalta ar aghaidh go dtí a mhac, Peaid.

Págánach nó Pailitíneach: Ní rud neamhghnách é i mbéaloideas na hÉireann go dtabharfaí págánach ar dhuine den ghrúpa Protastúnach ón nGearmáin a chuir fúthu in Éirinn i dtús an hochtú haois déag, mar is minic a thagraítear an téarma págúnach do Phrotastúnach sa traidisiún béil.

Spideoigín brollachdearg de mhuintir Shúilleabháin: féach Ó Dochartaigh 1977-79:194.

Tigh Mhóire agus Tigh Dhomhnach Daoi: an cearn is faide ó dheas agus an cearn is faide ó thuaidh d'Éirinn faoi seach, de réir an bhéaloidis; *cf.* Ó hÓgáin 2006, 359. Is dócha gurbh é tigh Sheosaimh Uí Dhálaigh i nDún Chaoin a bhí i gceist le 'tigh Joe'.

20. AN SAMHRADH CRUAIDH

Bhí éileamh ar an amhrán seo ar an mBlascaod, i nDún Chaoin agus sna paróistí máguaird. Tá tagairt dó in *Peig* (Sayers 1936: 140 = Sayers 1998:102; Sayers 1973:119).

Tá leagan eile a scríobh Seosamh Ó Dálaigh síos ó Pheig i 1943 in CBÉ 858: 27-8. Deirtear ansin gur fhoghlaim Peig an t-amhrán óna fear céile, Pádraig Ó Guithhín. Thóg Heinrich Wagner leagan eile fós i bhfogharscríobh (Wagner agus Mac Congáil 1983:16-19); Deirtear sa tráchtaireacht ar an leagan sin (lch 369) gur tógadh síos an t-amhrán freisin ó Mhícheál Ó Gaoithín (CBÉ 273:27-28). Ní hé mac Pheig, áfach, an Mícheál seo, ach fear eile ar a raibh an ainm chéanna.

21. COINLEACH GLAS AN FHÓMHAIR BHUÍ

Tá leagan ó Pheig in Wagner agus Mac Congáil 1983:186-189, mar a dtugtar mórán tagairtí sa tráchtaireacht (lgh 404-405) do leaganacha eile i gcló agus i lsí.

Tá leagan ón mBlascaodach Sheán Ó Cearnaigh ar dhlúthdhiosca in uí Ógáin (1992); féach freisin an nóta sa leabhrán a ghabhann leis agus uí Ógáin 1999: 148-149. Is amhrán molta ar fhód an dúchais é agus cuirtear briseadh croí na himirce i bhfriotal ann chomh maith – mothúcháin go raibh tuiscint mhaith ag Peig orthu. Maidir leis an bhfonn, féach Anon. :1976:5.

22. CUR SÍOS AR AN OILEÁN TIAR

Maidir leis na Blascaodaí, féach Ua Maoileoin *s.a.*

Ceol agus amhráin: féach uí Ógáin 1988 agus le teacht.

Chúig chliabhán déag ag luascadh leanbh ar an Oileán: *cf.* Peig (Sayers 1936:202 = Sayers *s.a.*: 151 = Sayers 1998: 149), áit a luaitear 14 mar a líon.

Clár an dá theangan: tugadh isteach é seo i 1904, féach D. Ó Súilleabháin 1988:1-24.

Tomás Ó Sabháin: féach Ó Mainín 1989:41-42.

Seilg choiníní: Lysaght 2000a:202-203; Ó Criomhthain 1929: 72-74 = Ó Criomhthain 1973: 69-70 = Ó Criomhthain 2002:63-65; Ó Crohan 1934: 81-83; Ó Gaoithín 1953:105-106; O'Guiheen 1992: 114-115; Ó Cearnaigh 1992:1, 21-26.

d'am dhoircheacht: [?].

Tithe nua a thóg Bord na gCeantar Cúng: Ó Guithín 1953: 4-8; O'Guiheen 1992:5-8.

Imirce: Sayers 1936: 150-154, 213-21 = Sayers *s.a.*:95-100, 161-170 = Sayers 1998:110-113,158-164; Sayers 1973:127-132, 180-187; féach freisin ábhar a bhailigh Seosamh Ó Dálaigh ó Pheig in CBÉ 701: 293-294; Ó Guithín 1953: 81-84; O'Guiheen 1992:88-91.

Tréigean an Bhlascaoid: Lysaght 2006 a agus b; Morton 2000; Stagles 1980:131-137.

23. ORÁID PHEIG

Feictear go soiléir sa mhír seo conas gur gheall le constráid amháin dodheighilte in aigne Pheig a bhí i dteanga na Gaeilge, an creideamh sinseartha Caitliceach agus aontú agus saoirse na hÉireann.

Go ndéana Sé trócaire orainn idir charaid agus namhaid!: léiriú maith é seo ar an tuiscint thraidisiúnta gur cheart an ghuí a scaoileadh leathan; bhí sé ordaithe an ghuí ghann a sheachaint.

24. ÚSÁID RÓIN

Maidir le seilg rónta agus an úsáid a bhaintí astu, féach Ó Cearnaigh 1992:57-60; *cf.* freisin Ó Criomhthain 1929: 86-92, 108-

115 (= Ó Criomthain 1973: 81-87, 100-107 = Ó Criomthain 2002:85-91, 118-122); Ó Crohan 1934:98-106, 126-135.

Johnny Moore: fear gnó sa Daingean.

Troscadh: samhlaíodh le hiasc feoil róin, agus dá bharr sin tuigeadh gur cheadmhach é a ithe ar an Aoine. Níor idirdhealaíodh troscadh agus tréanas sa chaint go hiondúil.

25. MAC UÍ SHÉ AGUS AN RÓN

Don mhír seo agus d'fhinscéalta Éireannacha eile faoi rónta, féach Ní Fhloinn 1999.

Tá leagan a bhreac Seosamh Ó Dálaigh síos ó Pheig i Samhain 1943 in CBÉ 911:148-149; tá ceann eile a thóg Heinrich Wagner i bhfogharscríobh in Wagner agus Mac Congáil 1983:13. Tá leaganacha ó Mhícheál Ó Gaoithín in CBÉ 1459: 83-84, agus in Almqvist 1970:2:4.

Ba scéal an-choitianta é seo, de réir an eolais a thug Peig do Ó Dálaigh. Tá leaganacha de ón mBlascaod luaite le Cuas an Éin agus Cuas Tóin na hÁirne.

Is é an cuntas reálaíoch a bhí díreach tugtha ag Peig ar sheilg rónta agus an úsáid a bhaintí astu a spreag an scéal seo. Ba mhinic a thagair Seosamh Ó Dálaigh don tslí ina léiríodh Peig a cur síos ar an seansaol le scéalta agus finscéalta mar seo.

26. SAOL AN OILEÁIN

Cad é an ainm é siúd a bhí air: dhealródh nár rith sé le Mac Réamoinn gur dócha gur ag tagairt don chiondáil a bhí Peig anseo.

Coirce agus prátaí: Lysaght 2000a:204-206.

Éadaí: Bhailigh Seosamh Ó Dálaigh a lán eolais faoi éadaí agus nithe gaolmhara ó Pheig (féach CBÉ 1201:58-60; 64; 74-76; 129; 147-152; 165-168).

Déanamh naomhóg: Mac Sithigh 2003.

Veidhlíní agus déanamh veidhlíní: uí Ógáin 1988:207-214; Ní Shéaghdha 1940:155.

Dea-chomharsanacht: Sayers 1939: 267; Sayers 1980:141; *Sayers* 1962:130.

Quebra: féach nóta le mír 27 thíos.

An seansaighdiúir de mháistir scoile agus a bhean, Joan bhacach:
luaitear iad seo freisin in *An tOileánach* (Ó Criomhthain 1929: 69-72 = Ó Criomhthain 1973: 66-69 = Ó Criomhthain 2002:59-63; Ó
Crohan 1934: 77-80).

27. AN *QUEBRA*

Bhí an t-árthach seo ag triall ar Learpholl ó Nua Eabhrac ach
d'athraigh sí a cúrsa chun fomhuireán a sheachaint agus bhuail sí
lasmuigh den Bhlascaod ag Carraig an Lóchair 23 Lúnasa 1916.
Bhí feoil, cadás, plúr barraí práis, uaireadóirí agus sliogáin
airtléire ar chuid den last a bhí inti (http://www.
irishwrecksonline.net details/Quebra660.htm).

Luann Tomás Ó Criomhthain (2002:319) an 'Quabra' (*sic*)
agus ar aon dul le Peig, tagraíonn sé go háirithe do na sclátaí móra
leathair a bhí inti agus deireann sé go raibh gach aon ní inti a
d'fhéadfaí a iarraidh seachas deoch mheisciúil.

28. PEIG SAN OSPIDÉAL

Thomas agus Dermot Mason: féach Réamhrá.

Dúrt leis a chur síos: tagraíonn sé seo do na focail dheireanacha
in *Peig* a cuireadh síos mar seo sa chéad eagrán (Sayers 1936:251):

> Beannacht leat a scríbhinn,
> Is beannacht óm chroidhe ar lucht do léighte,
> Rath agus séan ar ár dtírín,
> Is go gcabhruighid Dia le lucht a saortha!

an … bhóthair: [?]

OK, Ned! That is enough now: bhí na focail seo dírithe ar an
teicneoir fuaime, Edward Nugent.

29. MUIRISÍN DEAS IS NÓRA

Thóg Seosamh Ó Dálaigh leagan eile síos ó Pheig i 1942 (CBÉ
847:66-72), ina leantar leis an amhrán mar seo:

> Do ghearra-chois deas, do ghearra-chois deas

do ghearra-chois deas, a Nóra
do ghearra-chois deas ód ghlúin go dtí d'alt
is an ainnir ar fad go córach.

Raghaidh sé siar 'on Tiaracht
Is tabharfaidh sé iasc ón bhFeo leis,
Beidh sé déanta, gnó na bliana,
Is ar m'anam go dtabharfaidh is póg di.

– Ní hé sin a bhí san amhrán acu ach:
Is ar m'anam go ndéanfaidh bunóic léi. –

Do ghearra-chois deas, *etc.*

Raghaidh sé síos go Bailt' Ó Síoda
i measc na ndaoine móra,
is daingneoidh a cír chomh daingean le bís,
is nach róbhreá an chrích ar Nóra.

Do ghearra-chois deas, *etc.*

Ní raibh aon fhiacail i ndrandal Nóra. Ní raibh aon tseó ach a bheith ag éisteacht le Nóra féin ag rá an amhráin sin.

Thóg Robin Flower leagan den scéal ó Pheig ar eideafón i 1930 inar chan a dheartháir céile Mícheál, na véarsaí ann (trascríofa ag Seosamh Ó Dálaigh in CBÉ 984:466-468). Do leaganacha eile, féach Ó Dubhda 1933:81 agus Ó Criomhthain 1936:61-63. Tá údaracht an dáin pléite in Mac Cárthaigh 1991:129-131, agus freisin an fhéidearthacht gurbh é Seán Ó Duinnshléibhe a chum cuid de na véarsaí ar a laghad.
Dea-shúic. [?].

NÓTAÍ AN RÉAMHRÁ

1   Eolas de bhéal ó Sheosamh Ó Dálaigh.

2   Ó Guithín an gnáthlitriú Gaeilge ag a mhuintir ar a sloinneadh ach roghnaigh Mícheál an fhoirm Ó Gaoithín a úsáid.

3   Is é seo leis a chuir ainm Mhichíl, mac Pheig, ar an leacht; tá Mícheál curtha san uaigh chéanna le Peig. Maidir leis an dealbhóir, féach a dhírbheathaisnéis (Murphy 1966).

4   Tá an achainí chlóite i leabharlann CBÉ.

5   Do Sheán Ó Súilleabháin, féach *Beathaisnéis* 8:224-236 agus Eoghan Ó Súilleabháin 1994.

6   Bhí tuairisciú fairsing in *The Irish Times, Irish Press* agus in *The Cork Examiner* 4 Lúnasa agus in *The Kerryman* 9 Lúnasa 1969. Seachtain níos déanaí léirigh agus láithrigh Seán Mac Réamoinn clár ar Radio Éireann a lean breis agus uair an chloig (*Ómós do Pheig*), agus bhí na hóráidí a thug Cearbhall Ó Dálaigh agus Seán Ó Súilleabháin, mar aon le léamh dhán Mhichíl le clos air. Ar an gclár freisin labhair Seán Ó Criomhthain (mac Thomáis, údar *An tOileánach)*, faoina thuairimí agus a chuimhní ar Pheig, ar gheall le máthair altramais aige í, agus bhí agallamh ann le Mícheál Ó Gaoithín faoin tslí inar scríobhadh *Peig*, agus agallamh eile le Seosamh Ó Dálaigh faoina bhailiúchán ó Pheig. Tá cuntas leis ar shearmanas nochtadh na leice in Ó Súilleabháin 1970:86-87.

7   Tá *Peig* aistrithe ina iomláine go Gearmáinis agus go Fraincis (Sayers 1996; Sayers 1999); tá sleachta fada de aistrithe go Pléimeanais (De Belder 1993: 85-106) agus caibidil amháin aistrithe go Sualainnis (von Sydow 1938). Tá aisitriúchán Gearmáinise ar shleachta ó chaibidilí 6 agus 9 de *Mhachtnamh Seana-mhná* tugtha in Hetmann 1986:279-286.

8   Mar ba dhual dó, dhein Sean Ó Súilleabháin cuid mhór chun cáil Pheig a leathadh go hidirnáisiúnta. Tá aistriúcháin Bhéarla ar chuid de scéalta Pheig ina dhíolamaí de sheanscéalta agus d'fhinscéalta na hÉireann, leabhair a raibh lucht léite líonmhar acu (O'Sullivan 1966: uimh. 14, 24 agus 36; 1974: uimh. 4, 9, 12, 19, 22 agus 24).

9   Maidir leis na haistriúcháin Fhraincise, féach Sjoestedt 1932:414-418 (leagan de scéal Chailín na Luaithe) agus Sjoestedt-Jonval 1938a:199-204 ('Inghean an cheannaidhe'). D'aistrigh Heinrich Wagner go Gearmáinis ceann de na scéalta laochais a bhailigh sé féin ó Pheig agus foilsíodh é in Lüthi 1951:121-137; tugann Hetmann (1986: 287-302) aistriúchán Gearmáinise ar O'Sullivan 1966:151-164, an scéal atá cláraithe mar 425J, *Service in Hell to Release Enchanted Husband* in AT agus tá leagan de ATU 970, *The Twining Branches* (in aistriúchán Gearmáinise agus sa Ghaeilge bhunaidh) in Hüllen 1965:53-61. Tá aistriúchán Sualainnise ar Jackson 1938:48-49 in Almqvist 2007:41-43. Tá aistriúchán Rúmáinise ar 'Fionn ag

Lorg a Óige' agus 'Seán na Bánóige' (Ó Súilleabháin 1966:57-60 agus 192-204) in O'Sullivan 1979:72-75 agus 190-202. Tá aistriúchán Seapáinise ar an scéal 'Gabha na gCleas' (Jackson 1938; 3-11) in Watanabe 2005:129-146.

10 Maidir le Seán Ó Dálaigh, féach Ó Dubhshláine 2000a.

11 Bhí Peatsaí ar dhuine de chriú an bháid a bhuaigh an rás ar dhein file an Oileáin, Seán Ó Duinnshléibhe an t-amhrán *Beauty Deas an Oileáin* fúithi. Tá leagan den amhrán le clos ar an dlúthdhiosca *Beauty an Oileáin* (uí Ógáin 1992); féach leis Ó Dubhda 1933.76-77 agus 'ac Gearailt 2007:270-273.

12 Eolas de bhéal ó Mhícheál Ó Gaoithín.

13 Tá cuid den eolas seo bunaithe agam ar na ginealaigh fhóinteacha de Bhlascaodaigh le Leslie Matson in Ionad an Bhlascaoid, Dún Chaoin. Féach leis Ní Laoithe-Uí Bheaglaoich 1999.

14 Ar an drochuair, dealraíonn nach bhfuil fáil ar aon ghrianghraf de Pheig ina leanbh ná ina hógbhean, cé go ndeirtear in *Peig* (caibidil 4) gur thóg turasóir éigin grianghraf di féin agus dá cara, Cáit Jim, agus go bhfuaireadar scilling an duine as seasamh dó. Ó *c.*1920 ar aghaidh, tógadh grianghraif di go minic agus ba cheamradóirí cumasacha, agus fiú gairmiúla, a thóg cuid acu – Harriet Hjorth Wetterström, Thomas Mason, Caoimhín Ó Danachair, Tomás Ó Muircheartaigh, C.W. von Sydow, Thomas Waddicor agus tuilleadh nach iad. Seans gur fíor a rá gur beag bean Éireannach eile ar tógadh pictiúir chomh breá di chomh minic sin. Tá mórán de na pictiúir seo i gcartlann CBÉ agus in Ionad an Bhlascaoid i nDún Chaoin. Dhein ealaíontóirí tábhachtacha ón tír seo portráidí di, Seán Ó Súilleabháin agus Harry Kernoff, agus tharraing an t-ealaíontóir cumasach Sasanach Cristine Waddicor (deirfiúr Kenneth Jackson) roinnt sceitseanna di atá anois in CBÉ. Tá a léiriú féin ar a mháthair tugtha ag Mícheál Ó Gaoithín i roinnt pictiúr uiscedhatha i stíl phrimitíbheach atá thar a bheith taitneamhach (tá cóip de cheann acu in Ó Fiannachta 1995:ar aghaidh lch 45; féach léaráid uimh. 4 thíos). Tá go leor scigphictiúr di freisin i nuachtáin. Nuair a chuirtear iad seo ar fad san áireamh, feictear go léiríonn na grianghraif agus na pictiúir seo réimse iomlán a mothúchán agus a pearsantachta, ag síneadh óna híomhá uaigneach mar *mater dolorosa* go dtí an bhean spraoiúil ghealgháireach gan mhairg, agus go gcuireann siad go suntasach leis an léiriú a fhaightear ar Pheig ina dírbheathaisnéisí agus ina scéalta.

15 Tugadh 'Peig Bhuí' leis uirthi ina hóige mar gheall ar a gruaig fhionn (Mac Conghail 2001:114).

16 Eolas de bhéal ó Mhícheál Ó Gaoithín.

17 Mícheál ar an gclár *Ómós do Pheig.*

18 Tá éachtaint le fáil ar dhearcadh Mháire Ní Chinnéide ar phearsantacht Pheig (agus ar a tuiscint theoranta uirthi) ón gcuntas iarbháis a scríobh sí fúithi (Ní Chinnéide 1959). Níl aon eolas ann, áfach, ar conas a tugadh faoin eagarthóireacht ar *Peig.* Maidir le saol agus saothar Mháire Ní Chinnéide, féach *Beathaisnéis* 2: 79-81.

19 Tá a mhalairt de thuairim curtha in iúl in Coughlan 1999 (a tugadh ar dtús mar léacht i nDún Chaoin i Márta 1998). Cuirtear dearcadh ar Pheig chun cinn anseo mar fheimineach a ndearna a mac gortghlanadh ar a scéal, agus díríodh go leor airde ar an léiriú sin sna meáin nuachta, féach, *e.g. The Irish Times* 31 Márta agus 14 Aibreán 1998.

20 Eolas de bhéal ó dhaoine éagsúla.

21 Sampla ionadaíoch ar ionsaithe nimhneacha iriseoireachta ar Pheig is ea alt Liam Fay (1998) ar thug Éilís Ní Dhuibhne (1998) freagra bríomhar air. Tá iriseoirí ann freisin, áfach, a bhfuil tuiscint mhaith acu ar ealaín Pheig. Ina measc tá Fintan O'Toole (2008), ar léir dó a bua scéalaíochta (murab ionann agus Fay) toisc go raibh sé in ann a scéalta a shuíomh i gcomhthéacs an bhéaloidis chomparáidigh.

22 Chuir Ó Ríordáin agus Ó Tuama na tuairimí seo i láthair ar an gclár *Bhí Sí Seal in Ár Measc.* Thug Ó Ríordáin – fear a thuig Peig níos fearr ná formhór na ndaoine – ómós di chomh maith sa dán álainn diamhair sin 'Na Blascaodaí' (Ó Ríordáin 1952:94-96), ina ndeireann sé go raibh 'aigne Pheig mar naomhóg – ár n-iomchar ar dhromchla an domhain.' Tá breis plé ar stíl Pheig in Ó Héalaí 1977.

23 Roinn Bhéaloideas Éireann roimhe seo, agus Coimisiún Béaloideasa Éireann roimhe sin arís.

24 Go háirithe an t-ábhar a bhailigh Kenneth Jackson agus Heinrich Wagner, féach thíos.

25 Uaireanta luaitear figiúr atá beagán níos airde. Tráchtann Hjorth-Wetterström (1947:128; Hjorth 1971:75) ar *fyrahundra sagor och sånger* ('ceithre chéad scéal agus amhrán') agus deireann Brid Mahon (1998:140) go raibh *nearly four hundred tales* sa bhailiúchán a dhein Seosamh Ó Dálaigh ó Pheig. Níl aon cheist ná go bhfuil na ráitis seo ar fad bunaithe, go díreach nó go hindíreach, ar an méid a dúirt Séamus Ó Duilearga in *The Gaelic Storyteller* (Delargy 1945:15): *From Peig Sayers, our collector, Seosamh Ó Dála, obtained 375 tales, of which 40 are long märchen.* Is léir uaidh seo nach dtagraíonn an figiúr 375 do líon na scéalta a bailíodh ó Pheig ach don líon a bhailigh Seosamh Ó Dálaigh uaithi. Feictear i litreacha in CBÉ gur iarr Ó Duilearga (agus é ag réiteach *The Gaelic Storyteller*) eolas ón Dálach agus ó bhailitheoirí lánaimseartha eile, faoi chineál agus fhairsinge an ábhair a bhí bailithe acu. Tá liosta 370 teideal de mhíreanna a d'áirigh Ó Dálaigh mar scéalta ar fáil in CBÉ 1294:53-73. Dhealródh as sin go bhféadfaí glacadh leis go raibh ar a laghad 370 scéal aici, ach féach go bhfuil a lán de na míreanna sa liosta sin nach scéalta iad – de réir aon sainmhíniú réasúnta ar an bhfocal – mar go bhfuil amhráin, rannta agus fiú tomhais ina measc.

Is fíor gur deacair an coincheap 'scéal' a shainmhíniú, ach is gá sin a dhéanamh chun a shocrú cad tá le cur san áireamh agus cad nach bhfuil le cur san áireamh in eagrán scéalta aon scéalaí, agus arís chun comparáid chóir a dhéanamh idir *repertoire* scéalaithe éagsúla. San eagrán atá á bheartú

147

de scéalta Pheig, níl curtha san áireamh ach eachtraí próis ag a bhfuil plota seasmhach agus ar seachadadh leaganacha éagsúla díobh sa traidisiún béil. I measc rudaí eile, ciallaíonn sé seo go bhfágfar ar lár as canóin scéalta Pheig meabhráidí [*memorates*] mar a thugtar orthu, agus scéalta eile éagruthacha i liosta Uí Dhálaigh faoi thaithí phearsanta ghaolta agus chomharsan Pheig.

Ar an lámh eile, bhailigh Ó Dálaigh roinnt mhaith scéalta traidisiúnta ó Pheig seachas iad sin a d'airigh sé sa liosta, agus ina theannta sin, tá líon suntasach scéalta uaithi nach eol ach ó leaganacha a thóg bailitheoirí eile. Nuair a bheidh canóin Pheig socraithe go cinnte, tá an chuma air, i ndeireadh thiar, go mbeidh c. 350 scéal idir fhada agus ghearr ann, ina measc seanscéalta idirnáisiúnta (leithéidí na scéalta atá liostaithe in ATU), finscéalta (leithéidí na scéalta atá liostaithe in ML) agus iad sin atá liostaithe in innéacsa eile dá sórt sin, mar aon le heachtraí eile a thagann leis na slata tomhais a luadh thuas. Is ceart a chur san áireamh freisin nach móide in aon chor go mbaileofaí *repertoire* iomlán aon scéalaí – fiú nuair a déantar bailiúchán chomh cuimsitheach agus a deineadh i gcás Pheig.

Maidir le líon na *long märchen* a luaigh Ó Duilearga, is deacair *long* agus *märchen* a shainmhíniú. Mar sin féin, má chuirtear leis na 3 scéal laochais agus an 23 scéal iontais a bhí ag Peig, scéalta eile dá cuid ar comhfhad leo nó níos faide ná iad ach a bhaineann le catagóir eile in ATU, is cinnte gur mó ná 40 a líon.

Maidir le seasamh Pheig i measc scéalaithe eile a raibh stór mór scéalta acu, *cf.* Dégh 1969:168-169 agus Faragó 1971.

26 Ar an drochuair, dhealródh nár bailíodh aon scéalta uaidh. Ní móide go bhfuil bonn slán faoi ráiteas údar áirithe (*e.g.* Zimmermann 2001:365) go raibh sé ar dhuine d'fhaisnéiseoirí Jeremiah Curtin. Tá staidéar déanta ag Angela Bourke ar chín lae Jeremiah Curtin agus a mhná céile (Bourke 2008), agus cuireann sí in iúl dom nach bhfuil aon fhianaise iontu a chruthódh gur chaith an lánúin aon tamall ar an míntír i nDún Chaoin, seachas gur thaistil siad tríd ar a slí go dtí an Blascaod. Ní lú ná mar atá an cineál cosúlachta idir na scéalta a d'fhoilsigh Curtin agus seanchas Pheig, a thabharfadh ort a mheas gur ó Thomás Sayers a fuair sé iad. Mar sin féin, is féidir dul amach ar chuid mhaith de na scéalta a bhí ag Tomás Sayers ó ráitis Pheig agus roinnt scéalaithe eile gur fhoghlaim siad scéalta ar leith uaidh.

27 Maidir le scéal a chuala Mícheál i Meiriceá agus a chuir sé ar aghaidh go dtí a mháthair, féach Jackson 1938:52-53, 89 agus Almqvist 1980. Maidir le Boccaccio ar an mBlascaod, féach Stewart 1988 agus Almqvist 1990.

28 Sayers 1936:91-93; von Sydow 1938:13-17. *Cf.* Almqvist 2002:25-26.

29 Maidir le Ó Duilearga agus Coimisiún Béaloideasa Éireann, féach go háirithe Ó Catháin 2008a agus 2008b agus Briody 2007.

30 Maidir le Ó Cadhlaigh, féach *Beathaisnéis* 2: 76-77. Tá cóip dá dhírbheathaisnéis neamhfhoilsithe in CBÉ.

31 *An Lóchrann* uimh. 4, 1911: 5; athchló in Ó Siochfhradha 1932:100-103; *An Lóchrann* uimh. 3, 1911:4; athchló in Ó Siochfhradha 1932:162-165.
32 Féach CBÉ 983:325-332 agus Jackson 1938:32-35 faoi seach.
33 Mí Nodlag 1912:2.
34 Féach *Peig,* caibidil 9.
35 Maidir le Flower, féach Ó Duilearga in Ó Criomhthain 1956: vii-xxiii; Almqvist 1998a; Ó Lúing 2000: 95-109 agus *Beathaisnéis* 3: 31-33.
36 Flower 1944:48-59.
37 Faoin tráth sin bhí a chuid oibre le Tomás Ó Criomhthain geall le curtha i gcrích aige, obair ónar eascair an t-aistriúchán ar *An tOileánach* faoin teideal *The Islandman,* agus i bhfad na haimsire, an leabhar *Seanchas ón Oileán Tiar.*
38 Flower 1930a:97-101 (notaí Flower lch 108, eagarfhocal, coimriú Béarla agus nótaí Shéamuis Uí Dhuilearga:109-110); Flower 1930 b:199-206 (notaí Flower lgh 207-208, eagarfhocal, coimriú Béarla agus nótaí Shéamuis Uí Dhuilearga: 208-210).
39 Flower 1957:46-107 (is ó Pheig lgh 46-89 sa chnuasach sin).
40 Flower 1944:56.
41 Maidir le Jackson, féach *Beathaisnéis* 8:55-56 agus na tagairtí ansin mar aon le Almqvist 1998b agus Almqvist le teacht.
42 Foilsíodh dhá scéal a bhailigh Jackson ó Pheig in *Béaloideas* 4 (Jackson 1934); maidir le roinnt mionmhíreanna a thóg sé síos uaithi, féach freisin Jackson 1938b agus Jackson 1971-73:159-160.
43 Eolas ó Jackson féin ar an gclár *Bhí Sí Seal in Ár Measc.*
44 Féach Almqvist 1998b.
45 Jackson 1961.
46 Litir ó Jackson go von Sydow i Leabharlann na hOllscoile, Lund, An tSualainn.
47 Táim faoi chomaoin ag Bn Uí Bhraonáin as eolas a thabhairt dom faoina fear céile.
48 Tá ábhar an Bhraonánaigh in CBÉ 35:25-121 agus 202-216.
49 Maidir le Sjoestedt, féach *Beathaisnéis* 4:170-171; Ó Lúing 2000:111-124.
50 Sjoestedt 1932:406-418. Tá scéal ó Mhícheál, mac Pheig *ibid.*: 418-436.
51 Sjoestedt-Jonval 1938a: 188-204. Ar fhoilseacháin eile de chuid Sjoestedt a bheadh inspéise dóibh siúd a chuireann suim i bPeig, tá an staidéar a dhein sí ar chóras fuaimnithe Ghaeilge Dhún Chaoin agus an Bhlascaoid (1931), léirmheasanna ar *Peig* (1938b) agus ar Kenneth Jackson *Scéalta ón mBlascaod* (1939) agus an cuntas gleoite a scríobh sí i Sualainnis ar an tréimhse a chaith sí in Éirinn (1937).
52 Ó Duilearga 1934:455.
53 Ní Ghaoithín 1978:62-64.
54 Tá an t-ábhar a bhailigh Máire Ní Ghuithín ó Pheig in CBÉ 201:265-269 agus 459: 345-349. Maidir lena dearcadh ar Pheig, féach Ní Ghaoithín 1978:61-62; Ní Ghuithín 1986: 15-16.

55 Ba í seo an múinteoir deireanach ar an mBlascaod (Bealtaine 1934-Nollaig 1940). Féach Ó Mainín 1989:43-44, Nic Craith 1995:130-133, Ó Dubhshláine 2000b:68.
56 Tá an scéal seo in CBÉ S 418:171-176.
57 Do Bhailiúchán na Scoileanna i gcoitinne, féach Ó Catháin 1988 agus 1999; do Bhailiúchán na Scoileanna ar an mBlascaod, féach Ó Cathasaigh 2000.
58 Maidir le Borgstrøm, féach Lindeman 1986.
59 Tá an scéal anois in CBÉ 34:312-320.
60 Mason 1936: 97-100, agus féach don chomhthéacs *ibid.*: 95-96; tá leagan eile den fhinscéal 'Dónall na nGeimhleach' a bhailigh Robin Flower ó Pheig in CBÉ 983:221-242.
61 Eolas ó Dermot Mason in agallamh liom 25 Iúil 2006.
62 Maidir le Ó Cuinn, féach *Beathaisnéis* 8:122-3; Ó Glaisne 1996: go háirithe lgh 15-17 agus Ó Coinn *et al.*, 1990: 2-13.
63 Anois in CBÉ 89:89-144; tá véarsa Phiarais Feiritéar ar lch 144.
64 Maidir le Ó Dálaigh agus a bhailiúcháin, féach *Beathaisnéis* 8:130-131, Tyers 1999, Briody 2007:29, 231-233, 238-239, 244-258, 342, 367, 418, 424-429, 446, 463, 468. Féach freisin a chuntas féin ar a chuid bailiúcháin (Ó Dálaigh 1989 agus Almqvist 2009).
65 In CBÉ 701:205-239, 268-294, 307-310.
66 Is léir seo ó litreacha uathu chuig Seosamh Ó Dálaigh; *cf.* freisin Seán Ó Súilleabháin in Thompson 1953:16.
67 Do Wagner féach *Beathnaisnéis* 8:239-241 agus tagairtí ansin, agus go háirithe dá bhailiúchán ó Pheig, Almqvist 2004.
68 Wagner agus Mac Congáil 1983; is ó Pheig a tógadh míreanna 1-45, 48-52, 56-57, 70-73, 77, 83-84, 88-91, 93-94, 98-100 agus 104 san fhoilseachán sin. Deirtear freisin (*op. cit.*: iii) gur ó Pheig a tógadh mír 92, ach is cinnte nach bhfuil seo cruinn (*cf.* Almqvist 2004:33, nóta 2).
69 Wagner agus McGonagle 1987 (míreanna 1-6) agus 1991 (míreanna 11, 13-15).
70 Maidir le Wetterström agus a turas ar Dhún Chaoin, féach Almqvist 2004:48-58.
71 Jackson 1938a:83-85.
72 Tá tuairisc scríofa ó Sheán Ó Súilleabháin ar an ócáid taifeadta seo in CBÉ.
73 Ar aon dul lena mháthair, bheadh beathaisnéis i bhfoirm leabhair tuillte ag Mícheál. Ar ailt ina thaobh, tá Ó Fiannachta 1988 (agus 1989), agus Almqvist 1990 (*cf.* freisin Almqvist 1986).
74 Tá suas le 8000 leathanach sna bailiúcháin a dhein Mícheál agus leanann roinnt fadhbanna iad a bhaineann le critic fhoinsiúil. Is deacair na scéalta a thóg sé síos, a bheag nó a mhór, ó bhéalaithris a mháthar, a idirdhealú uathu sin a thugann sé ina fhocail féin, bunaithe ar an rud a chuala sé uaithi mórán blianta, b'fhéidir, sular scríobh sé síos iad. Is cosúil leis go ndúradh le Mícheál ag pointe éigin gan ábhar a bhailiú óna mháthair (ar an mbonn, is dócha, gur measadh go raibh dóthain bailithe uaithi cheana).

Bhí de thoradh air sin, i gcásanna áirithe ar a laghad, gur chuir sé scéalta a chuala sé uaithi siúd i leith scéalaithe eile (Almqvist 1990:101-105).

75 Tá trascríobha Uí Dhálaigh agus mo bhailiúcháin féin ón nGaoithíneach in CBÉ; tá an t-ábhar ó James Stewart ina *Nachlass* i Leabharlann Uí Argadáin, Ollscoil na hÉireann, Gaillimh; agus tá cóipeanna de thaifeadtaí fuaime Ole Munch Pedersen in CBÉ.

76 Mar atá ráite, tógadh síos a lán de scéalta Pheig ó Mhícheál Ó Gaoithín freisin, agus tugann seo deis comparáidí den chineál a mhol Linda Dégh (1969) a dhéanamh idir ábhar an tseachadóra agus an ghlacadóra. Tá iarracht áirithe déanta cheana féin staidéir den chineál seo a bhunú ar Pheig agus Mícheál (féach, *e.g.* Almqvist 1990 agus saothair luaite ar lch 118 n.95, go háirithe Radner 1989).

77 Ba cheannródaí é Dubhghlas de hÍde maidir leis an tuiscint a bhí aige don áis a dhéanfadh sé do ghnáthléitheoirí mar aon le scoláirí, *repertoire* scéalaithe ar leith a bhailiú le chéile agus a fhoilsiú. Lean sé an cur chuige seo ina leabhair *Ocht Sgéalta ó Choillte Mághach* (1936) agus *Sgéalta Thomáis Uí Chathasaigh* (1939). Ghlac Séamus Ó Duilearga leis an modh oibre seo freisin ach chuir i gcrích é i slí níos cuimsithí in *Leabhar Sheáin Í Chonaill* (1948; aistriúchán Béarla 1981) agus *Leabhar Stiofáin Uí Ealaoire* (1981); agus tá roinnt eagrán de *repertoire* scéalaithe ar leith curtha ar fáil sa tsraith Scríbhinní Béaloidis de chuid Chomhairle Bhéaloideas Éireann agus in áiteanna eile. Bhí plean idir chamánaibh tráth eagrán de na scéalta ar fad a bhailigh Robin Flower agus Kenneth Jackson ó Pheig a fhoilsiú (Jackson 1938:85). Ach ní rabhthas in ann dul chun cinn leis an eagrán seo de *The Complete Tales of Peig Sayers* (nach mbeadh ann ar aon nós ach cuid bheag dá *repertoire*) de bharr an bhrú oibre a chuir as don oiread sin de thograí eile Flower. Choinnigh Séamus Ó Duilearga agus Seán Ó Súilleabháin beo an smaoineamh gur cheart tabhairt faoi eagrán 'iomlán' (ina mbeadh freisin an t-ábhar a bhailigh Seosamh Ó Dálaigh). D'fhógair Ó Duilearga in *Béaloideas* 25 (Flower 1957:107) go raibh Coimisiún Béaloideasa Éireann ag beartú bailiúchán Uí Dhálaigh a fhoilsiú, agus ina óráid ag nochtadh na leice ar uaigh Pheig, leag Seán Ó Súilleabháin béim ar an tábhacht a bhain le heagrán iomlán dá scéalta agus dá seanchas a fhoilsiú. Níor tosaíodh i gceart ar dhul i dtreo a leithéid sin d'eagrán gur bunaíodh Comhairle Bhéaloideas Éireann i 1972, tráth a raibh an t-eagrán sin ar cheann de na tograí ar tugadh tosaíocht dóibh ag céad chruinniú an fhorais sin.

78 Ba dheacair trascríobh a dhéanamh ó na fiteáin eideafóin a d'úsáid Robin Flower agus Seosamh Ó Dálaigh, fiú ag an am ar deineadh an taifeadadh, agus tá siad seargtha agus tite as a chéile ó shin. Tá caighdeán fuaime na dtaifeadtaí a deineadh nuair a bhí Peig san ospidéal i mBaile Átha Cliath, dona go leor freisin, mar dúradh thuas. Ina theannta sin, bhí Peig breoite agus imníoch an tráth úd, agus is léir nárbh é sin an t-am ab ansa léi chun scéalaíochta. Tá tábhacht leo mar sin féin ó thaobh an ábhair, agus tá súil go gcuirfear in eagar iad amach anseo agus go gcuirfear fáil orthu i

bhfoilseachán cosúil leis an gceann seo.
79 Tá seo ráite aige in *Ómós do Pheig* (féach nóta 6 thuas), agus chuir sé in iúl dom féin go minic chomh maith é.
80 D. Thompson (recte Thomson) : bhí cáil air níos déanaí mar údar *The People of the Sea, Woodbrook* agus leabhair eile ina dtugann sé aitheantas don chomaoin a chuir Coimisiún Béaloideasa Éireann air.
81 Craoladh bloghanna as go leor de na taifeadtaí ar an gclár *The Irish storyteller. A picture of a vanishing Gaelic world,* a scríobh agus a láithrigh Rodgers agus a cuireadh amach ar an BBC Third Programme, 13 Meitheamh 1948. Nuair a bhí a dturas thart, bhí cuntas ar na háiteanna ar thug foireann an BBC cuairt orthu agus ar na daoine ónar dhein siad taifeadadh in *The Irish Independent, Irish Press* agus *The Irish Times,* 2 Meán Fómhair. Tagraítear freisin sna tuairiscí seo do rannpháirtíocht Ernie O'Malley, agus de réir an ailt in *The Irish Times* chuir sé na tuairimí seo a leanas in iúl: *the work of Dr. Delargy is not sufficiently recognised by the Irish Government* agus *it was really due to his efforts that the mission succeeded.*
82 Maidir le Ennis agus a shaothar mar bhailitheoir amhrán sean-nóis, féach uí Ógáin 2007, go háirithe lgh 15-35 agus Briody 2007:277-279.
83 Do Rodgers, féach Brown 1996.
84 Dealraíonn ó thuairiscí nuachtán gurbh é W. Arnell an t-innealtóir taifeadta.
85 CBÉ 1291:36-40.
86 Tuairiscítear in *The Irish Independent* 2 Meán Fómhair, *All the B.B.C. men spoke highly of the impression which the Kerry lady made on them.*
87 Tá an cháipéis sin anois in Oifig na dTaifeadtaí Poiblí í mBéal Feirste (PRONI D 2833/D/10/). Tá litreacha sa chartlann chéanna sin a chuir Ennis, Ó Duilearga agus Ó Súilleabháin chuig Rodgers bainteach le hábhar in *Machtnamh Seana-mhná,* agus tá litreacha ann freisin ó John Bell ón Oxford University Press faoin leabhar céanna.
88 Fógraíodh na ceapacháin seo in *The Irish Independent* 26 Iúil.
89 Don saothar a chuir Mac Réamoinn i gcrích, féach Anon. 2007:24.
90 De Léis 1955.
91 CBÉ 1291:77-80.
92 CBÉ 1291:80-81.
93 Bhí cluas chomh géar céanna ag Ennis do theanga agus a bhí do cheol, agus bhí sé de theist air go bhféadfadh sé athrú gan stró ó chanúint go chéile sa Ghaeilge.
94 Tagraíonn sé dá bhailiúchán ó Pheig in Mac Réamoinn 1948 agus 1986.
95 Níor cuireadh téipthaifeadáin ar fail do bhailitheoirí lánaimseartha Choimisiún Béaloideas Éireann go dtí 1962 (Briody 2007:344-346), agus dá bhrí sin níor úsáid Seosamh Ó Dálaigh ceann agus é ag bailiú.

Peig trí shúile ealaíontóirí / *Peig through artists' eyes*

PEG SEARS.   BLASKET I

1. Peig Sayers (Harry Kernoff)

2. Peig Sayers (Christine Waddicor)   3. Peig Sayers (Christine Waddicor)

4. Peig Sayers (Mícheál Ó Gaoithín)

Saol Pheig / *Peig's life*

Tigh nua Pheig are an mBlascaod (ar chlé) / *Peig's new house on the Blasket (left)*

Tigh Pheig, Baile an Bhiocáire / *Peig's home at Baile an Bhiocáire*

7. Peig (agus a mac Pádraig [?])
/ *Peig (and her son Pádraig
[?])*

8. Mícheál Ó Gaoithín ag scríobh scéal a beatha óna mháthair / *Mícheál Ó Gaoithín
writing his mother's life story*

9. Peig le *Peig* /
   Peig with *Peig*

10. Fógra i gcaife i mBaile
    Átha Cliath le déanaí /
    A recent advertisement in a
    coffee shop in Dublin

11. Corónú Pheig / *Peig's coronation*

12. Comhluadar soilbhir ag Peig, Mícheál deartháir a céile ar dheis le Caitríona MacLeod agus ar chlé Nessa Ní Shéaghdha *Peig in pleasant company, her brother-in-law Mícheál on right with Caitríona MacLeod and on left Nessa Ní Shéaghdha*

13. Peig, Mícheál deartháir a céile agus beirt chailíní ón Oileán / *Peig, her brother-in-law Mícheál and two Island girls*

14. Peig ag ligean a scíthe ar an Oileán / *Peig relaxing on the Island*

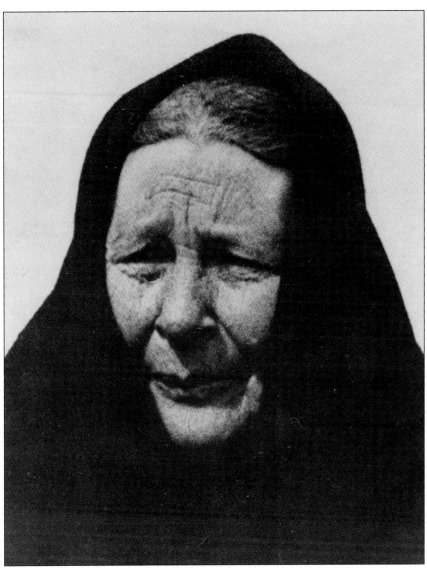

15. Peig go dobrónach / *Peig in sorrowful mood*

16. Peig ag gáirí le Kenneth Jackson agus a dheirfiúr Christine / *Peig laughing with Kenneth Jackson and his sister Christine*

17. Peig agus Seán Ó Ríordáin ag comhrá in ospidéal An Daingin / *Peig and Seán Ó Ríordáin chatting in the Dingle hospital*

Coimisiún Béaloideasa Éireann/
The Irish Folklore Commission

18. Séamus Ó Duilearga, Stiúrthóir, Coimisiún Béaloideasa Éireann / *Séamus Ó Duilearga, Director, The Irish Folklore Commission*

19. Seán Ó Súilleabháin, Cartlannaí, Coimisiún Béaloideasa Éireann / *Seán Ó Súilleabháin, Archivist, The Irish Folklore Commission*

20. Seosamh Ó Dálaigh, Bailitheoir lánaimseartha leis an gCoimisiún / *Seosamh Ó Dálaigh, full-time collector with the Commission*

Roinnt bailitheoirí eile / *Some other collectors*

21. Robin Flower

22. Kenneth Jackson

23. Cormac Ó Cadhlaigh

24. Pádraig Ó Braonáin

25. Marie-Louise Sjoestedt (ar dheis) ag dul don Oileán / *Marie-Louise Sjoestedt (right) going to the Island*

26. Máire Ní Ghuithín

27. Máire Nic Gearailt

28. Dermot Mason

29. Cosslett Ó Cuinn

30. Harriet Hjorth Wetterström

31. Heinrich Wagner

32. Micheál Ó Gaoithín

Tafeadtaí raidió / Radio recordings

33. W. R. Rogers

34. Peig san ospidéal, an tSr
Philomena ar dheis /
*Peig in hospital,
Sr Philomena on the right*

35. Séamus Ennis

36. Seán Mac Réamoinn

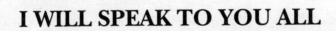

I WILL SPEAK TO YOU ALL

ACKNOWLEDGMENTS

Our special thanks are due to Comhairle Bhéaloideas Éireann and the past and present editors of its series, Scríbhinní Béaloidis/Folklore Studies, Séamas Ó Catháin and Ríonach uí Ógáin, and to RTÉ whose Director-General, Cathal Goan and his Special Adviser, Anne O'Connor, gave us every help and encouragement in our work. We are much obliged to the BBC for making their sound recordings available and readily giving permission for their use. We also want to express our gratitude to Harry Bradshaw who so diligently and expertly undertook the difficult task of remastering the recordings. Among the many individuals who so generously helped and assisted us in various ways are Anna Bale, Mícheál and Dáithí de Mórdha, Leslie Matson, Críostóir Mac Cárthaigh, Patricia Moloney, Éilís Ní Dhuibhne, Máire Ní Fhlathartaigh, Roibeard Ó Cathasaigh, Séamus Ó Flathartaigh, Pádraig Ó Fiannachta, Cathal Ó Háinle, Dáithí Ó hÓgáin, the late Mícheál Ó Curraoin, and Fionnuala Carson Williams.

For the illustrations (on pp. 153–169) we are greatly indebted to several institutions and private individuals who have generously allowed us to reproduce them. Pictures numbers 1, 7, 8, 11,12, 13, 14, 15, 17, 21 and 34 have been provided courtesy of Ionad an Bhlascaoid Mhóir (The Blasket Centre), Dún Chaoin (no. 1 being a photograph of a recently acquired drawing by Harry Kernoff, 1934). Nos. 2 and 3 are reproduced from pencil sketches, drawn by Christine Waddicor, c. 1938, and presented by the artist to the Department of Irish Folklore (now the National Folklore Collection), at University College Dublin. From the NFC photographic archive are also pictures no. 5, 6, 9, 10, 16, 19, 20, 22, 26, 27, 30, 31 and 32. The photographs of Séamus Ennis (no. 35) and Seán Mac Réamoinn (no. 36) are from RTÉ's Stills Library, and for the photograph of W. R. Rodgers (no. 33) credits go to The Gallery Press. No. 4, a watercolour by Peig's son, Mícheál Ó Gaoithín, of his mother, is reproduced with the kind permission of its owner, the artist Maria Simonds-Gooding. For the picture of Séamus Ó Duilearga (no.18) we are indebted to his daughter, Caitríona Miles; and for the pictures of Cormac Ó Cadhlaigh, Pádraig Ó Braonáin and Dermot Mason (23, 24, 28, 29) our thanks are due to the respective families of the persons portrayed. The photograph of Marie-Louise Sjoestedt 'Crossing to the Blasket' (no. 25) is reproduced from an article (in Swedish) which she wrote in Bonniers veckotidning (4 September 1937).

The design on the front jacket is based on a 1938 photograph of Peig by Caitlín de Bhaldraithe Garrett, courtesy of the Garrett family; and the map on the inside back cover is a watercolour by Mícheál Ó Gaoithin, which is in private possession.

INTRODUCTION

Maybe there will be those here and there who will ask, 'Who was that Peig Sayers?' but poor Peig will be too far away to hear them calling.

'The Last Chapter',
An Old Woman's Reflections.

PEIG SAYERS FIFTY YEARS AFTER HER DEATH

Maighréad – soon to become known to everybody as Peig – the youngest daughter of the small tenant farmer Tomás Sayers and his wife Maighréad Brosnahan, was born in Baile an Bhiocáire, in the parish of Dún Chaoin on the Dingle Peninsula in West Kerry in 1873. She was baptised on 29 March that year. She died in St Elizabeth's Hospital in Dingle on 8 December 1958. The New Cemetery in Dún Chaoin, where she is buried, offers a magnificent view towards the sea and the Great Blasket, the island where she spent forty years of her life.

Nobody could have foreseen that a woman of such humble origin in such a remote part of Ireland was destined to reach both national and international fame. However, already in the 1920s she was well-known to many folklore and language scholars in Ireland and abroad, and after the publication of her autobiography *Peig* in 1936, she became a household name among everybody associated with Irish language and culture. The book won for her the Douglas Hyde Reward which amounted to £50, a considerable sum of money then. At the same time she was crowned queen of the Blasket, on the instigation of Máire Ní Chinnéide. The award and the coronation ceremony were given considerable attention in the newspapers. Peig was glad to get the prize money, but less enthusiastic about the coronation, being of the opinion that people had made a fool of her.[1]

However, though Peig met with considerable recognition

157

towards the end of her life, her fame was largely posthumous. Radio Éireann has done much to hold Peig's name aloft, beginning with a programme in English, *Tribute to a Great Storyteller*, produced by Seán Mac Réamoinn and broadcast on 15 May 1959. This was soon to be followed by Aindrias Ó Gallchobhair's memorial programme, *Bhí Sí Seal inár Measc*, produced in the Cork Studio and broadcast on 17 November 1959. Among those who appeared on this programme and gave most valuable contributions towards the understanding of Peig as a person and storyteller were her own son Mícheál Ó Gaoithín,[2] the poet Seán Ó Ríordáin and the scholars Seán Ó Tuama and Kenneth Jackson.

The peak of Peig's reputation, however, was reached when, on Monday, 3 August 1969, a beautiful headstone was raised over her grave in Dún Chaoin. This memorial stone, which is a work of the renowned Cork sculptor Seamus Murphy,[3] was the outcome of a subscription appeal, supported and signed by about fifty prominent men and women in and outside Ireland.[4] The unveiling ceremony was performed by Chief Justice Cearbhall Ó Dálaigh (later President of Ireland) in the presence of several hundred people. Among those present were many of Peig's close friends, such as the poet Seán Ó Ríordáin and Seán Mac Réamoinn of Radio Éireann, as well as leading figures in the Irish-language movement, including Dónall Ó Móráin, Aindrias Ó Muimhneacháin and An tAthair Tadhg Ó Murchú (who had often acted as Peig's confessor). Present also were prominent politicians, scholars, clergymen, artists and authors from all over Ireland; among them and last, but certainly not least, a vast crowd of local men, women and children. Apologies from the President of Ireland; Éamon de Valera; Mr Charles Haughey (then Minister for Finance); the Bishop of Kerry, Dr Moynihan; the Bishop of Galway, Dr Brown and the actor Mícheál Mac Liammóir, and many others who deeply regretted not being able to attend the occasion were read out by the parish priest, an tAthair Mícheál Ó Cíosáin.

The unveiling was followed by an oration delivered by Seán
Ó Súilleabháin, the archivist of the Irish Folklore Commission,
in which the importance of Peig's contributions to Irish and
international culture was highlighted.[5] He also paid tribute to
Seosamh Ó Dálaigh and others for their diligent collecting work,
thanks to which Peig's stories and traditions were saved for
posterity. Fittingly, the ceremony was concluded by the poem 'Ar
uaigh mo mháthar' ['On my mother's grave'], touchingly
recited by Liam Budhlaeir, in the absence of Peig's son, Mícheál
Ó Gaoithín, who was unable to attend due to illness. The event
was given wide coverage in the national and local press as well as
on Radio Éireann.[6]

Now, fifty years after Peig's death, her fame has spread even
wider. The autobiographical books, on which part of her
reputation rests, have reached hundreds of thousands of readers
in many editions, in the original Irish and in English translation.
They can also be found in several other languages, and are likely
to appear in many more in the future.[7] Some of Peig's traditional
stories have also appeared in print, and a number have been
translated into English[8] and other languages, e.g. French,
German, Swedish, Romanian and Japanese.[9]

The importance of all the information Peig provided on the
various aspects of life in her home area has been increasingly
recognised, and reference to this material is made in hundreds,
if not thousands, of scholarly studies, not only on the Irish
language and its literature and folklore, but also on a great
variety of other topics. Book-length biographies on Peig's life
and work have yet to appear, but both scholarly and popular
articles are legion. Schools and universities pay much attention
to Peig and her works, and many conferences and symposia have
been devoted to her. Neither has she been devoid of media
attention in recent years. Both Radio Éireann and RTÉ Raidió na
Gaeltachta have featured programmes on her. Cathal Póirtéir's
programme, *Peig: Reflections on an Old Woman*, in the series of
documentaries on Blasket writers, first broadcast in 2003, in

which many leading authors and scholars participated, gave rise to much interest and lively debate. Several television programmes have also been devoted to Peig. Breandán Feiritéar's film, *Slán an Scéalaí*, first shown in 1998, and since broadcast on several occasions, deserves special mention.

But far from all the attention devoted to Peig has been flattering to her memory. Mixed with the high appreciation of her skilful use of language and the artistry in her narration, critical voices have frequently denounced her as a mediocre author. Her love for her native language has been considered exaggerated and absurd, her patriotism naive and her religiosity maudlin and lachrymose.

It is not easy to give an answer to the question 'Who was that Peig Sayers?' She was far more complex than either her admirers or her detractors have imagined.

PEIG'S LIFE

The basic outlines of Peig's life are simple enough. Even though they may appear to be unusual and dramatic in our day and age, they were in most respects ordinary and typical of her time and her part of the country. Nevertheless, Peig and her achievement cannot be understood unless her life story is taken into account. Therefore an outline must be given before we can turn to factors of greater importance when it comes to explaining her genius.

As mentioned, Peig's parents were poor, but so were practically all their neighbours; hence the poverty was not felt as such an intolerable burden as it might otherwise have been. Peig's birth in Baile an Bhiocáire followed shortly after the parents' move from Fionntrá, her father's parish of birth (while the mother was from Com Dhíneol, a townland in the parish of Dún Chaoin). It was in Fionntrá that Peig's much older brothers Pádraig and Seán, as well as her sister Máire, were born. We have it on Peig's authority that after their birth her mother had a long series of miscarriages, and that this and other consequences of ill-fortune were the reasons for the move from Fionntrá.

Whether that was so or not, her parents were well pleased with the move and overjoyed with the arrival of the new baby. She, in turn, admired her father and loved her mother as is clear from her autobiographies.

There were far more people in Baile an Bhiocáire at that time than now, and the young girl gradually got to know the world around her. She was an intelligent and eager observer. But however much she devoured with the eyes, her ears took in even more. There were few means of entertainment open either to young or old, but there was no lack of conversation. Though nearly everybody in the parish was analphabetic in Irish, and had little or no English, they were steeped in oral Gaelic culture. In this society the ability to express oneself well and clearly, and to tell a story efficiently, carried prestige and was highly treasured.

The institution of *bothántaíocht* (which involved people going on nightly visits to neighbours in order to exchange news and swap stories) was still thriving in Kerry at the time, and Seán Sayers would often bring his small sister with him on his nightly outings. On such occasions, and even more in her own home, whenever her father was visited by his friends, she heard an unbelievable number of stories about strange and adventurous happenings in the past. She took a keen interest in these and preserved them in her exceptionally receptive memory.

She also developed into the highly sociable person she remained all her life. Peig was an unusual child in the great enjoyment she took in the company of old people, and this no doubt made her seem a bit precocious, but she also got opportunities to develop friendships with girls of her own age, especially after she had started school, which she did very early, as was common at that time. She liked school and appears to have been a very good pupil, and all her life she took pride in having been taught by none less than the famed Seán Ó Dálaigh who used the pen name 'Common Noun' (father of the folklore collector Seosamh Ó Dálaigh who came to play such an important part later in her life).[10] There were some shadows in

Peig's childhood. She was distressed, for instance, by her mother's deteriorating health (the causes of which were never clarified). On the whole, however, it would be fair to say that Peig's childhood was a happy one.

Life would not continue like that. Peig considered herself to have been deprived of her youth. The misfortunes started when her brother Seán married and brought his wife Cáit into the house. She took a dislike to Peig, and considered her a burden to the family. As a result Peig, not yet fourteen years of age, had to leave school and home to go 'into service'. She was engaged by the Ó Curráin family in Dingle who had one of the biggest shops in town in Main Street (the shop still exists and has kept much of its old atmosphere). Torn away from her relations in a place that seemed utterly strange to her, and surrounded by a language that was not her native one, the young girl naturally felt lonely and miserable at first.

She adapted well to her new life, however, thanks to the kindness of her employers (who ordinarily spoke Irish to each other, though they always spoke English to their children) and especially thanks to her master's old mother, Nain, who spoke nothing but Irish and who developed a special affection for the girl who was so willing and eager to listen to her stories. Peig also got on well with her employer's son and daughter who were more or less her own age. The term of service in Dingle ended, however, when Peig's health deteriorated (the nature of her illness was not clarified either). In any event, Peig thought that the only cure for her was to return home for a while.

So she did and was soon fit enough to enter into service again. This time she was employed on a farm in Cnoc an Bhróigín in the parish of Cill Dromann, a couple of miles northwest of Dingle. There she was ill-treated and forced to do men's work. She refers to her employers and their family as being *gallda*, probably implying that English was their daily language.

The only way out of the misery Peig could see was one which

so many boys and girls at the time dreamt about: emigration to America. A schoolfriend, Cáit Jim, who had already gone there, had promised to provide Peig with the passage money, but when she proved unable to fulfil her promise, that way of escape was also closed.

Faced with the unattractive alternative of continuing her life as a miserable and poorly paid servant, Peig was now happy to accept a marriage offer from Pádraig Ó Guithín, a fisherman from the Great Blasket, the island situated about three miles from the mainland in Dún Chaoin. Pádraig (or 'Peatsaí Flint' as he was usually called) was nine years her senior. They were married in Baile an Fheirtéaraigh on 13 February 1892. The match was an arranged one, and Peig herself lent wings to the story that the parties had not even set eyes on each other before the suitor arrived to her father's house to ask for her hand. This might have been a jocular exaggeration, however, especially since Peig later in life admitted to having been acquainted with Peatsaí before marriage. In any event, the opinion held by some that Peatsaí meant little or nothing to Peig is certainly erroneous. On the contrary, there is much to indicate that she was well pleased with her strong and athletic husband, who had the reputation of being a skilled oarsman and fisherman, and whose wit and intelligence she also grew to appreciate.[11]

The family Peig joined was unusually large, even by Blasket standards. It included both of her husband's parents and an unmarried brother and two unmarried sisters of his. However, Peig got on extremely well with her in-laws. They, in turn, liked her very much. She also acquired a new confidante among the Island women, Cáit Ní Bhriain. She no longer suffered from the loneliness that had so often previously burdened her, especially since the children started to arrive in a steady stream. About a week before a full year of her marriage had gone by, her eldest child, Muiris, was born. He was followed by six other children (apart, it would appear, from three who died in early infancy, something that was quite common at the time).[12] There were three boys, Pádraig, Mícheál and Tomás, and three girls, Cáit, Siobhán and Eibhlín (Neil). She was the youngest child, born in 1911 and eight years the junior of her next youngest sibling, Tomás. The children were Peig's pride and joy. It therefore came as a heavy blow to her when Siobhán died, of measles, at the age of about eight.

This was only the forerunner of a new series of misfortunes that started with Peatsaí's deteriorating health (again from an unidentified ailment), followed by the tragic death of Tomás who fell over a cliff on 18 April 1920. The following autumn Peig's son Pádraig emigrated to the States, and at the end of 1922 he sent the passage money for his sister Cáit. In April the following year, Peig's husband died (at the age of 61), and soon the remaining children, like so many other Blasket Islanders, set out for America.[13] The last to leave was Mícheál, nicknamed 'An File' [The Poet], who set sail in 1929. For a while Peig was just as lonely and miserable as she had been in the last years before her marriage. The only one who lived with her was her brother-in-law Mícheál (nicknamed 'Codaí'), now getting on in age and half blind. All this coincided with the onset of a general deterioration in the social and economic fabric of the Blasket, and Peig had little or no hope of seeing any of her children ever again. News of the tragic death in America of her son Muiris was also soon to reach her.

However, the onset of the Depression in the United States had the fortunate result for Peig that her son Mícheál, unable to get work, managed to return home and life became rewarding for her in a new way. Also, towards the end of the 1920s, Peig's reputation as unusually knowledgeable and well-spoken had begun to establish itself among linguists and other scholars from home and abroad, and Peig delighted in their company. They provided her with some small luxuries, such as tobacco for her pipe, to which she, like many other old women on the Blasket, was addicted, and the odd drop of whiskey, to which she had no objection either. By the time her son returned from America,

Peig was already on the way to becoming something of a celebrity. As can be seen from many photographs, drawings and paintings, Peig was good-looking; many would call her beautiful. Her lively grey eyes and expressive hands have often been commented on.[14] However, as indicated by her nickname 'Peig Mhór'[15] (which she did not hesitate to apply to herself), she was buxom and sturdy and, as the years went by, she became increasingly sedentary.

It became obvious that life on the Blasket, an isolated society in decline, with neither doctor nor priest, was not suited to an ageing widow in need of medical and spiritual attention. Consequently, Peig and her son took the decision to move to the mainland. There they settled in the very townland Peig had left forty years earlier. She stayed there the better part of the rest of her life. The first of these years appear to have been reasonably happy, and visits from Irish and foreign scholars and other admirers continued.

Her health continued to deteriorate, however. She had the misfortune to break a leg, an occurrence which she, half in earnest and half in jest, ascribed to the interference of the ghost of a local wisewoman whom she had unwittingly offended.[16] Her eyesight gradually deteriorated until she became totally blind. She was diagnosed with cancer of the palate (brought on perhaps by her excessive smoking). In the course of the medical investigation she spent a short spell in St Anne's Hospital in Dublin. This was the first and only time she set foot in the capital, or indeed outside her home county. Her last years she spent bedridden in St Elizabeth's Hospital in Dingle. Her clear mind, her remarkable memory, her interest in people and her often-testified to ability to make everybody comfortable and welcome never left her. To this I can bear witness, since I had the privilege of meeting her the year before her death. Her son Mícheál, who was at his mother's deathbed, together with her neighbour Muiris Ó Lúing, reported that her last words expressed the sentiment that all those who are facing death are to be pitied[17]

– a saying that encapsulates her empathy with all human beings and the sufferings that are the inevitable result of human existence.

PEIG'S AUTOBIOGRAPHIES

The above outline of Peig's life contains but a fraction of what befell her in life, and even less about what is known of her feelings and reactions to the joys and misfortunes she encountered. That we know so much about her is to a great extent due to her two autobiographical books, especially *Peig .i. A scéal féin* (first published in 1936) but also *Machtnamh Seana-mhná* (1939), complemented by the book *Beatha Pheig Sayers* which appeared under the name of her son Mícheál Ó Gaoithín in 1970 (but evidently at least to some extent written during Peig's lifetime). Mícheál's own autobiography, *Is Truagh ná Fanann an Óige* (translated under the title *A Pity Youth Does Not Last*) which, as is apparent from the foreword, was finished in 1942 (though it was not published until 1953), might also be regarded as a direct offshoot of Peig's literary legacy. In addition to all this, Peig figures in a number of other Blasket books and we also have numerous descriptions of her and statements about her by people who knew her well.

These are sometimes at odds with each other and with the picture of Peig we obtain in the autobiographies. In these circumstances it is not to be wondered that some critics are of the opinion that the portrait painted in *Peig* is not only incomplete and one-sided, but also deliberately touched up by the instigators of the book, the editor Máire Ní Chinnéide and others, to serve some political and national agenda.[18] In the absence of manuscripts (or even proofs) it is difficult to prove or disprove such points. The question of what is and is not Peig's is further complicated by the fact that Peig, who was unable to write Irish, dictated her books to her son Mícheál. In the process of this work they could obviously not have avoided discussing the plan and contents of the books. All these complicated matters deserve closer consideration than can be given to them here. Those who attribute the introduction of certain currently unpopular opinions in Peig's books to Mícheál are, however, in my view, going too far by a long chalk. For one, my own close knowledge of Mícheál tells me that his statement in his own foreword to *Peig*, to the effect that he in all essentials let his mother follow her own head, is truthful.[19]

To judge from all we know of her, Peig was also such a strong and independent woman that her son would hardly have been able to put anything in the book against her will, even if he had wished to do so. This last is an unlikely eventuality, considering how often those who knew both mother and son have commented upon their closeness to one another and how nearly identical their views were, not least in relation to their love for country, language and religion. Peig's opinions on these issues, which almost amounted to the belief that country, language and religion formed an inseparable unit, are, in fact, also abundantly documented from sources other than her books. They can, for instance, be heard on the recordings made available in this publication. Whatever views one might hold on these issues, it would therefore hardly be fair to deny that the books express Peig's honest opinions and feelings. This holds true also about the pessimism, the complaints about the shortness of youth and transitoriness of life that come close to being a *leitmotif* in *Peig* and *An Old Woman's Reflections*, and which is grist to the mill of many who would perpetuate the impression that Peig was never really young, but always a tearful old woman. However, taking into consideration all the hardship Peig suffered, could anybody honestly maintain that she was not entitled to give vent to her sadness and sorrow?

Neither should it be forgotten that *Peig* is far from lacking in pleasurable matters, festive and mirthful occasions with family and friends, the joy in the beauty and majesty of nature, and much else. The criticism that Peig in her books made herself out as a goody-goody or paragon of virtue is not entirely fair either.

There are in *Peig*, and even more so in the other books, passages where she confesses to pranks, dishonesty, petty theft and other acts that are hardly typical of model behaviour.

As to the literary value of Peig's books, various opinions have been held. On the whole it would probably be true to say that they have sunk in popular estimation from high appreciation to being regarded as overrated. In particular, faults in structure and characterisation (even more marked in *Machtnamh* than in *Peig*) have been pointed to. A low point in Peig's reputation was reached in 1962 when *Peig* was introduced on the Irish school curriculum at second level – something for which it was of course entirely unsuited. The hatred for her even took such ridiculous proportions that schoolboys are reported to have torn off the front cover of the school edition with Peig's picture, pinned it up on a wall and used it for target practice![20] Many, not least among those who hate Peig and blame her for their own unwillingness or inability to learn Irish, have up to recently been engaged in something amounting almost to a campaign to undermine her, in an attempt to equate her and her books with everything to be regarded as old-fashioned, substandard and insipid.[21] Fortunately, this trend seems to be on the wane, and may hopefully soon disappear now that *Peig* is no longer required reading on the school syllabus.

Whatever the literary merits of Peig's books, nobody can deny that Peig's command of language is admirable, her vocabulary immensely rich and her sentences beautifully balanced. The exquisite way in which many scenes are told has indeed caught the attention of poets and writers, e.g. Seán Ó Ríordáin and Seán Ó Tuama, who would be among the best judges of literary prowess. Ó Ríordáin was of the opinion that it would be difficult to find another writer in Irish able to create such flowing, vivid and natural dialogue as that we find in Peig's books. We must also, as Ó Tuama stressed, beware of taking Peig's descriptions of incidents in her life as bare attempts to imitate reality.[22] On the contrary, he maintains, everything Peig told about what happened to her was seven times better than a straightforward and exact description of what occurred. Her inventive and poetic mind always got the better of bare reality. The inestimable value of Peig's books as social documents cannot be contested either; they give us better insight into women's lives as led in Dún Chaoin and on the Blasket at the end of the nineteenth and first half of the twentieth century than perhaps any other source.

In spite of all these qualities to recommend them, it might be argued that the greatest importance of the autobiographies is that they form part of the reason why more is known about Peig than almost any other Irish woman of her time. For although *Peig* has become so well known that many people do not regard Peig as a person but as a book, the reality is that her real importance does not lie in the printed pages in the autobiographies she dictated to her son, but in her incredibly vast store of stories and tales. In other words, instead of being a book, or even an author or writer in the usual sense of the word, her greatness lies mainly in her oral artistry. Neither were the stories in which she excelled of her own invention, nor were they mainly about herself or about recent events; they were instead traditional stories, passed on for generations by word of mouth, many of them with roots hundreds or even thousands of years ago, but on which she put her own stamp, infusing them with her own personality, world view and life experience.

In quantity, quality and variety these tales of Peig's far surpass her autobiographical books. The manuscript material deriving from her in the National Folklore Collection at the UCD Delargy Centre, University College Dublin[23] alone occupies about 5,000 pages, to which a not inconsiderable amount of printed material from other sources is to be added.[24] Though these collections include material other than traditional stories, it is these that form by far the greater part of them. Peig's story repertoire is often stated to have included 375 tales, and this figure may well be more or less correct.[25]

HOW PEIG GOT HER STORIES

One would naturally be curious to know when, where and how Peig acquired this amazing story repertoire, which made her into one of the greatest storytellers in Ireland, if not in the world. Much research remains to be done before these questions can be fully answered, but much is also known with certainty. It is interesting that it was men who exercised the greatest influence on this the queen among female storytellers. Her father, Tomás Sayers, who was considered to be one of the best storytellers in his day,[26] played by far the most important part in Peig's formation as a storyteller. At least three-quarters of her repertoire derives from him. These tales, many of which are set in Fionntrá, or show other signs of having come from there, Peig in most instances would have learnt in childhood or early youth. Apart for her father, the storyteller for whom Peig had the greatest regard was her husband Pádraig, who in turn had learnt his tales, partly on visits to Com Dhíneoil, the townland in Dún Chaoin from which Peig's mother came, and partly from fishermen from Uíbh Ráthach. However, Peig had also picked up stories during various stages of her life from many other tellers, among whom there were also women, including her mother, her sister Máire, and Nain, the mother of Séamas Ó Curráin, her employer in Dingle. Some tales were learned from her brother Seán, also known as a good storyteller, and many neighbours in Dún Chaoin and on the Blasket. It is true to say, then, that Peig's repertoire represents old and genuine family traditions deeply rooted in the soil of her ancestors. Some exotic elements were, however, added to her repertoire by her son Mícheál, including a story he had heard in America and a couple of tales of literary origin, one of them, strange to say, derived from Boccaccio's *Decameron*.[27]

THE COLLECTORS AND THEIR COLLECTIONS

That Peig's *forte* lay in storytelling rather than in the writing of autobiographical books could perhaps have been surmised even

170

if no folklore collector had ever come near her. That this could have been observed is due to the fact that she actually interspersed her books with some traditional tales. Indeed, some observant critics have singled out such passages as the best part of the books. No wonder either, that the Swedish folklorist Carl Wilhelm von Sydow, who was the first to introduce *Peig* to a foreign audience, chose to translate the chapter on how Peig celebrated her Christmas in Dingle, with its touching description of Nain's telling of a miraculous tale about The Holy Virgin and St Brigit.[28] However, if it had not been for the diligent and dedicated work of many collectors and the vision and organisational skill of a few scholars, in particular Séamus Ó Duilearga and his fellow-workers in the Folklore of Ireland Society and the Irish Folklore Commission,[29] only scattered examples of Peig's stories would have been preserved for posterity.

Those directly involved in collecting folklore material from Peig were over a dozen in number, men and women of the most varied background and age, and involving half a dozen nationalities.

Cormac Ó Cadhlaigh (1884–1960)[30]

It is not possible to say for certain who was the first to collect folklore material from Peig. The Gaelic Leaguer Cormac Ó Cadhlaigh, who became professor of Irish at University College Dublin, makes the claim for himself in his memoirs. The material he collected from Peig during his stay as a young man on the Blasket in 1907 does not seem to have included stories, but only proverbs and song texts. Unfortunately, these collections are lost, but most of the songs Ó Cadhlaigh refers to by title in his memoirs were taken down later by other collectors. Ó Cadhlaigh's connections with Peig were hardly close, since he, according to what he himself mentioned, addressed her as 'Bean Uí Ghuithín' (Mrs Guithín), which must have sounded especially strange to her since, as was the common custom with Gaeltacht women, she kept her maiden name after marriage.

Pádraig Ó Guithín (1893–?) and Cáit Ní Ghuithín (1895–?)
The earliest items of preserved folklore that can be traced to Peig with any certainty were not collected by scholars or other visitors to the Island. They emanate from her own children, who sent them in as contributions to *An Lóchrann*, an Irish-language magazine. One was made by Peig's eldest daughter Cáit, then still a schoolgirl, and consisted of two stories, one of which was a well-known jocular tale, or rather conglomerate of tales, about a foolish wife, entitled 'Siobhán agus Domhnall', and the other a version of the *chante fable* 'Seán 'ach Séamais'.[31] Though it is unclear whether Cáit actually took down these stories from her mother's dictation or whether she had heard them so often that she was able to write them down from her own memory, they are so much like versions later collected from Peig that it cannot be in doubt that they are, indeed, derived from her.

Perhaps it was young Cáit's success in getting the stories she had written down published that inspired her eldest brother Pádraig to send in a version of the poem 'Fáilte an Linbh Íosa' ['Welcome to the Christ Child'] to *An Lóchrann*.[32] Peig recited the same poem on her first Christmas as a servant girl in Dingle;[33] another version can be heard on these recordings (item 15).

Robin Flower (1881–1946)[34]
The Englishman Robin Flower, 'Bláithín' [Little Flower], as the Blasket Islanders called him, a medievalist and Deputy-Keeper of Manuscripts in the British Museum, made his first visit to Blasket in 1910 and became a regular visitor thereafter. He must have got to know Peig, whom he so lovingly describes in his book *The Western Island*,[35] during his first visit but we have no evidence that he collected any material from her until the end of the 1920s.[36] Séamus Ó Duilearga, an old friend and admirer of

Flower's, in his role as editor of *Béaloideas: The Journal of the Folklore of Ireland Society*, published some of the tales he had collected in the journal.[37] Many years later, after Flower's death, Ó Duilearga also committed to print a number of further tales that Flower had collected from Peig in a miscellany, entitled 'Measgra ón Oileán Tiar' [Miscellany from the Great Blasket].[38]

However, by far the greater part of Flower's collections is still only in manuscript. This includes the ediphone recordings made in 1930, the first sound recordings from Peig, and one of the first extensive ones from any Irish storyteller. After Flower's death these were acquired by the Irish Folklore Commission and transcribed by the full-time collector Seosamh Ó Dálaigh, a task which, due to the bad condition of the cylinders, few but he could have fulfilled, and not even he could have managed it if it had not been for the fortunate circumstance that he was able to play the recordings back to Peig herself, and obtain her opinion of what she would have said in the less audible passages. Given his background, Flower was understandably especially fascinated with the extent to which it was possible to find analogues to Peig's tales in medieval Irish and continental literature, but he also had a keen appreciation of the beauty of Peig's language and narrative performance, as evinced particularly in the excellent description he gives in *The Western Island*.[39] Taking part in and loving the daily life of the islanders and only eight years younger than Peig, he became a close and much esteemed friend of hers, a friendship, however, into which a good deal of mutual joking and teasing also entered. 'I could be just as cheeky with him as I am with you,' she told Seosamh Ó Dálaigh.

Kenneth Jackson (1909–1991)[40]

The next major collector to draw from Peig's seemingly inexhaustible well of folklore was the Cambridge student Kenneth Jackson who later became a famous Celticist. He came to the Great Blasket in 1932 on Flower's recommendation, in order to learn Irish, and revisited the Island every summer until

1937. His collections from Peig, mainly consisting of folktales and legends, were (again thanks to Séamus Ó Duilearga's initiative) published in *Béaloideas*: the major part of them under the title 'Scéalta ón mBlascaod' [Stories from the Blasket].[41] Jackson's mode of collecting was an unusual one, which caused much wonder on the Island. When he started to write the stories down from Peig's narration in the international phonetic script, he had no idea what they meant, since he had not yet mastered Irish. Nevertheless, to Peig's and everyone's astonishment, he was able to read them back with correct pronunciation. Only then did he ask Peig to tell him what the stories were about and give an English translation.[42] It does not take much imagination to understand the patience and perseverance such a *modus operandi* required from Peig.

However, in spite of this, and in spite of the fact that Jackson, being just a student, was unable to offer any remuneration to his informant (unlike Flower who was known for his generosity in this respect), Peig was more than willing to help Kenneth Jackson (or Cionadh Mac Sheáin as he was called on the Blasket) in every possible way. They developed a mother–son relationship, touchingly documented in a letter (in English) to Kenneth after his return to England, in which Peig writes 'I have for you a mother's love and respect'.[43] These feelings Kenneth requited as evidenced not only in 'Scéalta ón mBlascaod' but also in the dedication in his book *The International Popular Tale and Early Welsh Tradition*[44] (in which he also puts stories he collected from her to good use).

Jackson was a man of many talents and skills. As one could gather from his collecting method, he was a first-class phonetician. Unfortunately, his obsession in preserving minute points of Peig's speech in the process of transcribing the original phonetic texts into conventional script led him to adopt a strange spelling system. Though it conveyed Peig's pronunciation and thus made the texts of especial value to specialists in linguistics, it made the collection less accessible than it deserves to other readers. But, far from being exclusively a Celticist, Jackson, like Flower, was widely read in medieval literature in many languages from many countries, a fact to which his valuable annotations in 'Scéalta ón mBlascaod' bear ample proof. And, perhaps even more importantly, his annotations, including references to scholarly studies of individual tales, parallels in Irish tradition and elsewhere and, in some instances, also information on the situation in which Peig learnt her tales, indicate that Jackson, if so many other tasks had not come to engage him as a scholar in later life, could have become a first-class folklorist. He did in fact, at one stage, consider travelling to Lund in Sweden in order to study folklore under the guidance of Carl Wilhelm von Sydow.[45] Unfortunately, the outbreak of World War II thwarted these plans, just as they put an end to so many other undertakings of co-operation in the field of Irish and Scandinavian folklore studies.

Pádraig Ó Braonáin (1904–1979)
A collection from Peig, consisting of seven long wonder tales, was brought together by Pádraig Ó Braonáin, a man whose background was entirely different from that of the earlier collectors. At the time of the collecting in the early 1930s he was a young civil servant and later served as court clerk in Galway and Dublin. During his holidays on the Blasket he met a local girl, Cáit Ní Chearna ('Cáit Sheáisí'), whom he married.[46] Ó Braonáin, who had originally learnt his Irish in Waterford, had an excellent command of the language, but had no scholarly training in phonetics or linguistics, and for that reason his texts do not reproduce Peig's exact words and pronunciation as closely as Jackson's. However, from the point of view of content, the stories, which Ó Braonáin wrote down from dictation in the conventional spelling of the time, are reliable, as can be seen from other versions of some of the tales taken down by earlier and later collectors. It is not quite clear what prompted Ó Braonáin to undertake his collecting: it might have been his

general enthusiasm for the Irish cause, and perhaps also his wish to perfect his Irish. In any event Ó Braonáin's collection came to Séamus Ó Duilearga's attention and was incorporated into the collections of the Irish Folklore Commission. A note in Ó Duilearga's hand in the manuscript informs us that the collector (in a letter to the Commission dated 18 May 1934) had presented these (and some further tales he collected from another Blasket storyteller, his mother-in-law to be) to the Irish Folklore Commission with permission for them to be used in whatever way seen fit.[47]

Marie-Louise Sjoestedt (1900–1940)[48]

Among the collectors who took down a couple of tales from Peig during the 1930s, three were women. One of them was Marie-Louise Sjoestedt (after marriage Sjoestedt-Jonval), who was to become a famous linguist and mythologist. In spite of her nickname 'Máire Francach', she was only half French; her father was a Swedish diplomat, resident in Paris. Two of the tales she collected from Peig, a version of the Cinderella story and a long romantic tale of a calumniated wife, have been committed to print.[49] Both tales are presented in phonetic script and conventional spelling, and both have been provided with translations into French. The eagle-eyed Ó Duilearga advertised Sjoestedt's collecting from Peig in a note in the fourth volume of *Béaloideas*.[50] From the wording there, 'We look forward to the publication … of more tales from the learned contributor's Kerry collections', one gets the impression that Sjoestedt took down more tales from Peig than the two printed ones. There are also other indications to the same effect; however, efforts to trace these have failed so far.

Máire Ní Ghuithín ('Máire Mhaidhc Léan') (1909–1988)

While on the Blasket, Marie-Louise Sjoestedt shared the work and amusements of other unmarried girls there. Máire Ní Ghuithín, in whose parents' house Marie stayed, became a special friend of hers, as she later described in her book *An tOileán a Bhí*.[51] As an intelligent Island woman, knowing her neighbour Peig intimately, and having acquired an understanding of her importance from Marie-Louise Sjoestedt, Máire might have been an ideal person for collecting folklore from Peig. Séamus Ó Duilearga also heard of her skill and for a while engaged her as a part-time collector on the Island. It would appear, however, that he discouraged rather than encouraged her from taking down stories from Peig, probably because he thought at that time that her tales and traditions had already been sufficiently collected, or possibly because he did not want her to encroach on what could be considered Flower's and Jackson's territory. Whatever the reason, Máire only took down three short items from Peig's dictation, only one of which the migratory legend, 'The King of the Cats is Dead', is a traditional story. However Máire Ní Ghuithín often referred to Peig and her storytelling later in life, both in her books and in taped interviews I made with her in the 1980s.[52]

Máire Nic Gearailt ('Minnie Fitz') (1911–1992)[53]
The third woman to collect from Peig was Máire Nic Gearailt, the last schoolteacher on the Blasket. She came from Márthain on the mainland, but her mother was a Blasket woman. From Peig's dictation she took down a version of the religious tale, 'The Devil's Son as Priest'[54] under the auspices of the so-called Schools' Collection Scheme, masterminded by Séamus Ó Duilearga and Seán Ó Súilleabháin of the Irish Folklore Commission.[55] However the Blasket collections under the auspices of this scheme were not, as in most other instances, written by the schoolchildren, but by the teacher herself.

Carl Borgstrøm (1909–1986)[56]
A single tale, a variant of the story 'Seán Ó Sé na Banóige', was written down from Peig by the Norwegian scholar, later professor in Oslo, Carl Borgstrøm during a short visit he paid to

the Blasket in 1932.[57] There is a note in Séamus Ó Duilearga's hand in the manuscript to the effect that Borgstrøm had collected the tale at Ó Duilearga's request. The reason why Ó Duilearga asked for this specific tale was no doubt that it deals with the Vikings and a treasure they had left behind in Ireland, a subject in which C.W. von Sydow, Ó Duilearga's mentor, had particular interest and had made enquiries about.

Dermot Mason (b. 1918)

A curious story underlies one of Peig's versions of the long legend about Dónall Ó Donnchú ('Dónall na nGeimhleach'). It is only preserved in English translation in Thomas Mason's book *The Islands of Ireland*.[58] As mentioned there it was taken down from Peig by the author's son, Dermot Mason who, as a student, used to stay on the Blasket for lengthy periods 'in order to obtain conversational knowledge of Irish which is necessary for this profession of the Law'. During these stays he visited Peig more or less daily and wrote down many stories, probably two or three score, from her dictation. Very much to his regret, all these stories, with the exception of the above mentioned, have now been lost.[59] In return for Peig's help, Dermot used to send tobacco to her when he returned from the Blasket, and – according to a letter to me from Dermot's wife – she addressed her thanks to '*An buachaill dathmhail* [the good-looking boy], 39 Kenilworth Square, Dublin'.

Cosslett Ó Cuinn (1907–1995)[60]

Among the minor collectors during the time Peig lived on the Blasket must finally be mentioned the clergyman and professor, Cosslett Ó Cuinn. During his stay in the Blasket, as a student in Trinity College in the winter 1929, he wrote down one single item from Peig, a verse attributed to the poet Piaras Feiritéar. It is a version of the verse that famous seventeenth-century poet and patriot is supposed to have composed when he was overwhelmed by loneliness, hiding on the Blasket in the cave called Scairt

Phiarais. This item forms part of a small collection of folklore originally written in rough notebooks, which on Séamus Ó Duilearga's request were later transcribed into a manuscript.[61] Cosslett Ó Cuinn himself, echoing Ó Duilearga's editorial address in the first number of *Béaloideas*, clearly states his reasons for undertaking the collecting: 'Here I end this collection undertaken for the glory of God and the honour of Ireland'. Small as it is, Ó Cuinn's contribution also offers an excellent illustration of the religious zeal with which Ó Duilearga followed the biblical exhortation *Colligete quae superaverunt fragmenta, ne pereant* (Collect the remaining fragments lest they perish, Jn 6:12) which the Folklore of Ireland society had chosen as its motto.

Seosamh Ó Dálaigh (1909–1992)[62]

Among those who collected from Peig while she was still on the Blasket was, in fact, also Seosamh Ó Dálaigh (commonly known as Joe Daly), the full-time collector thanks to whose efforts *c.*3,200 manuscript pages of material of Peig's stories were eventually preserved. However, Ó Dálaigh paid but one single visit to Peig on the Island, in 1940, resulting in a small collection.[63] From Ó Dálaigh's correspondence with the indoor staff of the Irish Folklore Commission, it appears that he had long wanted to start collecting from Peig, but that he, like Máire Ní Ghuithín, was discouraged from doing so; it appears partly because it was at the time considered more important to collect from others since so much had already been taken down from Peig, and partly from a wish to avoid intruding upon Flower's territory. It was therefore not until it had become clear that Flower would not be able to collect any further material and after Peig's move to the mainland that Ó Dálaigh's collecting from her started in earnest. On 15 September 1942, only two weeks after Peig's arrival in Baile an Bhiocáire, he began the work which was to go on until the very day he left his post as folklore collector, on 1 November 1951. In the process of this collecting, he paid 275 visits to Peig.

There are, however, a number of factors, apart from its sheer size, that makes the material Ó Dálaigh collected from the masterly storyteller so unique. One thing is the extraordinary variety of the material; unlike earlier collectors, who, with few exceptions, had concentrated upon collecting Peig's longer tales, Seosamh Ó Dálaigh also tapped her rich repertoire of jokes, anecdotes, belief legends and other shorter narrative items. And what is more, new directives sent out from the Commission instructed the collectors to pay attention also to material and social aspects of folk life. As a result of this, Seosamh Ó Dálaigh, following the guidelines laid down in Seán Ó Súilleabháin's *A Handbook of Irish Folklore*, wrote down from Peig a wealth of information on practically every aspect of life and livelihood on the Blasket and in Dún Chaoin, and all the customs and beliefs associated with them.

Apart from its inestimable intrinsic value, this material also provides a background to a fuller understanding of Peig's own life and her storytelling. The fact that Ó Dálaigh, unlike the other collectors, had been trained and instructed by professional folklorists (Séamus Ó Duilearga and Seán Ó Súilleabháin), meant that he also, again unlike most of the earlier collectors, took special care not only in providing Peig's stories in isolation, but also information on from whom, when and under what circumstances she had learnt them. Furthermore, Seosamh, as all full-time collectors were instructed to do, kept a diary during all his collecting years, and this includes many priceless descriptions of the occasions and context of Peig's storytelling. As noted earlier, it also fell to Seosamh to transcribe the many ediphone cylinders from Flower's *Nachlass*, which had been acquired by the Commission.

In the later years of Ó Dálaigh's collecting, it had also become increasingly clear to Ó Duilearga and Ó Súilleabháin that it was essential for a fuller understanding of storytellers' art to have access to more than one telling of their stories.[64] For this reason Ó Dálaigh was instructed to record and transcribe a number of stories taken down from Peig earlier, especially longer tales she had told to Flower. The fact that these recordings, like Flower's, were taken down by means of ediphone, combined with the circumstance that the transcriptions were in both cases undertaken with the same accuracy by Ó Dálaigh, make them especially valuable for such comparisons. More than anything else, however, Ó Dálaigh's success as a collector from Peig was due to Peig's love and devotion for 'Jo-een' as she called him, her touching willingness to do everything she could for him, and the understanding, shared by collector and informant, of the value and importance of the task in which they were engaged. Only a small fraction of the material collected by Ó Dálaigh has as yet appeared in print.

Heinrich Wagner (1923–1988)[65]

While Seosamh Ó Dálaigh was still working as collector, another substantial collection of folklore, mainly stories, but also some songs, were made from Peig, during the first five months of 1946, by the young Swiss scholar Heinrich Wagner, later to become professor at The Queen's University of Belfast and at the Institute of Advanced Studies in Dublin. As he himself states, Wagner received great help and encouragement from Séamus Ó Duilearga, Seán Ó Súilleabháin and Caoimhín Ó Danachair in the Folklore Commission in Dublin, as well as from Seosamh Ó Dálaigh in Dún Chaoin. Wagner's interests were primarily linguistic and, like Jackson, he wrote down the material in phonetic script. These collections from Peig were eventually published (together with some material from a couple of other informants in Dún Chaoin) in *Oral Literature from Dunquin*.[66] The phonetic texts there are accompanied by transcriptions in conventional writing, in which, however – to the detriment of the ordinary reader – the old, now generally abandoned orthography, was followed. Some additional material from Peig, presented in the same way, was published in two articles in the journal *Zeitschrift für celtische Philologie*.[67] All these publications contain short folkloristic notes by the co-editor, Nollaig Mac Congáil. Though, as mentioned, aimed mainly at linguists, the tales and songs in Wagner's collections are also of great importance to the folklorists, not only because the collections provide variants to earlier recorded tales, but also because they contain some previously unrecorded ones.

Harriet Hjorth Wetterström (1908–1977)[68]

The Swedish novelist and travel writer Harriet Hjorth Wetterström visited Ireland in 1946, travelling around the coast, gathering material for the book *Irlandskust*, which appeared the following year, and became somewhat of a bestseller; a second edition with a foreword by Séamus Ó Duilearga was issued in 1971. Guided as she was by Ó Duilearga, she did as a matter of course come to Dún Chaoin, where she visited Peig, to whom she devotes a section of her book. On this visit, which she undertook in the company of Heinrich Wagner, Peig told a romantic love story, a version of which is rendered, or rather summarised, in Swedish in *Irlandskust*. It is uncertain whether Peig on this occasion told the story in English, making an exception from what otherwise seems to have been a firm rule of hers only to tell stories in her native language, or whether Wagner acted as a translator. In any case, it is understandable that a story told in such curious circumstances should be rather garbled in its Swedish dress. Fortunately, Kenneth Jackson had collected it previously in a fuller and more correct form.[69]

Wire recordings for the Irish Folklore Commission 1952

Seosamh Ó Dálaigh's retirement in November 1951 did not mean that the Irish Folklore Commission's effort to record Peig Sayers' stories and traditions as fully as possible came to an end. On the contrary, the need was eagerly felt to procure sound recordings by new techniques capable of reproducing and preserving Peig's voice better than the basic and impermanent ediphone recordings had been able to do. Caoimhín Ó Danachair had indeed been instructed to go to Dún Chaoin to make such quality recordings between Christmas and New Year 1951, but these plans were foiled due to Peig having fallen ill and her subsequent hospitalisation. However, an opportunity to try out so-called wire recording arose when Peig was referred to St. Anne's Hospital in Dublin to be investigated for throat cancer. There she was visited on 12 and 14 January 1952 by Caoimhín Ó Danachair, Seán Ó Súilleabháin and, on the latter occasion, also by Pádraig Ó Siochfhradha ('An Seabhac').[70] Altogether, half a dozen stories and a couple of pieces of non-narrative material were recorded. Though the sound quality of these recordings is better than what the ediphone could achieve, they are still not of high quality.

Mícheál Ó Gaoithín (1904–1974)[71]

Mícheál, who had been so closely associated with Peig's autobiographical books, and who was also a skilled storyteller, did much to preserve his mother's store of tales. He took down a number of them while he was employed as a part-time collector by the Irish Folklore Commission (1956–1963),[72] and collectors, including Seosamh Ó Dálaigh, James Stewart, Ole Munch Pedersen and myself, also recorded a vast amount of stories from him, many of which he attributed to his mother.[73] Thanks to this we are uniquely enabled to study the process of transmission from one masterly storyteller to another and changes in the tales brought about by various interests, life experience and gender of the tellers.

The collections in their totality

Though the most important and most reliable of all these collections must undoubtedly be judged to be that brought together by Seosamh Ó Dálaigh, the Irish proverb *I dteannta a chéile is fearr iad* [Things go best together] is certainly applicable to the totality of the collected material. The different collecting methods, the varying storytelling occasions and the highly varied background, age and experience of the collectors, combined with the chronological spread of the material over more than twenty years, offer unique opportunities for insight into the interplay between storyteller and collector. Seldom or never would one find any body of material that has the potential to give better insight into such central folkloristic questions as variation and stability in a storyteller's repertoire; we have a great amount of multiple recordings of stories at our disposal, some even taken down three or four times.[74] The importance of making the material available in its entirety has long been realised by Séamus Ó Duilearga and others, but the magnitude of the task and the lack of funds has delayed the realisation of the project.[75] Preparations for the edition of all the stories known to have been taken down from Peig under the editorship of Dáithí Ó hÓgáin and myself (with the assistance of Mícheál Ó Curraoin) are well advanced, however, and it is hoped that it will be possible to publish the first two volumes in the planned edition before too long.

The above survey of material from Peig, detailed though it may seem, is nevertheless not complete. A new tale from her, a fairy legend, probably collected by or at the instigation of Pádraig Ó Siochfhradha, came to light in Coláiste Íde in Dingle only a few weeks before the recent celebrations of the centenary of her birth in Dún Chaoin, and it would be far from surprising if further material in private ownership emerged.

THE RADIO RECORDINGS
General Importance
Most importantly, however, the recordings undertaken for broadcasting on radio by the BBC and Radio Éireann – which actually fell chronologically before the recordings by the Irish Folklore Commission and also before most of Mícheál Ó Gaoithín's collection – are to be added to the collecting described above. Though limited in extent, these recordings are of special value in more than one respect. Consequently, it is

hoped that this separate publication of sound and text, accompanied by translations and commentary, will be of use. These recordings constitute an extensive and representative sample of Peig's voice, preserved by means of the best techniques available at the time.[76]

Furthermore they contain examples of Peig's shorter tales, otherwise only preserved in versions written down by pen and paper from dictation, for the reason that ediphone cylinders, because of the cost involved, had to be set aside for longer items. Since stories written down from dictation seldom give as good an impression of the natural narration as sound-recorded versions, and since, according to Seosamh Ó Dálaigh, Peig told the shorter tales with even more verve than the longer ones,[77] it is especially fortunate that we have access to these recordings.

They also contain a good deal of material not otherwise recorded in any form, for instance the tale 'The Match' (item 13) as well as a number of personal experience stories and descriptions of life on the Blaskets and in Dún Chaoin (items 18, 22, 26). Totally unique is the funny and dramatic story Peig spun on the spur of the moment about the arrival of the Radio Éireann team, which includes the lively conversation with her son Mícheál and the humorous ponderings about whether the strange sounds they heard was a crashing aeroplane or the death-coach (a supernatural manifestation traditionally regarded as a death omen). Thanks in particular to Mac Réamoinn's recordings from 1953, we also get examples of something approximating to Peig's everyday conversation, lively and witty as it was (items 22, 24–26).

The pieces in which Peig describes her own life and life conditions on the Blasket and in Dún Chaoin in general, are of special interest for the double reason that they add to information in *Peig* and *Machtnamh Seana-mhná* and that they furnish material that helps to solve the question, earlier referred to, as to whether the opinions expressed and the material included in these books are her own or prompted by others.

Last but not least, the considerable amount of contextual information casts light on the interplay between Peig and those she addressed.

BBC IN THE IRISH FREE STATE

Ireland's reputation as the Promised Land of folklore was in fact so great that the Irish radio service was beaten in the race for recording by the BBC. This organisation also had the advantage of having acquired the technical equipment ahead of Radio Éireann. BBC's plan for radio recordings of Irish folklore was announced in *The Irish Times* on 7 August 1947 under the heading 'BBC unit on Tour in Eire'. In the announcement we are told that the recording unit left Salthill, Monkstown, County Dublin the preceding day, and that under the direction of Mr Brian George, it was bound for 'a month tour of Eire, in which folk songs, ballads and other features of Irish life would be recorded for broadcast in the BBC services'. Furthermore, we are informed that the party would later on 'be joined by two BBC scriptwriters, Mr W.R. Rodgers and Mr D. Thompson[78] and also by Mr Seamus Ennis, who has been attached to the Irish Folklore Commission'. Finally it is reported that Mr George 'expressed his appreciation of the assistance he had received from officials of the Folklore Commission, Radio Éireann, and other government departments'. An article in the *Irish Independent*, also of 7 August, contains very much the same information, but adds that this 'is the first occasion that a BBC recording unit has come to Eire', that 'the recording van is the one used during the Royal Tour of South Africa' and it says that arrangements are being made for Professor Delargy to give a number of talks on folklore and storytelling on the BBC's Third Programme.

As can be seen from the above, the aim was to undertake collecting all over Ireland with particular stress on folk songs and other material suited for radio programmes in English. Stories are not specifically mentioned, neither is there any reference at all to material in the Irish language. Whatever the original plan might have been, it would appear that advice from officials in the Irish Folklore Commission resulted in certain changes; in particular the BBC team was directed towards a number of well-known storytellers and singers, Elizabeth Cronin from Baile Bhuirne (County Cork), Colm Ó Caodháin from Glinsk (County Galway) and Mícheál Ó hIghne from Teileann (County Donegal), to mention but some of them.[79] And in the event that the team leaders had not from the beginning intended to include Peig in the undertaking, Séamus Ó Duilearga, who had recently in his *The Gaelic Storyteller* (The Sir John Rhŷs Memorial Lecture, British Academy 1945) called attention to her amazing repertoire and excellent skill, would have made them change their minds. One of the team members, Séamus Ennis (1919–1982) the famous piper, singer and folk-song collector, had of course, as a former full-time collector for the Irish Folklore Commission, heard a great deal about Peig, from whom he later was to collect under the auspices of Radio Éireann, and of whose book *Machtnamh Seana-mhná* he eventually became the translator.[80] However, neither he nor David Thomson were with the team when the recordings from Peig were made. Present instead was William Robert (Bertie) Rodgers, a native of Belfast, a former Presbyterian minister and a poet of note, who had recently settled in London to work as a scriptwriter and producer for the BBC's Third Programme.[81] He had, as announced, joined the BBC team, and they arrived in Dingle on 12 August 1947, where Peig at the time was staying in St Elizabeth's Hospital. As always, Séamus Ó Duilearga had instructed the Commission's collectors to make preparations for the team and assist them in every way. In this particular instance these duties, naturally, fell to the lot of Seosamh Ó Dálaigh.

Thanks to his diary entry of 12 August 1947 (given here in translation) we get a marvelously detailed and vivid picture of what transpired on that day as the team arrived.

> Just like the last few days, today was a beautiful day.
> I had to take off my jacket in the car going to

Dingle. I went to the hotel and a girl there told me that some people in the bar were looking for me. I made my way in to them. There were two men and a young woman there and I introduced myself. One of the men was middle-aged and had a mop of sandy hair, the other was young and blackhaired and somewhat swarthy. The young woman was blackhaired. The middle-aged man was Ernie O'Malley, the young man was Bertie Rodgers, and the young woman was Ruth Jones from the BBC. We had a drink or two together. They were only some of the team and the others had yet to arrive. We had lunch together and then went to Peig Sayers in the hospital.

The nuns danced attendance on them and facilitated them in every way. Peig was cheerful and welcomed them and myself as well. She spoke to me in Irish first, and then to Ernie O'Malley in English. When I mentioned Ernie O'Malley's name to her, she knew well who he was, not personally, but by his reputation when the fighting was going on. Síle Nic Amhlaoibh was a great friend of both of them and they spent a long time talking about her.

Getting down to business, Bertie Rodgers arranged the agenda – a few stories, some reminiscing about her father and some verses in English. Sr Philomena came to us also and gave Peig special permission to smoke if she wanted to. The equipment hadn't come yet and we went back to the hotel to see if the others had arrived, but they hadn't. The three said they would wander around the town, and I went off myself to get some messages.

When I came back to the hotel, the huge truck

had arrived and so had the three others. I didn't speak to them, however, until the first three I had met arrived. Brian George and his wife, with another man to work the equipment, were the others in the team. They told me his name but I don't remember it, but they themselves called him 'Skipper'.[82] We moved on to the hospital after a while. The nuns helped them in every way possible. Peig Sayers did her best for them but she wasn't allowed to get into her stride. Peig didn't come into her own until they were leaving.

I didn't know then what their plans were. I thought they might make some more recordings of singers and musicians, but when I asked them, they were not going to record any more, but were going to stay in Dingle that night if they could find accommodation and set off for Galway in the morning.

The first three, however, were going to stay on and visit the Great Blasket. There was no accommodation available in Dingle and I brought them out to Baile an Fheirtéaraigh to Kavanagh's guest-house and they got accommodation there. Ernie O'Malley asked me to get them a canvas boat to bring them to the Island. I went home then. [83]

Not surprisingly, Peig greeted the strangers with her usual grace and cordiality. However, conditions for the recordings were, as Joe's report clearly shows, in certain respects far from the best. Peig was away from home and in ill health, and none of the members of the BBC team could speak Irish. However, the negative effects of all this was to a great extent counteracted by a number of positive factors. Peig was, of course, as always glad to see Joe and willing to do everything she could for him. His presence no doubt greatly helped to set her at ease and spur her on. Furthermore, the excited interest the head nurse, Sister Philomena, and the other sisters took in the recording enterprise certainly had a contagious effect on Peig. The lifting of the otherwise strictly enforced ban on smoking to which Peig had been exposed was an extraordinary proof of the hospital staff's eagerness to make Peig a success, at the same time as it would have meant much to cheer up an inveterate smoker like her. An ardent republican and firm adherent to the anti-Treaty line, Peig was also glad to meet Ernie O'Malley (who somewhat surprisingly had joined the recording team). Peig obviously admired his fighting activities during the War of Independence and the Civil War, and it must have delighted her even more to find out that they had a common friend, Síle Nic Amhlaoibh. However, full advantage was not taken of the favourable circumstances. The team had no interest in recording longer items in Irish and they were pressed for time. Peig was just one stop on a busy recording schedule.

According to Seosamh Ó Dálaigh's diary entry, it was Rodgers who suggested the general plan for the content of the recordings, as was natural in view of the fact that he would be the person to plan the script for the eventual radio programmes. He was also the one who directed the questions to Peig, which he did in English. The material Rodgers had in mind, according to Ó Dálaigh, also corresponds well enough to what actually was recorded: the two stories Ó Dálaigh refers to must be item 1, the religious legend 'Saint Brendan and his Mass book' and 8, the humorous story 'O Lord, Make my Son an Earl!' in this publication; and items dealing with Peig's father are 'A Little Bell Ringing' (2), 'Tomás Sayers and the Wisewoman'(4) and 'Tomás Sayers' Death' (5). However, instead of a couple of verses in English, only one (9) was recorded, and the material also includes a prayer in Irish (7) and answers relating to Peig's storytelling (item 3, in Irish, and 6, in English), of which Ó Dálaigh makes no mention.

However, in spite of the face value of what we are told in

Ó Dálaigh's diary, it can hardly have been the case that Rodgers did much more than suggest in general terms that he wanted a few short items, such as a legend about a local saint and a humorous story plus a few items that would throw light on Peig herself and her background, while it was Ó Dálaigh himself with his knowledge of Peig's repertoire that suggested the specific items to Rodgers. In any event, it is clear that some of the items told, in particular 'Tomás Sayers and the Wisewoman' and the hearth prayer, belonged to Peig's favourites, which she was well pleased to make known to a wide audience. There is no denying, however, that the BBC team's visit was a disappointment to both Seosamh Ó Dálaigh, who apart from making the arrangements for the recording of Peig, had lined up a number of folk musicians and singers that the team found no time to record, and to Peig herself who would have been delighted to tell much more than her visitors were prepared to listen to.

Nevertheless, the recorded material is of the greatest interest. As far as is known, no other recording of Peig speaking in English is preserved, and the little verse (item 9) she recites, which she learnt when she was young from a schoolbook, bears witness to her remarkably strong memory. In view of the fact that Peig, according to Kenneth Jackson, could summarise her tales in English, her polite refusal (item 6) to tell a story in English to Rodgers, must be understood to indicate that she regarded her storytelling in Irish as an art not to be demeaned by non-expertise rendering into another language. In spite of the rushed circumstances, Peig must also from the very beginning have made a favourable impression on Rodgers, who described her as 'a fine, gracious old woman with natural dignity and great expression in talking.'[84] His appreciation of her is also likely to have increased once the recorded material had been translated for his benefit. Extracts from these translations, together with snatches of the original Irish, were used when Peig made her international radio début in the programme *The Irish Storyteller: A Picture of a Vanishing Gaelic World*, which was written and presented by Rodgers and broadcast on BBC's Third Programme on 13 June 1948.

Once wakened, Rodgers' interest in Peig continued. He actively supported Séamus Ennis's translation of *Machtnamh Seana-mhná*, which was published under the title *An Old Woman's Reflections* in 1962, and he provided it with an introduction in which he quotes in full a translation of the story about Peig's father's death. In this introduction, Rodgers also quotes extracts from written information on Peig and her storytelling he procured in 1960 from Seosamh Ó Dálaigh, on the advice of Seán Ó Súilleabháin. Ó Dálaigh's information is a valuable document, which will hopefully soon be published in its entirety.[85]

RADIO ÉIREANN DISC RECORDINGS 1947

As mentioned earlier, Radio Éireann had given help and assistance to their British colleagues during the time they undertook field recordings of folklore in Ireland. In the process of this, officers and staff in Radio Éireann would naturally have acquainted themselves with the new recording equipment that the British team had brought with them, and realised that it would be advantageous if similar equipment could be acquired by their own institution for use in the field in Ireland.

Before the year of the BBC visit was out, Radio Éireann had employed two staff members with special responsibility for recordings in the field and the gramophone recording equipment that was necessary for the purpose.[86] The new employees were Séamus Ennis who, as mentioned earlier, had previous experience both from five years' successful work as a folk-song collector for the Irish Folklore Commission and from his time with the BBC team, and Seán Mac Réamoinn (1921–2007), who was to become one of the most prominent Irish broadcasters and cultural journalists of his time.[87] One of their first field trips was for the purpose of recording Peig Sayers, who had by then come back home to Baile an Bhiocáire from Dingle Hospital. The recordings took place there on 6 and 7 November.

The special recording van that Radio Éireann was to get for its Travel Unit had not yet been acquired and so the team, which apart from Mac Réamoinn and Ennis, also included the technician Joe De Lacy, set out in Ennis's old Ford.[88] Taking into account the bulky recording equipment, the car must have been quite heavily loaded.

Peig herself has given a dramatic and humorous account of the arrival of 'the three boyos' as Peig called them to Baile an Bhiocáire on the night of 6 November (item 10). However, Peig's description of her astonished reaction to the visitors and their technical equipment is no doubt exaggerated for artistic purposes. The art of 'spin' came naturally to her. She had, as we know, seen similar sound-recording equipment only a few months earlier. Neither is it likely that the three Radio Éireann men when they introduced themselves would have failed to mention that a fourth man, whose name immediately would work as an 'open sesame', Joe Daly, was going to join them in a few minutes. Séamus Ennis had, in fact, contacted Joe earlier in the day and asked him for advice, which was only partly followed, to the seeker's detriment, as will soon emerge. It was also thanks to his presence that the recording sessions could take place at all, since Peig's son Mícheál initially was unwilling to allow Peig to perform. All this we know thanks to Joe's diary entry from 6 November which, as usual, gives a full and precise description of what occurred. It goes as follows in translation:

> I was at home writing, this morning, when Séamus Ennis came in. He said there were two others with him, Seán Mac Réamoinn and Joe De Lacy. Their business was to make recordings of Peig Sayers' speech. He asked me would it be possible to bring Peig here to the house, and I told him there was no hope of that as she was too delicate. After a while he set off for Dingle, and on his way he went to have a look at the lane to Peig's house. When he

returned he informed me that he would be able to bring the car a good bit of the way. I advised him that he would be better off to get a cart to bring the equipment and not to bother with the motor car. When evening came we set out, Séamus leading in his car and I following in mine. He went on to the lane before me, but I stopped my car at the end of the road and walked on after him. I thought he would stop at some point on the lane but when I got a view of Peig's house, there was Séamus's car parked in front of it. When I got there, Séamus told me he had spoken to Mike, Peig's son, and that he would not allow her do any talking as she was not able for any kind of excitement.

'Here,' said I, 'we'll go inside, in any case.'

We went in and we were made welcome. We took a seat here and there and started a conversation. We were feeling our way and softening the ground and we enticed Mike to read some of his poetry for us. The poetry was praised and we recommended that he should have it recorded. He was quite chuffed. The equipment was brought in and set in motion, and Mike was set in motion, and he was very pleased when he heard his poetry being played loudly throughout the house. Peig was then enticed to tell us a little story. She was given a sup of whiskey first, and then she told the story. I couldn't delay there any longer. I had to come home since my son was ill, but the battle was won and the way was now prepared for the job to be done. I myself went home. [89]

Joe's diary entry for the following day, 7 November, which can be translated as follows, also cast lights on the activities of the Radio Éireann team:

Séamus Ennis had bad news when he visited me today. His car broke down on the way home from Peig Sayers' house last night. He got it home but it was damaged. He brought my brother Tom with him then to decide what was the best thing to do. They agreed on what the problem was. I had to go to Baile an Fheirtéaraigh then to get some whiskey to get Peig in the mood for talking. I returned and then we all set off in my car to the bottom of the lane. Séamus and Tomás went to Dingle to get the part that was broken in Séamus's car. Seán Mac Réamoinn, Joe De Lacy and I went to Peig Sayers. Peig and Mike were all excited on seeing us. Mike had written a speech to record and Peig was asking me what would be the best story to put on the radio. The work started immediately; first Peig told a story and then another and when she was tired – it's easy to tire the poor woman now – then Mike. I left them at it becase I had to hurry home. Séamus came in to me, having been in Dingle. He had got the part.[90]

There are more references to the Radio Éireann team, which actually did not leave until 10 November, in Joe's diary entries for 8, 9 and 10 November, but these refer mainly to the repairing of Séamus Ennis's car or with other matters unrelated to the recordings.

As appears from all this, the Radio Éireann team was favoured by better conditions than the BBC team. True enough, Peig was not well when the Radio Éireann team arrived either, but she had previous experience of being recorded on gramophone discs for the radio, and even more importantly, she was now in her own home. Furthermore Mac Réamoinn and Ennis, both in their twenties, would not have been nearly as awe-inspiring as the considerably older Rodgers, whom Peig felt she had to address as 'sir'. On the contrary, she regarded them as young boys that she felt free to joke with. On top of that, they were both excellent Irish-speakers,[91] and the fact that they enjoyed Joe Daly's full support would have endeared them further to Peig. It was certainly not a disadvantage either that Peig was now prompted by something the nuns in Dingle did not offer her: an occasional drop of whiskey. No wonder then that Peig was eager to do her best and that she was enthusiastic to address the Irish nation 'from Mór's House to Donaghadee'.

The Radio Éireann team had more time at its disposal than the BBC team, and could therefore record more, and more varied items than the latter had been able to do. All in all, 14 items were recorded. These include two long tales, a version of the traditional wonder tale 'The Land and Water Ship' (19), and a romantic tale (13) as well as a 'drama' in verse (12). Furthermore there were two folk legends about supernatural occurrences, 'Tomás Sayers and the Wisewoman' (14) and 'The Cat Who Spoke' (16), two prayers (17), and three folk songs or poems (15, 20, 21). The remaining pieces consist of Peig's reminiscences and descriptions of life on the Blasket.

As we have seen, Seosamh Ó Dálaigh, due to the illness of his son, was prevented from being present during all the recordings; otherwise we might have had fuller knowledge as to why these particular pieces were chosen. We are informed, however, that Peig asked Joe's advice about what to tell. It is possible that it was he who suggested to her that she should tell 'The Land and Water Ship'. In any event he was aware that Peig knew and was good at telling this particular story, since he had recorded it from her in 1945, and it must easily have come to his mind since he had also, only a couple of weeks before the arrival of the Radio Éireann team, transcribed another version recorded by Flower in 1930. Mac Réamoinn and Ennis were no doubt also aware of what the BBC team had collected (as was of course Ó Dálaigh), and they might have asked in particular for the story about Tomás Sayers and the wisewoman because they wanted their own version of that. Whether that was so or not, Peig herself would have been more than willing to tell this story. Neither would she need any prompting to recite the two prayers (of which 'The Hearth Prayer', as we have seen, was also contributed to the BBC). 'The Cat Who Spoke' might have followed in its wake, for the reasons that it was also one of Tomás's stories and was set in his home parish.

The recordings are notable for including not only the text but also the airs to the religious poem 'Welcome to the Christ Child' (15) and the two songs, 'The Severe Summer' and 'The Green Autumn Stubble' (22, 23). It seems highly likely that it was Ennis, with his special interest in the musical side of folk tradition, who enticed Peig to sing. The fact that she consented, having as she put it herself 'only a crow's voice', shows, if further proof be needed, how elated and totally co-operative she was. One cannot avoid the thought that Peig's singing would have been painful to Ennis. We may also take it for granted that both Mac Réamoinn and Ennis had read *Peig* and quite likely also *Machtnamh Seana-mhná*. They would have realised that many in the potential audience had done so as well, and for that reason would be particularly interested in hearing Peig tell about life on the Blasket.

RADIO ÉIREANN RECORDINGS 1953
Both Mac Réamoinn and Ennis cherished the memory of their adventurous wintry tour in 1947 when they had become acquainted with the remarkable storyteller in Baile an Bhíocáire, and did much to promote her fame. As already mentioned, Ennis rendered *Machtnamh Seana-Mhná* into English, a translation that in its elegant fluency gives a good idea of the qualities of the original. Mac Réamoinn counted it as a blessing to have met Peig and was grateful for getting the opportunity to meet her again in 1953, when he came to Dún Chaoin in order to make a programme about the evacuation of the Great Blasket, which took place in November that year.[92]

Peig never forgot a face and she was delighted to see Seán again. She was obviously also very much at ease. Much of the material recorded this time, dealing with the most various aspects of life on the Blasket, e.g. food, dress, the school and emigration, are brought out by Mac Réamoinn in an interview, which is remarkably free from constraint, and in parts takes the form of natural conversation between old friends. These recordings also clearly show how good-humoured and cheerful Peig could be in company. As previously noted, the sound quality of these 1953 items is also remarkably high, since they were recorded on tape. They are in fact the only recordings from Peig, in which this technique was used.[93]

As mentioned earlier, Seán Mac Réamoinn also scripted and presented a programme in English on Peig, in order to give listeners without Irish an idea of what a fine artist Peig was. In this programme he drew on material collected by Robin Flower as well as his own recordings. The stories were read skilfully and with great feeling by Brighde Ní Loinsigh of the Abbey Players. Mac Réamoinn's own commentary on the story about O'Shea and the seal, which was one of the stories recorded in 1953, bears witness to his great insight into Peig's art:

> To hear Peig tell a story like that was to experience something very rare and very wonderful, it was to witness an artist engaged in what F.R. Higgins called 'the secret joinery' of her craft, keeping always the delicate balance between tradition and originality, between the familiar and the preternatural, between explicit statement and poetic suggestion.

Peig was not unaware of her own mastery and was fond of hearing recordings of herself. 'I remember,' Seán Mac Réamoinn said on the programme just referred to, 'the delight with which she was listening to the playback of one of her recordings, following every twist and turn of the tale with her lips as she rehearsed it again in her mind … She was proud that her voice was known to so many whom she had never met.'

That satisfaction she would not have had if it had not been for W.R. Rodgers, Séamus Ennis and Seán Mac Réamoinn. They and their institutions, which so faithfully preserved the result of their work, deserve our thanks. The recordings not only provide great insight into a great storyteller's art, but also contribute towards an increased understanding of her personality.

So what is the answer to the question Peig herself posed, 'Who was that Peig Sayers?' Those who read her books or listen to her stories will form many and varied opinions, a fact that in itself proves that Peig was many-faceted and far from being an uncomplicated personality. Personally, I think that Peig's uniqueness and humanity has been best brought out in Seán Ó Ríordáin's words on the memorial programme, *Bhí Sí Seal inár Measc*. This is a rendering of how the poet describes Peig sitting in her bed in Dingle Hospital, very much as she was when Seán Mac Réamoinn made his last recordings:

> There she would be, sitting up in the bed, with a large shining cross on her bosom, such as a clergyman might wear. Despite being bedridden for such a long time, her heart seemed to be as light as a sparrow, as she used to say herself. Although blind, she was always the brightest in any company. There was a certain radiance in her face as she spoke to you, so that you were unaware of the lack of light in her eyes. Her face spoke to you, just as sighted people speak to you with their eyes.
>
> What would the face be saying? – That it was Peig Sayers herself and not anybody else who was talking to you, that Old Peig warmly welcomed you because you were one of her own; that you both were of a noble race, that you both were aware of

the nobility of the Irish language, that you understood the generosity, the roguery, the mystery and the sorrow of this world better than anyone else; that your meeting with her here was a matter of universal joy. Her face said that, and much more.

This is the spirit in which she will speak to us all.

Bo Almqvist

BBC RECORDINGS 1947

1.   SAINT BRENDAN AND HIS MASS BOOK

Rodgers: *Now Peig, have you any story about St Brendan you can tell us?*

I have sir, and you are welcome to it. It is a story I heard my father tell about St Brendan when he was a saint here with us in Kerry. At that time his place of dwelling was Cnoc Bréanainn, that is now called Brandon Hill in English, and he was respected and honoured by all the people around there. He used to say Mass every morning up on top of the mountain, and every Sunday and holy day he used to say a special Mass, but on Easter Sunday especially, he used to give a big long sermon instructing the people and the congregation that followed him.

But one day he forgot the Mass book at the chapel in Cill and when … he had just put on the Mass vestments, that is when he realised the mistake he had made. But he turned around to the cleric standing beside him and spoke in a low voice to him saying he had left the book behind. The cleric gave the message to the man closest to him, and if he did, not a single soul moved in the huge congregation and throng that followed St Brendan that Easter Sunday; not one of them turned back or moved an inch, but the word travelled from mouth to mouth down to the bottom of the hill.

The messenger came to the chapel at Cill, where St Brendan had his old cell, and he brought the book with him and when he reached the fringe of the throng he gave the book to someone there, and the book went from hand to hand and nobody stirred a leg, and eventually, the holy saint received the book into his hand at the altar. He turned around then and said Mass and he left them his blessing.

Since then, that day, that special Sunday is honoured by all Catholics; if Easter Sunday was fine, crowds of them would celebrate the memory of St Brendan. They pay the rounds at the top of Mount Brandon. Every year, on every Easter Sunday, they will surely be there from far and near. But alas, Colm Cille … St Brendan is not alive and neither is there any trace of him, but he has left his work and the mark of his labour behind him, thanks be to God.

In those days there were steps going down from the top of the hill, down the side of the hill, where the saint and his huge congregation would ascend every day of the week to the top of the mountain. The little chapel is still there and the rounds are still made, and there is a holy well there and people are making the rounds there every Easter Sunday, unless the weather is very poor entirely. That is still done to honour St Brendan.

2. A LITTLE BELL RINGING

I used to hear my father say for years, up to his final years, that in his lifetime and during that of his people before him, a bell was heard, a bell ringing every Easter Sunday between six and seven o'clock in the morning, and yet there was no talk or trace of St Brendan being about.

But with the arrival of the Soupers as they were called, the Protestants you know – they ruined the faith and they ruined the place – and since they made the graveyards and the churches their own, the little bell has never been heard by anybody.

3.   HOW PEIG GOT HER STORIES

Rodgers: *Where did you get those stories from, Peig?*

I got them from my father, a man who had a great store of tales and stories. He was the most knowledgeable man and the best storyteller in Kerry in his lifetime.

4. TOMÁS SAYERS AND THE WISEWOMAN (1)

Rodgers: *Well now there is another story, the one, can you tell it, where the travelling woman told your father as to how his future wife looked.*

I heard that and another story about an Ulsterwoman. Ulster people used to come around here, travelling the roads, and it was said that they had the gift of knowledge and healing.

Well, one Sunday he said he was at home and the rest were at Mass. He was cooking his morning meal, namely the potatoes that the poor people had for their breakfast in those days. Anyway, she came in the door to him and he told her to come up to the table and sit down. She sat on the chair and when the potatoes were boiled and ready, together with whatever else he had with them, he told the travelling woman to sit down with him as there wasn't anybody else in the house to share his breakfast.

Anyway, she sat on a chair along with him at the table.

When they had finished the meal she rose and she sat near the fire and they talked for a while.

'Tell me, are you married, young fellow?' says she.

'I am not,' said he, 'and would you be any good at telling me who will be my wife and where she is?'

She gave a little laugh and, if she did, she looked at him and she came and she got a saucepan and put it at the edge of the fire with a drop of water in it. She left the water there until it boiled and when it had boiled, she pulled out a small canister box and put a pinch of tea in the water. And when that was drawn, she told him to bring her a bowl. He brought the bowl and she poured out the tea – leaves and all – into it. And when she had poured the tea from the saucepan, she emptied the bowl

207

behind the fire, and nine or ten small tea leaves were left in the bottom of the bowl. And when she had that done she called my father over:

'Sit there on the chair now,' says she, 'and watch me.'

So he sat on the chair opposite her and whatever charms or witchcraft she worked on the bowl, it didn't take long until a slip of a young girl walked up the floor and never stopped till she put the back of her legs to the fire, on the hearthstone, so that she had her back to the fire and faced out towards the door. Anyhow, she stayed there for three minutes. And then, however the old woman stirred, the girl went off out the door. And when she had gone out the old woman spoke:

'Did you see that girl?' said she.

'I did,' said my father.

'She is your wife now,' said she, 'wherever she is.'

'Yerra, you villain,' says he, 'why didn't you tell me that in time so that I could take a good look at her and size her up properly to be sure she had no hidden flaw in her unknownst to me. I hadn't a chance to ...' said he.

'That was your wife now.'

And she was right, for five years, or three years, after it was that same girl he married, and it was my mother he married.

And they had a good life some of the time, and more of it was miserable and troubled and tough. Yet he lived four score and eighteen years, and I do not think that there was a better *shanachie* or storyteller than he in Kerry in his lifetime. What a great pity these amazing gadgets and these horns and machines were not there to record his speech and conversation! Students of Irish would have their fill of the language and stories and tales, but alas, that did not happen, there was only the spoken word. But thanks be to God, these machines are available now and they do good work. May God grant that they continue for long.

5. TOMÁS SAYERS' DEATH

Rodgers: *Do you remember the time your father wasn't able to finish the story, the story of the red ox?*

I remember well the night he was telling the story of 'The Red Ox'. He was four score and eighteen years old that night and he was very lively and healthy. As he was telling the story, telling it to us at the fireside, he stopped in the middle of it and he couldn't say another word for a while.

'This is the end of you, father,' said I.

'It is not,' said he.

'It is for sure,' I replied. 'Your death is close at hand now. As long as I can remember you never went astray in a story until tonight. You're finished!'

'Death hasn't left Cork yet to come for me, my girl!' said he.

But it had. For he wasn't able to finish the story, and he lived only nine days after that.

He used to provide a lot of entertainment when the lads gathered round him – young and old were there. That was the chief pastime then, storytelling and talking together about old times. But that's not the way now. There's no longer any interest in stories or tales and they have died out altogether; because the young people were not interested in picking them up or remembering them or learning them. But now, thank God, there's a gadget that can take them down, if there was anybody to tell them but there isn't, because all the old Gaels are dead. And then, the young people growing up haven't got the best of Irish because they took no interest in it until recently.

That's a great pity because Irish is a noble and precious language. It is a heritage that has come down to us from generation to generation from valiant men of yore, the wise old

Gaels who never gave pride of place to the language of the enemy, not until recently, when both they and their language were trampled under foot. But the language is coming to life and progressing and strengthening and shortly, with God's help, will be in bloom once more as it was in the old days of our wise ancestors who have passed away.

May God grant eternal life to their souls and to our own souls when we come to seek it. Amen!

6. PEIG AND ENGLISH

Rodgers: *Peig, can you tell us a little in English about who you learnt your stories from?*

I am sorry I cannot, sir. I have very bad English because there was no English going on by my time when I was young. And another thing, I was too much given to the Irish, and I inherited that from my father. I rather the Irish stories and Irish songs and everything in Irish because I had no English. And then we thought it better to pick up the Irish than the English at the time. So I am no good for telling stories in English.

7. PRESERVING THE FIRE

Rodgers: *Could you give us a prayer in Irish for the laying of the ashes?*

> I preserve this fire as Christ preserves us all,
> Brigit at the two gables of the house and Jesus at its
>   centre;
> may the three angels and the three apostles highest
>   in the Kingdom of Grace
> guard this house and all in it till day.

8. 'O LORD, MAKE MY SON AN EARL!'

There was once a poor woman and she had only one son. She was an old woman and she was very worried that he didn't have a wife and that he wasn't married. And every night when going to bed, her prayer as she smoored the fire was: 'Musha Lord, make my son an earl; Lord, make my son an earl!' The only thing she cared for was that her son would be rich before she died.

Anyway, one night a northwesterly gale was blowing and the upper end of the little chimney was full of soot. As she looked upwards when praying piously, as she thought, that her son would become an earl, what do you know but a lump of soot fell down and went into her eye, the poor woman, and she was blinded by the soot in her eye. Instead of repeating her prayer what did she say but, 'Musha, may you be scorched and burned, you sooty hovel!'

No sooner had she said that than the house, the hovel, caught fire and she herself and her bed were burned and scorched. But when the son came home, wherever he had been, all he could find of his mother … all that was left of the mother were the bones. And he thought some terrible accident had happened to her, but alas, it was not so.

If she had been patient and had said on the last occasion, 'O Lord, make my son an earl', she would have hit the wishing hour. But it was precisely at that time that she said, 'May you be scorched and be burned'.

And ever since the old people say there is such a thing as the wishing hour. When we pray to God it isn't known when the prayer will be answered, but we are obliged to pray always and constantly because there is a wishing hour, but that moment is not known.

He had to bury her, what was left of her. And I don't know if he became an earl or a duke, but he had to do without his mother in any case.

9. A VERSE IN ENGLISH

I would I were in my bed of clay,
with my long-lost youth compeers;
for back to the past though the thought brings woe
my memory ever glides
to the old, old times long, long ago,
to the time of the Barmecides.
Then youth was mine and fierce wild will,
and my arm was strong in war;
but now I am weak and dim with age
and them days I shall see no more.

RADIO ÉIREANN RECORDINGS 1947

10. THE NIGHT VISIT OF THE THREE BOYOS

Around six o'clock in the evening I was sitting on the chair, reflecting and thinking and praying to God. I was in pain, and I was worried. I had spent seven months in the hospital in Dingle, and tonight I was almost as ill as I had been the very first day I went there.

But I didn't have long to ponder. I had no light because my son hadn't got around to putting oil in the lamp, and it was dark. And I was lost in my own thoughts. We were about to go to bed, and he didn't think it worth his while to take steps to provide the light. But I heard a noise coming towards the house. I thought it was an aeroplane passing overhead, as usual. But it wasn't that because all of a sudden it stopped.

'If that's an aeroplane,' I said to the son, 'it has crashed outside in the field.' He went to the door, and he heard the sound coming closer, and there was this light, and this gadget, and this sound. He had no idea what it was.

'It's the death coach,' said I to him.

'Yerra, God between you and the death coach,' said he. 'Indeed it isn't the death coach!'

'And what could it be then?' said I.

There was nobody about the place; there was no house close to us, just our own little house where we are living ourselves.

But it wasn't long until the sound and the light came right up to our door. I jumped up in spite of my weakness and in spite of all the earlier complaints that I had.

But in came three strapping men, God bless us! And I made them welcome, just as was proper. But …

'What brought you here?" said I to them.

'Well,' said they, 'we are in search of something.'

217

So they began, dark as it was, because there was no light, to pull boxes and gadgets and things inside until the kitchen was full of them – such a sight I had never seen before and will never see again as long as my name is Old Peig.

But what was up? They were bringing … it was something to do with the radio or some stuff that I knew nothing about. But when we settled down it was started up. And we will do our best to put anything we can on it. But I'm not sure if I'll be able to put any little story or anything on it.

11. FOR THE SAKE OF MY LANGUAGE

It is a great pity that old age is drawing nigh and that I am getting closer to the end of my life every day, because there is no doubt but that I've spent all my life until now in hardship – I've seen good times and bad and have endured adversity. All the same, I never let that get the upper hand but always did my best for the language and for Ireland. If every old woman throughout the country had done half or even one-third of what I did, our native language would have been held in high esteem long ago.

For fifty-five years I gave my tongue no rest, day or night. Instead, I have been helping and assisting every student of Irish who was interested in the language and wanted to learn it. Certainly I am not at all sorry that wholeheartedly I did all I could to help them in every way.

Be that as it may, I have never before seen the sight I saw tonight, even though Robin Flower, 'Bláithín', as we called him, often came with the ediphone, and many a time I was worn out from it. But even so, I have never seen the like of what I saw tonight, nor will I ever see it again. Many came from the east and from northern countries and from southern America, even from Mexico; 'Mexico Martin' as we called him from Mexico, the middle of America, he came to the Great Blasket. I spent two score and ten years of my life there, and no one, prince or pauper, ever heard that I didn't give all my help and assistance to them, getting no reward but thanks and being listened to.

However, the language was worth supporting because there is something unique about the Irish language: it is blessed in a way that no other language in the world is, because, thanks be to God, it was through that language, our own Irish language, that we learned from Saint Patrick and Saint Brigit and Saint

Colmcille about God and our faith and God's commandments. And for their sake every Irish person should respect and honour the Irish language, and try to further it as best they can.

I'm doing my best anyway, even though I'm now an old woman. It lifts my heart to be able to help in any way possible, as much as I can to spread the language throughout the country. I'm not at my best, unfortunately, because I am tortured by pains, but all the same I won't feel them while I am talking tonight.

I've met many people who hadn't a word of Irish, but nevertheless, I did what I could for them, and I gave them my help and assistance, by the grace of God. And I loved them and respected them as much as my own kith and kin. Many an Englishman came over to the Great Blasket during my time and they were as nice, as kind, as gentle, as full of respect for the place as any true Irishman from Dublin.

And ...

12. A DRAMA IN IRISH

This is an Irish drama that I am going to recite here tonight. There was a boy and a girl who were greatly in love with each other, but especially the boy was mad about the girl. There were many young men around the place who had their eye on her. And this boy was afraid that one of them would steal her from him, and what did he do but abduct the girl from her parents without their permission.

And he kept her for two days and he wouldn't allow her to leave, but finally her patience snapped when he said:

'Margaret,' said he, 'it would be better that we wed in church and live in harmony and love, rather than to be as we are now. Put your mind at ease and we'll get married.'

'I'll never marry you,' said she, 'nor will you ever put that ring of yours on my finger without my father's and mother's leave.'

'That I'll never get,' said he.

She began then and spoke as follows:

'I declare to you and declare it truly
that my father will have you locked up in prison
secure in there forever to rot
because of the fortune
you wished to acquire.
And alas that's my sorrow.'

The boy said:

'I don't know your father,' – said he –
'and don't give one hoot for him,
but as far as I know he's aged and he's bent;

from none of his name would I run in a battle
with sword or with stick
if he sought to avenge this abduction.
And you tell them that!'

'It was not to a fighter
that my father wanted
me to be married,' said she;
'but to a digger, a driver,
a hoer and a ploughman
or one happily sowing seed in the summer,
and not to that vagabond braggart in whose grasp
    I have landed.
And alas and alack!'

'To France or Spain you don't have to travel to
    know me
I'll dig and I'll hoe, I'll drive and I'll plough,
and will be pleased to sow seed when the summer
    will come.
But of spadework forsooth I did do but little.
And you tell them that!'

'People do tell me and they won't be lying
that you are the kind that would drink all you are
    earning;
in the heat of the day you are no good for sure
and your deeds they are certainly not to my liking.
Leave me to myself now, I'll never go with you.
And alas and alack!'

'It's true I'm afflicted with a longing for liquid,
damn all those louts, if I drink it, I pay it.
From my feet in the wind I would rather be
    swinging

than having it said by my friends that I lost you.
And you tell them that!'

'What good would I do you?
With me comes no penny.
I'll fall in depression and won't live a month more.
The curse of my mother will always be with you
Wherever you wander in highways and byways.
And alas and alack!'

'I care not a straw for hags' curses or blessings;
that greasy pale shrew, I never did like her.
For nothing on earth would I ever forget
her whom I snatched, with commotion from her
    cuckolded father.
And you tell them that!'

13. THE MATCH

Once there was a farmer and a strong and prosperous farmer he was, but he had only one daughter. She was an exceedingly beautiful girl and it was easy for her to get a man – she could have had one on every finger on her hand.

But there was a certain boy whom she wanted more than anything in the world, but he was poor and destitute; he was only a labourer. But all the same he was exceedingly good-looking, just as she was herself, and she had given her heart completely to him.

But there was another young man who used to come to her parents' house almost every night, and he was a little runt of a fellow who sat haughtily on a chair by the fire without saying a word, casting his eye around the house and observing everything.

Anyway, one night there came a gale of wind, a gale blew up, and if it did, the farmer's corn stacks and hayrick were being blown away by the wind. However, the braggart, the handsome lad – little was known about him, he was far from home – he took control of what had to be done around the house, securing the stacks and the outhouses and all that. But the other bucko didn't stir from the fireside, he just sat there with his legs crossed whistling away idly.

And when they came in after the night's work and everything was safely tied down from the huge gale, the strapping young man turned to the tiny fellow who was sitting by the fire:

'Damn you,' he said, 'aren't you a horrible person to let the farmer's, the host's, oats blow away in the big wind without stirring from your seat the whole night to help and assist him.'

It looks like they both fancied the young girl.

'Ho, ho,' said he, 'the windy day is not the thatching day for me, my dear fellow.'

The young girl was listening to them and so was the servant girl – her name was Bríde – they were sitting there, and the girl took in what the little man on the chair had said. When it was bedtime the two young men left the house. When all was quiet and the girl and the servant had the kitchen to themselves:

'Bríde,' said she, 'did you hear the remark the small man made tonight as he said, "The windy day is not the thatching day for me"? What happened there, and that remark mean something,' she said, 'and we must be on the lookout. Let it be our secret and let us try to figure it out.'

A month or so later what do you think she did, she and the servant girl thought up a plan to ask her father for leave to go on a holiday; she said she would go on a holiday for two or three days, and not to expect her back until then, as she wanted to go and visit a friend.

Now she and the servant girl disguised themselves in beggars' clothes as though they were going from house to house, without stopping or tarrying until they reached the house of the strapping young man. It was a small house in poor condition, and his mother, an old woman, was sitting in the corner. But they asked to stay the night and, indeed, she let them. But they were not long sitting by the fire when the strapping man entered, but he did not recognise the girl or her servant, for they were well cloaked and disguised.

But he made a lot of noise around the house.

'Is there anything cooked, mother?' he asked.

'Yes, dear,' she said, 'there is a chunk of wheaten bread in a little cupboard over there, and take out a mug of milk that is there too.'

He took the wheaten bread and the milk and put them down at the head of the little table where he sat. And as soon as he had done so, the young girl nudged the servant to take note of all that was happening.

But when he had been eating for some time:

'It is shameful for you my son,' his mother said, 'to act the braggart as you do, going far from home every night wearing another man's clothes. You have dirtied and mistreated them and it would be more fitting for you to return them than to go off behaving like a feckless rover.'

'In due course, mother,' said he.

But they didn't listen any further. When he had filled his belly he left them and went off to sleep somewhere.

And when the young girl and the servant got the place to themselves:

'Bríde,' said she to the servant, 'did you hear what that man said, or what is he up to? I wonder,' said she, 'should we go now to the small man's house. Whichever one we choose,' said she, 'we will know which one of them is best for me to take up with as I start out in life.'

They left the little house in the morning, none too happy. They kept on walking just like any two beggar women would until they reached the house of the runt, as I call him. They were warmly welcomed. His house was kept trim and tidy with everything neatly stored everywhere and it had a blazing fire and was comfortable.

They were made welcome and placed by the fire and that drove the cold from their bones after their day. They got plenty to eat and drink and were put to bed in a shakedown in the corner.

The next morning they heartily thanked the people of the house and the young man of whom she had held such a low opinion, and they left the house and as they were going along the road all the way until they reached their own home, they kept discussing whether it would be better for her to marry the big man or the small man. But they kept the matter to themselves and did not reveal their secret to anyone until about a month or so later, when it happened that the two men, the small man and the strapping fellow, came to the house one night.

The braggart was moving about the house and the other

fellow settled his chair in the corner as he was wont to do. The servant girl had been well prompted by the young girl and she got up and walked down through the kitchen and said:

'Is there anything cooked, mother?'

'Nothing, dear,' said the young girl, 'except a chunk of wheaten bread in the little cupboard and a drop of milk. Take that!'

'It would be far more fitting for you,' said the young girl from where she was sitting, 'to return to your buddy the clothes you have worn threadbare going here and there loafing and swaggering about. You have ruined them completely. He came here tonight looking for them and I was too ashamed to give them to him.'

The braggart got up, wherever he was sitting, and he remembered clearly what he had said himself a short time before. He rose and went out sheepishly.

As soon as he had gone out the door, the young girl came up to where the runt – as we called him – sat, and she took him by the hand:

'You are very welcome here,' said she. 'Do you remember those two beggar women who visited you on such and such a night, and how you looked after them and provided so well for them? Those women, they were me and my servant Bríde.'

'If that was the case,' said the runt, 'and had I known that it was you who was in the house, I would not have allowed you to leave so quickly. When I had you cornered, I would have held on to you,' said he.

'You didn't know it,' said she, 'but now you know.'

They got married and lived a long happy life ever after.

14. TOMÁS SAYERS AND THE WISEWOMAN (2)

It is customary for young men to be joking and fooling around with the young women. My own father was not free from that disease when he was young. One day it so happened that nobody but he was around the house. The others had gone to Dingle. And he had a pot of potatoes cooking over a big blazing fire, when a middle-aged woman came in the door. She greeted him kindly and he greeted her back.

'For sure,' said he, 'it's good that you are here, old woman. There wasn't anybody to keep me company and eat dinner with me, but now you will be here with me.'

'That's fine, dear,' she answered.

He pulled up a little stool to the fire and she sat down on the stool. And when the potatoes were boiled she ate her fill of them and they had fresh hake to go with the meal. When they had finished, the fire was blazing nicely.

'You are not married yet, my boy?' she said.

'No,' said he, 'and it could well be, old woman, that I never will be.'

'There is a wife for you somewhere,' said she.

'I suppose she hasn't been baptised yet,' said he. He started to fool around and joke with the old woman.

'Oh, she's there,' said she, 'she's there.'

'How can you know that?' said he, said my father.

'I'll tell you that in a little while,' said she. 'Would you mind … Bring me a new saucepan and a drop of water!'

He brought her the saucepan and the water and he put a lid on the saucepan. She put it down in the middle of the fire and when the water had boiled, she pulled out a little paper from her bosom and took out a tiny pinch of tea leaves, put them in the saucepan and put the lid on. She left it there for ten minutes or so.

'Now,' said she, 'bring me up a basin from the dresser.'

He brought her the basin and she put it on the hearthstone and emptied out all that was in the saucepan, the tea and the leaves as well.

'Now,' said she, 'would you have a two-shilling piece or a copper penny? Either will do.'

'That's fine, old woman,' said he. 'I haven't got a two-shilling piece, but here I have a copper penny.'

'That'll be the best,' said she. 'Bring it up to me!'

He brought her the copper penny and she took hold of the bowl and deftly poured the tea behind the fire so that she left the tea leaves on the bottom of the bowl. Then she placed it upside down on the table and put the copper penny on top of the bowl. And then she mumbled something, moving her mouth as though she was saying something over the bowl with the penny on it. She turned the bowl three times at the head of the table and then she took the penny and turned the bowl upright. So there was the bowl, facing upwards with the tea leaves on the bottom. She was looking at them, and my father keenly watching her, and he began to feel uneasy when he saw all the capers of the old woman. And as he was looking at her he saw a lanky young girl of fourteen or so coming in through the door and up towards the hearth without stopping until she had her back to the fire and was looking around the house with her hands together.

And he was watching her, but not so keenly, for his attention was more on the woman with the bowl than the girl. And when the woman lifted her head, the girl stirred from where she stood and went out through the door. And when she had left, the old woman turned towards him:

'Did you see that girl, young man?' she asked.

'I did,' said he.

'There you have your wife, wherever she might be.'

'Indeed,' said my father, 'if I had her for my wife I would have the best of women.'

'Wherever she is now,' said she, 'that is the woman you will marry.'

'And for God's sake,' said he, 'why didn't you tell me that while she was in here?'

'I couldn't do that,' said she, 'because I wasn't allowed to tell you. But look out for her,' she said, 'and as sure as my backside is resting on this chair, it is she who will be your wife.'

They said more to each other, quite a lot more, but that is all he used to tell.

As sure as there is a head on a donkey, he said, that girl came across his path six months later, and the place where he saw her was over in Com Dhíneol. And four years later he married her. She was only eighteen years of age when he married her. And they were well satisfied with each other, he used to say. They had their ups and downs in life, since the poor woman didn't keep her health, God help us!

May God grant everlasting rest to their souls tonight and to the souls of all dead Catholics in purgatory, and to our own poor soul in our final hour! Amen!

15. WELCOME TO THE CHRIST CHILD

Seventeen hundred thousand welcomes
nine and twenty times over
to the Son of the God of Glory
and the Virgin Mary.
As God and man
He entered her exalted womb
and on Christmas Night
the true King of Kings was born.

Eight days thereafter
which was named New Year's Day,
in the Temple of the Trinity,
where his precious blood was spilled,
He informed those around
that his fate was to be
to endure the terrible passion,
and carry the cross.

I affectionately address the Glorious Virgin!
She is the Queen of Heaven,
born an angel
and baptised a saint;
she never transgressed,
and did not know what sin was;
and so God's dear Son
descended into her fair womb.

16. THE CAT WHO SPOKE

Many, many years ago a woman lived in Cill Mhic an Domhnaigh. She had a little cat she always kept in the house and he was six or seven years old, I suppose. But he never came to much and he was riddled with burned spots from being close to the fire and the ashes all the time.

In those days people didn't have tea or coffee or cocoa but they had oatmeal porridge, wheaten bread or potatoes. In any case, she had poured the porridge into a keeler – it was springtime and nobody had milk or was milking, and she had four men planting potatoes.

But as soon as she had poured the porridge into the vessel, the little toper got up from the chimney corner and slid down to the keeler with the porridge and started making inroads into it. She warned him off again and again but to no avail, and then she caught him by the scruff of the neck and struck his nose and head a few times against the keeler.

'Bad luck to you,' said she, 'for sticking your nose into that, and you covered in ashes.'

He turned away from the keeler and went down to the end of the house where he bristled and glared at her and said:

'Was it on account of the porridge you struck me, Siobhán?'

'Not so, my dear,' said she, 'but I was afraid it might burn you.'

He turned away and went back to the chimney corner he had left. When dinner was ready she summoned the men but waited for them outside the door:

'Oh Lord, Seán,' said she, 'it isn't a cat we have in the house with us,' said she, 'but a demon – he spoke to me! I struck him,' said she, 'because he was about to gobble the porridge from the keeler and he spoke angrily', said she, 'saying to me, "Was it on

232

account of the porridge you struck me, Siobhán?" And,' said she, 'something has to be done!'

They came in, and she didn't pretend a thing. They turned the large pot they boiled potatoes in upside down on the fire and put the cat under it – a big fire was blazing and they raked it out. Two of the men were put to the pin of their collar to smother him in the fire. When the fire and terror gripped what was under the pot, the two men were barely able to weigh down on it and keep it there until it died.

From then on till her dying day she wouldn't allow a cat or a kitten into the house; she was frightened to death. But ever since it is a saying among the people, "Was it on account of the porridge you struck me, Siobhán?"

17. PRAYERS

A.   **At bedtime**
I lie on the bed as if lying in the grave.
I earnestly confess to you, o God,
as I seek forgiveness from you
for all my deeds, past and future.
May the cross of the angels be on the bed on which
    I lie,
may the apostles' cloak envelop me.
My love to you, o child born in a stable.
My heart's love to you, Mother Mary,
you are at all times my enabling support;
and a hundred thanks I give you
Son of the bright Father of grace.

I set Mary and her Son,
Brigit's cloak,
Michael's shield
and God's right hand
between me and all my enemies
of body and soul,
within and without,
now and at the hour of my death.
God's right hand beneath my head,
God and Mary be with me.
And should anything whatsoever threaten to injure
    us
I set God's dear Son between me and it.
Amen!

This is a prayer you'd say when going to sleep and when lying back in your bed.

B.   Preserving the fire
I preserve this fire as Christ preserves us all,
Brigit at the two gables of the house and Jesus at its
      centre;
may the three angels and the three apostles highest
      in the Kingdom of Grace
guard this house and all in it till day.
Amen!

18. CHRISTMAS ON THE ISLAND

For the first years after I came to the Island, all the young people used to be in great commotion and bustle preparing for Christmas. They were all delighted because the little boys would be getting new clothes for Christmas and the little girls would be getting nice garments – small presents from people here and there. The grown-up girls would be all excited, diligently cleaning the house, every nook and cranny. They would have it looking like a palace. Every bit of the dresser and of the rafters was covered with a paper which we called crêpe paper. There wasn't an inch of the house – not a vessel nor anything else – which they didn't clean and scour. Even the table was as bright as a shilling, scrubbed with sand from the beach and warm water so that it would be fresh and clean for Christmas Eve.

They used to go around from house to house with 'Christmas is upon us' … and they had a ditty:

> 'Christmas Night, Christmas Night, let's never have
> it said
> That without a dancing caper we went off to bed.'

They used to go around from house to house, painted … with a little 'wren', and let me tell you they had music and commotion. They went from house to house, pretending they had the wren and people gave them presents.

And all the Islanders used to go to Dingle before Christmas Eve and bring home provisions. It was easy too to do that in those days, easier than today, God help us! Things were cheap – tea, flour and Christmas requirements, even caraway seeds could be had for a small price. All was made ready. Special loaves were baked and a little altar was arranged and a candle was lit, red or green or yellow, all covered and adorned with green ivy and paper – paper flowers and holly. When this candle was placed on the table, that was the first light lit on Christmas Eve. The woman of the house would bring the holy water and sprinkle it on the candle three times in the name of the Father, the Son and the Holy Spirit. Amen! Then she would get – there would be oil in the lamp – she would get a paper or a match and light the candle in the name of the Father, the Son and the Holy Spirit. Amen! The candle was lit – it was the first light to be lit on Christmas Eve – and then the lamp was lit. Another candle, decorated in the same way, would be lit in the window of the small room. Then about four o' clock the dinner would be ready – fine floury hot potatoes and lovely salted fish with sauce.

A week before Christmas, the housewives would set aside the biggest and best potatoes for Christmas Eve. All the Island boats would go to Dingle town and bring home provisions for Christmas. Not alone did they bring the Christmas fare but they brought provisions for the two following months. I often saw them with a motor boat coming to the Island, carrying the Christmas provisions: flour, meat, tea, sugar, jam, butter and everything imaginable that was required for the festive season. They got shoes for the young boys, a dress or a bib for the girls, shoes for the old ladies; there was a present of some kind for everybody in the house to mark the feast of Christmas.

Then on Christmas Eve, when this candle was lit, the dinner was ready. And a fine meal of floury hot potatoes and plenty of lovely salted fish to go with them was served along with a sauce, white sauce as we say, made with onions, pepper and butter or some other type of fat. It was delicious. Some people had milk with the meal, others hadn't, but they were content all the same.

Then, when dinner was over, the man of the house, if he was alive, sat at the head of the table and gave praise and thanks and gratitude to God for bringing the family safely through the year. He asked for divine assistance, support and favour for the household for the coming year, and he glorified and praised the radiant Saviour who was in the stable at that time of the year.

Then, when ten o'clock came, they had tea; people seldom had tea in those days, it was hardly heard of, but of course it used to be plentiful at Christmas time. I remember that I had 18 pounds of tea in my own house one year for Christmas. And as for sugar, it was not as scarce as it is now, unfortunately, when a poor woman can't get a spoonful to put in her little cup of tea. An eight-stone flour-bag full of sugar was part of the Christmas provisions. There was plenty of tea, butter, jam and sweet cake.

When they had finished with that, the household would get together about eleven o'clock and offer up the rosary to honour the Lord and the Blessed Virgin, and the radiant Saviour who was born in the stable in the splendour of that night.

Then everyone went to bed. The following morning the boys and girls would dress up in their best, and if the morning was calm, they would all come out to Dún Chaoin to attend the holy Masses.

Between the hours of seven and nine or ten at night on Christmas Eve, the young boys and girls would gather in one house and they certainly amused themselves. They had music, dancing and sport until about ten or eleven o'clock. Then they would go home for the tea.

I can remember that the sea was often calm when they went to Mass in the morning, but when they were returning from Dún Chaoin to the Island, a storm would blow up because the wind had shifted and no one could expect ever again to see their relatives who were in danger of drowning.

But when they came home a good dinner awaited them. They had plenty of potatoes, meat and milk, and the remainder of Christmas Day was theirs to play football, or hurling or whatever. There's a beautiful white sandy beach below the houses on the Island, and that is where the young people congregated in those days. They spent Christmas Day as pleasantly as if they had been in Dublin city.

That night they would be together enjoying music, dancing

and high jinks. A day and a night would be all too brief if you were among them, listening to them, for there were talented girls on the Island then who could sing a fine Irish song, and boys also. Some of the boys had a fiddle and would play it. It gladdened my heart to watch them dancing and frolicking on the floor. But alas, that is no more!

Some unusual titbit would be provided on New Year's Eve, that is on the eighth day; perhaps a turkey or a goose, a duck or a hen, or something other than mutton, to remind them of New Year's Day. When they had finished their tea at supper, a loaf of bread, perfectly baked, with raisins and other suitable delicacies, would be placed on the table or in the window. The youngest son, or the man of the house, would take the loaf in his hands and go to the door and strike the loaf against it three times:

> Enter happiness,
> exit misfortune!
> We banish famine
> to the Turks
> – or to Englishmen –,
> from tonight till a year from now
> and forever after.

That would be done three times with the loaf to make sure, as it were, that house and hearth would be kept safe from misfortune.

But there is no talk of that now. The young people have left. They have gone off for themselves. They are widely scattered in foreign lands where they shed the bloom of their youth, their health and their sweat, when they ought to be at home in their own dear country.

19. A SHIP RUNNING ON DRY LAND ALONG THE ROAD

SMR: *Begin now.*

The story?

SMR: *Aha!*

Long, long ago in pagan times, a strong farmer lived in Cashel. He was known as a pagan or a Palatine. He was a very wealthy man and, as might be expected, he was very attached to the surrounding countryside. He was married, and sure enough it happened that his wife gave birth to a baby girl. The night that child was born, the wiseman he kept with him said:

'The first baby boy born to your daughter will bring about your death, king. But you can stop that from happening.'

'Well and good,' said the Palatine. He was happy enough with that. He kept the secret to himself and he gave no knowledge or information to anybody of what he had in mind.

Anyhow, the child was growing up and getting bigger – she grew and grew night and day – until she became a beautiful girl in her teens. All the rich men of the district were vying with one another trying to win the maiden's deepest affection and friendship, for she was exceedingly beautiful. When she came of marriageable age, her father issued a proclamation, or notice as you might say, that no young man, prince or pauper, would ever have a chance to get his daughter's hand in marriage except one who would make a ship run on dry land along the road. Word of this spread from place to place and from mouth to mouth, and all the young lads in the neighbourhood were very sorry that they couldn't hope to win her.

It so happened, however, that there was a widow living

somewhere nearby who had three sons. They made up their minds, like everybody else, that they would try to make such a ship. And one morning the eldest son spoke to his mother:

'I have decided, Mother,' said he, 'that I might as well try to make this ship everybody is talking about. Who knows,' said he, 'but that I might be the lucky one and get the rich man's daughter?'

'Very well, my son,' said she.

'Make some food for me, at any rate,' said he.

She prepared some bread for him for the day ahead, and in the morning when he had all his bits and pieces in his travel sack:

'Now,' said she, 'which would you prefer as your food for the journey, the large loaf with my curse or the small loaf with my blessing?'

'Every little extra helps, Mother,' says he. 'I'll take the large loaf because the day is long and I'll be hungry.'

He put the loaf in his sack and set off for the wood to cut timber and get things ready. He worked hard until he got hungry at midday and he sat down on a grassy mound beside a well. He took out his loaf and began to eat it and whenever he felt like it, he drank a mouthful of the water. He hadn't been long eating when he saw Robin Redbreast of the O'Sullivans approaching. She spoke:

'Oh dear,' said she, 'any crumbs or morsels for me to bring to my chicks who are holed up in the fence for three months?'

'Bad luck to you,' said the Widow's Son. 'I need all I have for myself,' said he, 'and I can't share it with you or anybody else.'

She just drew her little tail through the well and turned the surface into blood and the bottom into honey. Off she went and flew out of his sight. Then he could no longer drink from the well and he had to give up, and he ate his piece of bread as it was, dry out of his hand. When he had eaten his meal he set to work again, but if he did, he wasn't able to get anything done that was useful or worthwhile. He had to put his bits and pieces together and return home.

When his mother saw him coming:

'Why have you come home, son?' said she.

'I couldn't do anything,' he said.

'Oh God help you,' said the second brother. 'I knew you were only a slob of a fool,' said he, 'and that you weren't tough or active or able. Be that as it may, Mother,' said he, 'prepare bread for me for the morning and I'll have a go at it myself.'

She did so, and made a small loaf and a large one. And in the morning when he was ready to set off:

'Now son,' said she, 'will it be the large loaf with my curse or the small loaf with my blessing?'

'I'll take the large loaf, Mother,' said he, 'every little extra helps.'

'Very well, son,' said she, and she bade him farewell.

He went off and just as on the day before, when the time came for him to eat something, the little robin came to him beside the well.

'Any crumbs or morsels,' said she, 'I could bring to my chicks who are holed up in the fence for three months?'

'Bad luck to you,' said he, 'I don't have crumbs or morsels, just crumbs that I badly need for myself.'

She simply drew her little tail through the well and turned the surface into blood and the bottom into honey. As the day wore on, he had to give up just like his brother and return home.

But the third son said: 'Now Mother, I'll try it. My two brothers are beaten,' said he, 'and who knows but that I might be the lucky one.'

She prepared food for him and the following morning when he was setting off:

'Son,' said she, 'will it be the small loaf with my blessing or the large one with my curse?'

'Ah, Mam,' he said, 'a mother's blessing never failed. I'll take the small loaf and your blessing.'

242

'My blessing and God's blessing be with you, son!' she said.

He went off with his bits and pieces.

But when hunger was getting to him he sat down beside the well. He hadn't eaten much when the little robin came up to him.

'O Widow's Son,' said she, 'any crumbs or morsels I could bring to my chicks who are holed up in the fence for three months?'

'Well, my poor dear,' he said, 'you don't seem to be in good shape! There's enough, and more than enough, for both of us here. Come close to me and eat your fill and you can carry off to your chicks what's left over.'

'Well and good,' she said.

She drew her tail through the well and made the surface into honey and the bottom into water.

'Now let us eat and drink our fill,' said she.

They did so, and when they had done that:

'Now,' said the Widow's Son, 'you can carry off to your chicks what's left over.'

'I can,' she said, 'and I can do some good for you. Now,' said she, 'you come here to me after two days and I'll have the ship made and fitted with sail, mast and engines,' said she.

He went off home and told neither brother nor mother of his secret.

When the appointed morning came, he dressed himself in good clothes – the clothes that were usually worn in those days – and set off for the wood. And when he reached the spot where he had eaten earlier, there she was on the main road, rigged and festooned, the most beautiful ship anybody ever laid eyes on, and she was travelling on her own steam with a fire engine on the main road.

'You have made something marvellous,' said the Widow's Son.

'Well,' said she, 'you're not finished yet. Now a crew must be found for the ship. You must find a crew of six to man her. And when you are on the road coming up to the gentleman's house, you will meet those men. Don't leave any of them behind. Bring them all along,' she said, 'because you will need every one of them. Goodbye now and good luck!' said she.

He set out and made for the road leading to the young lady's castle. Before long he saw a man lying face down on the road.

'What are you up to there?' said the Widow's Son.

'O bad luck to you,' said the other fellow, 'for not leaving me be! Two cocks were crowing in the Eastern World and I was listening to them,' said he. 'I would like to have known which of them would hold sway. The name I am known by,' said he, 'is Listening Ear.'

'Come on board,' said he, 'I need you, and whatever pay you ask for, you'll get it.'

He hopped in and off they went.

He hadn't travelled very far when he saw a man inside the fence of a big, wide, level field. He had four hares that were going wild around the field, and he was chasing them to make sure none of them would get away over the fence. Stranger still, he stood on one leg and had the other leg drawn up under him. The Widow's Son called him and said to him:

'Come with me, good man!' he said. 'Leave those hares be! Whatever pay you ask from me, you'll get it. But why is it that you are not using the other leg?' he asked.

'Ah my good man,' he said, 'if I used both legs, nothing at all could hold out against me.'

He travelled on and in the end … on the same route he came across a man in a dyke by the roadside who was tearing a carcass of raw meat to pieces and making a grinding noise as he chewed it.

'What are you up to there?' said the Widow's Son.

'Ah,' said he, 'I'm tortured by hunger and can't get enough food anywhere, and I'm trying to satisfy my hunger with this.'

'Leave it there,' he said, 'and come with me.'

He came along and they travelled on. Soon he saw a man up

on top of the fence and he had a bow and arrow. In any case, he spoke to him:

'What are you up to there?' he said.

'Well,' he said, 'I'm looking at something that's causing mischief and I'm trying to shoot it. I'm a marksman, good for near and far.'

'Whatever pay you ask from me,' he said, 'you may as well come along with me.'

He went with him. He jumped into the ship and they travelled on.

He came upon a fine bridge with a huge river flowing underneath it. He saw a man face-down at the edge of the river and each time he sucked in the water that flowed down in torrents, he dried up the river for six feet upstream. He spoke to him:

'My good man,' said he, 'what are you doing there?'

'Oh, bad luck to you,' said he, 'for not letting me quench my thirst! I am a man whose thirst has never been sated, and this big river,' said he, 'can not satisfy my thirst.'

'Leave it,' said he, 'and come along with me! Whatever pay you ask for, you'll get it.'

He went off with him.

They were travelling on and talking to each other, I suppose, and after another bit along the way he saw a man on the roadside who had a whitethorn bush, and it was full of thorns, and he was pulling it this way and that through the toes of his feet. Anyway, he spoke to him:

'What's the matter with you now?'

'Well,' said he, 'I have a terrible itch in my toes and it has never been cured, and neither will this whitethorn bush cure it. This bush would remove the poison from a toxic board and clear it out.'

'Very well,' said he. 'Come along with me and whatever pay you ask for, you'll get it!'

They set off then.

The gentleman, the pagan, had a watchman posted outside, and before long he saw the ship travelling along the road and making for the big house. He ran in to the master.

'I declare, king,' said he, 'that some skilful man is approaching and he has made the ship. Now you have lost your daughter for sure!'

'Go, servant,' said he, 'and get the chariot ready. There's a side seat on it,' he said, 'that will make mince meat of anybody who sits on it. Put the captain of that ship sitting there,' said he, 'and you'll be rid of him.'

The servant and the king had just said that much to each other when Listening Ear spoke – the man who was listening to the cocks earlier.

'O Master, Master,' he said, 'your enemy is coming, watch out for yourself! The chariot is coming to fetch you,' he said, 'and one side of it is deadly, and as soon as you are seated there you will be mince meat.'

'Not so indeed,' said the Whitethorn Man. 'Allow me, master, to give it a few scrapes with this bush, and without doubt, that will make it safe.'

That's what happened.

When the chariot arrived the Widow's Son was invited to sit on the side of it.

'I beg your pardon,' said he, 'but first, I have a little business to attend to.'

He called the Whitethorn Man and he came to where he was to sit, and he gave a few scrapes of the whitethorn bush to the chariot and made it as smooth as silk – because the bush was enchanted.

'Sit in now, master,' said he, 'and you'll come to no harm!'

He went to the house and the king's two eyes opened wide when he saw his future son-in-law travelling without mishap or accident in the chariot. Naturally enough, he was made welcome.

But when dinner was over and everything tidied up he had

more difficulties to overcome. He had to find a man who could eat at one sitting all the meat that was placed in front of him. But indeed he had such a man. The Raw-Meat Man from the previous day said he was just the man. Listening Ear used to tell the Widow's Son whatever the king and his household were up to. He was well informed of it because that man, Listening Ear, knew well what they were saying and he used to tell him every word.

Well and good! He came and the meat was put in front of him. Then he began to eat and eat and eat and before long, he asked for more and still more.

'Oh, for God's sake,' said the king, 'you'll eat myself in the end!'

He tried a trick after that and said he would have to find a man who would drink a given amount without a break. But Listening Ear was listening and said:

'O Master,' said he, 'now you have to find a man for the king who will drink all he is given,' he said 'without missing a drop from any of the streams that go by the castle.'

'Never mind,' said the man who was in the river earlier. 'He will be extremely lucky if I let any drop of it escape me.'

He set his mind to the water and each time he sucked in the flow that came towards him, he dried it up for seven yards upstream.

'Oh, for goodness sake,' said the king, 'you're an amazing fellow!'

Yes, they were well placed that night.

But the next day, he wanted him to find a man who would be as swift as the steed he had stabled for years, and bring back to him the head of the white horse from a certain place – that he would have to find a man who would keep pace with the steed and rider, and get the head of the white horse before they did.

'Now, Master,' said Listening Ear, 'what can you do?'

'Don't worry, master,' said the One-Legged Fellow who had the hares earlier, 'I'm just the man for that!'

Next day, a wild strong horse was brought out of the stable and a rider put on its back, and he and the One-Legged Fellow took off. They raced on, and on, and on together. All the household was waiting to see how they would fare. But Listening Far was listening in any case, and he said that the rider was leading. But the Bow-and-Arrow Man said:

'Don't worry, Master,' said he, 'I'll shoot the rider,' said he, 'and you'll come to no harm.'

He did shoot him. He went aside and made the bow and arrow ready because they were full of enchantment. When they came within range of the house and the castle, he shot the rider and knocked him off the horse. By the time the horse returned, the One-Legged Fellow had arrived and had time to recover his breath.

That's how things were.

The Widow's Son took the head of the white horse and brought it to the king.

'Now, King,' said he, 'your daughter is mine!'

'Oh she is for sure,' said he, 'and since that is so, it will bring about my own death.'

'Don't be afraid, King,' said he, 'the situation you are in today will not last long. We will all be on the one course.'

The King's Daughter and the Widow's Son were married and all the poor and ragged in the neighbourhood enjoyed the banqueting, the food and the wedding feast in that homestead for seven days and seven nights. There was as much luxury and music and elegance as if she had married the son of a king and queen.

Life went on then, and the wedding feast was over and the enchantment had left those fellows he had brought into the ship, and it had left the ship that ran the along the road. They lived comfortably, pleasantly and happily together for a year and a day, and then a young son was born to the Widow's Son. And it is said … when he grew to maturity, it is said that he was the first Christian king of Munster that lived in the olden days.

He took in his mother after a while, since nobody was with her, and she spent the rest of her final days in comfort, the poor woman. She lived pleasantly and happily with him, and lacked for nothing as she became old and bent. And when she died, he buried her as honourably as a queen in God's earth.

That's my story and if there is a lie in it, so be it! I can't help it. I have done my best with it, and alas, strained myself with it, as I'm now stiffly stretched on the flat of my back on the bed with a tube to my mouth talking to the whole world. And is it not a wonderful thing, from away in the west where Mór's House is, my voice will go as far as Joe's house, and all the way to Donaghadee. I'm at Mór's House and Joe's people are in Donaghadee in Ulster. And is that not a strange wonder and twist of fate – may God bestow good fortune on your work! Amen!

20. THE SEVERE SUMMER

I roved out one summer's day
and landed into a wretched place,
they sat me down on a wooden seat
and ne'er asked where I came from.

Tables were spread with plenty of food,
barrels of liquor and everyone drunk;
but from day to day, forever I weep,
you've scorched my heart, young maiden sweet
my senses you have taken.

'Young man down there at the counter's end,
about your task with ink and pen,
you always speak of valiant deeds,
as is the wont of all your breed.
If I were poor and my husband dead
would you take up with me instead?'

It's not your wealth that I did crave,
but all my love to you I gave;
to your curly head, *adieu*, I say,
but were I lord of all that grows
I'd wed you in your working clothes.

My love's not swarthy and is not sallow,
I praise no man who would her disparage
with her grey eyes and mouth so sweet
blessed is the ground beneath her feet.

21. THE GREEN AUTUMN STUBBLE

With God's help in the morning unshackled I will
    rise
and I will not stay here for the rest of my life.
Your pleasant conversation has plagued me to
    death,
sad is the fate that awaits me if from her I separate.

In autumn's green stubble I spotted her, alas,
with her feet so neat in footwear and her eyes so
    finely set,
her hair as gold was gleaming, in ringlets plaited
    through,
but sadly we're not a married couple on a ship that
    sails the sea.

A message full of passion I wrote to my bright love,
and from her I got an answer: her heart was black
    with pain;
her waist is whiter, smoother than the down of bird
    or silk
I'm sorrowful and troubled when of my love I
    think.

Down at the quay in Waterford a boat's awaiting sail
to bear me o'er the ocean and never to return;
my kin and my friends will fitfully lament for me
now I'm exile-bound, farewell ye noble Irishmen.

22. AN ACCOUNT OF THE WESTERN ISLAND

In summer, the Great Blasket is the most beautiful place on earth, but in winter, unfortunately, it is the worst place in the entire world to live in. It gives no shelter or protection from the weather, neither from the north wind nor the south wind. The storm is constantly battering into it. The island is shaped like a whale sleeping on the surface of the calm ocean.

I spent fifty years of my life there. It was there I raised all my children. It was wonderful and it was horrible, as the old story has it. Every joy was followed by sorrow. Everyone had to bear his own share of grief and joy and put up with it. The men endured great hardship when they were out fishing at night. Many a night I never went to bed at all, just pacing in and out, when a northerly or northwesterly gale was buffeting my house while my menfolk were at sea, with little expectation that I would ever see them again. But with God's help they would return to me in the morning, weary, wet and worn out after the night, and often with little to show for it. On other nights their labour was rewarded but these were few and far between.

But never mind that! Wherever one is living, one is happy with it – the spot where you raise your children and live your life is the place you like best.

It was quite difficult, but in the summer when the visitors came over the young people were happy. They had music, dancing and high jinks all the summer while the visitors kept coming. In winter too, they entertained themselves and enjoyed music, dancing and singing. They were there in numbers, the whole village full of them. I remember well the first year I was married and went to live on the Great Blasket that fifteen cradles were being rocked on the Island then.

There was a schoolhouse which was full of children – up to sixty pupils. The teacher had enough to do to handle them. They were the gifted children! They had little English and it was difficult to teach it to them for they were not accustomed to it. They had no contact with it, nor could they ever hear it – not a single word of English from the time they were born till they went to school, and once they were out of school they wouldn't hear another word until they returned to the schoolhouse again.

But they were doing fine until Professor Cormac Ó Cadhlaigh came and it was then that the bilingual curriculum was introduced into the school. Some of the small boys who were going to school developed a great interest in English and in the Irish language. They were loyal to their teacher, even though they often angered him as might be expected, and he was loyal to them. We had a good teacher then, named Thomas Savage, a gifted teacher, may the Lord have mercy on his soul and on the souls of all the dead. He was knowledgeable in both languages for he had learned Irish. He learned most of his Irish from the pupils but he had book-knowledge of the language before that.

There were over sixty houses on the Island when I came there. In almost every one of them a son or daughter of the house was married and raising children. There were young children in every house except for a very few. People foraged on sea and on land. During the summer the menfolk fished for mackerel and lobster and they also fished with lines. They caught fish with lines and in that way they always had something to bring home to the house.

In winter, when the time came they used to hunt in the hills; rabbits were very plentiful on the Island. Their flesh could be eaten and the skins sold. A good price was to be had for rabbit skins in those days. They fetched three shillings and six pence or maybe even six shillings every time. This provided great sustenance for poor penniless people at that time because a single pound then could do more for a poor person than five today.

They lived from day to day, those of them who were to marry did so, and those who didn't have that opportunity went to America. It was all they knew. They lived without arrogance or pretence as did the old folk before them. You could find maybe a dozen girls, from eighteen to twenty-four, all gathered in one house. They would be knitting a jersey or a stocking or doing something so that they wouldn't be idle. Come Sunday, they would all gather behind at a spot we called Barra Thráigh Ghearraí that was particularly suitable to the young people for dancing and frolicking. They'd come there after dinner, and should a stranger or a visitor be among them, he would think that the evening was too short and that the onset of darkness and time for going home was coming too soon.

When they had eaten supper they would walk back the road at the bottom of the Island and you would think they were a small funeral or a procession going to church. A throng of boys and young girls frequented that spot after tea-time to dance and frolic and amuse themselves as is customary with the young.

Then when the time came they would return by another road to the new houses built by the Congested Districts Board. One of those was ours. I used to watch them, and when I'd see them coming I'd have to hide away the kettle, tongs and other bits and pieces lying around the kitchen, to make sure I could find them in the morning; otherwise, I'd be spending all the next day looking for them. They'd come in to me and sit down wherever they could. Oh, you wouldn't find on a fair green in those days, boys who were as loving, as affectionate, as handsome or as sincere as those on the Great Blasket. That was just the time the Treaty was signed.

But alas, it wasn't long before things changed. The young people began to leave, times got bad, the price of every little thing rose and the fishing failed. The Islanders were overcome and didn't know what was best for them to do. Their lives were tortured and tormented and they were greatly distressed. They were separated from the mainland by three long miles of sea.

They often had to go there, but alas, on returning, a gale and storm would catch them and you wouldn't have any hope to see a single one of them alive again. They earned their living there and endured hardship if any group of people ever did, especially since the last war began. They lost their livelihood; food became scarce, and as to tea and other little things that sustained them, they were hardly available at all. It was not a place where food was plentiful. Potatoes were scarce. Then when the grub, as we called it, failed, it often happened that two or three days would pass without a bite to eat unless they killed a little sheep from the hill for themselves. They endured adversity and hardship, if ever anybody did, during the Great War when their available food and its complements were taxed and overpriced.

But then people began to abandon the Island; they were all clearing off as quickly as they could. They wanted to have their feet firmly planted on dry land. Some went off to the east, others headed north to Muiríoch and Baile na nGall and still others came to Dún Chaoin. God steered things so that I myself came to Dún Chaoin along with the others, to the old spot where my family had lived before. I am lying here feeble now with little time remaining to me on this earth. May God help me to see it through.

In those days the Island was a pure wellspring of the Irish language, providing a constant stream of excellent Irish. Nobody heard a word [but Irish] and by the same token, visitors were eager to come and learn it there. With few exceptions, those who came to the Island to pursue it went away with their appetite well sated. They were treated with courtesy and sympathy by all. Not a soul on the Island at that time would threaten them or make fun of them or interfere with them in any way, but rather gave them any help they possibly could.

The Islanders were so mannerly, so affectionate, so pleasant, so kind that the visitors were lonely when they were leaving. Before I left the Island, I remember a visitor from Limerick called Mícheál Ó Súilleabháin, who came on holidays there, and

I saw that man crying like a child, just like any young man from the Island who was going to America. I must admit that he brought tears to my own eyes. I asked him: 'Mícheál,' I said, 'why are you crying? What is the matter with you that you are so upset?'

'It is like this,' said he, 'I feel lonely and sorrowful. I have never spent any time in my life, no matter where I have been, as amiably and as contentedly as the time I've spent here since I arrived.'

23. PEIG'S ORATION

Well friends, I have finished this task. It is not my first but I fear it may be my last in this sinful world. But if it is to be so, let God's will be done! Old age has caught up on me. I have done my bit and I am very happy to have been able to be of some small assistance to my dear country and the language during my lifetime.

I now leave my blessing and all my good wishes and God's blessing to those involved in this work, to the people of Ireland, to all my friends and especially to those in the neighbourhood with whom I had close contact and whose friendship I have enjoyed throughout the long years that have passed. The friends I have known and had dealings with are scattered all over. Now they must understand that Old Peig has spoken her last words on the radio or about Irish. I'm afraid my time is up; I don't know when my day or my hour will come. From day to day I wait for the grave. May God assist us on the long road and with the heavy burden we must carry, that is, the weight of our sins. But the Judge is lenient and may He have mercy on us all, friend and foe alike!

God bless you broadcasters, and every person throughout the country! May God give our people strength to gain for us freedom and independence. I wish to God I might live to see and hear one thing, and that is, our native country to be governed and in possession of the Irish people and our language to hold sway. Our young boys in exile who wish to return to their country, I would like to see them come home to us, ready to help our President, and that we increase and multiply in the grace of God and in the faith of St Patrick, St Colm Cille and St Brigit, so that God, through their intercession, might grant that we achieve our freedom, our strength and our glory in this world, and everlasting life in heaven after our death, through Jesus Christ, our Lord. Amen!

Farewell and God's blessing to all of you and to this world because I know not the hour. I am lying here on my bed in the corner not knowing if I will be alive in the morning. But even if not ... Should I be alive, I hope my friends will remember me and afford me the solace and satisfaction of thinking of me at the coming festival. But should I die, I hope they will have some commemoration of me and pray for my soul at Christmas time. May God prosper and bless you and I leave you my own blessing also.

RADIO ÉIREANN RECORDINGS 1953

24. USE OF SEALS

Sure they have gone. Nobody makes any use of the seal now. And there is another thing – they used to sell the skin, the sealskin, and tailors and others used to make a waistcoat, a small waistcoat from it. This waistcoat was widely worn, made from sealskin, since they used to cure the skins, and they got good money for them. And there was demand for them.

SMR: *Did you ever taste seal meat yourself?*

I did, Seán, hundreds of times. It was like bacon.

SMR: *Is that so?*

Yes. When the meat was cured and dried out and set aside piled together, nicely cured, it was like the fat of bacon brought from the shop. If you saw me or anybody else with a chunk of that, you'd swear on the Bible it was a chunk of bacon that came out of Johnny Moore's shop.

SMR: *And it didn't break the abstinence rule either, I suppose.*

Ha?

SMR: *Eating it did not break the rule of abstinence.*

Oh, it didn't, it wasn't forbidden, even though there was plenty of fat on it.

25. O'SHEA AND THE SEAL

At that time, lots of seals were killed in the Great Blasket and boats came from all over to hunt them. People made good use of them for food and lighting. There was no source of lighting to be had in those days for there were no candles, and no 'gas', as we call paraffin oil, no source of light other than the oil that could be had from the fishermen who caught coarse fish from the cliffs down at the shore. They used to get a shilling a quart for the oil used for lighting.

At that time there was a young man in the Island, and one morning some of them agreed to set out to kill seals, for the day was very calm. But he got himself ready and got a stick, a stout stick – ever since people would say to a man who had a fine stout stick in his hand, 'That stick would kill a seal, my good man.'

But they set off towards Ceann Sléibhe and there is a spot there as you come from the south to Ceann Sléibhe; under the road used by cars, there's a cave called the Seal's Cave on the Dún Chaoin side coming by sea.

When they came to the cave – it was a long distance up from them under the cliff – and anybody going to it would have to roll up his trousers to the thighs to wade through the water, for the water in there was shallow in front of the place where the seal used to rest. But the seal with a baby would be in a separate cave, a special seal cave.

But it so happened that day when he went after the seals – he had the stick and in he went – that he heard a pitiful crying as he approached the cave. He was completely taken aback and couldn't make out what was crying in the cave.

When he went in, he stood up and raised his stick as if to strike the cow seal on the head but she spoke:

'Stay your hand, O'Shea,' she said, 'and do not strike me yet, nor kill me, until I have given birth to my baby.'

And when he heard the dumb beast speak to him he trembled hand and foot and almost fell over where he stood.

'To be sure, good woman,' said he. 'For as long as I live I won't kill any animal of your kind again, nor anything else like you. You have nothing to fear,' he said, 'you have nothing to fear from me.'

She let out three loud cries then as if she was thanking him, and she raised one of her flippers and pressed it against his hands. He put his hand against her flipper, and it was as if a human being might shake it to thank him for the good deed he had done.

He went away from the cave and left the cow seal there until she had given birth to the baby and ever since none of the O'Sheas has ever killed a seal anywhere.

26. ISLAND LIFE

SMR: *Well, Peig, tell me: was there ever hunger in the Island in your time?*

There was no hunger, thanks be to God, for there was something about them, Seán, by some kind of divine favour, the good Lord always provided them with enough before the day was ended. There was no hunger. The hardest time they had was during those last years when they were hard up for flour and everything. Nothing was to be had – what's that they called it?

SMR: *Yes.*

Flour was rationed at two pounds, or was it a pound, per person. And then, those last years when flour was stopped or not to be had, there was only that amount, one pound of flour, for each person. And when they would go to Dingle to fetch it, everybody had to make do with one pound of flour for each person in the household. And often there were ten, or eight, or seven, in the house, and a pound of flour wouldn't last long for those who worked at sea or whatever. It would just be enough to make one loaf.

SMR: *But you saw flour made on the Island, yourself, did you not?*

Hardly any, but I saw an old woman who had a quern, making oatmeal. I saw her grinding oatmeal there. There wasn't any flour. Wheat wasn't grown there in my time, but it was earlier.

SMR: *And oatmeal used to be made?*

It was; I used to see it.

SMR: *What did the quern look like?*

It was like a mill, you know, but small. And one stone would be placed on top of the other with a handle, a wooden handle, sticking out from the top stone. There was a hole, a little hole

264

through the top stone and the grain would be continuously fed down. As the stone was being turned, you'd put in grains of oats with your left hand and it would then come out ground on the other side.

SMR: *I suppose the Islanders were not too dependent on the mainland. You hardly had to rely at all on the mainland for provisions.*

No, they were always bringing stuff from the mainland. It often happened that potatoes were not plentiful. When a gale came it used to carry off the top of the green stalks, and as a result, potatoes wouldn't be plentiful on the Island. They had to come to the mainland for things. Often in the springtime there was a shortfall; the animals would have eaten the fodder and the Islanders would have to get a supply of oats and hay. But not very much of it. They had their own food.

SMR: *They had their own supply of clothes as well, I suppose?*

Oh, clothes of their own. No child or adult on the Island wore a stitch of clothing from the shop – nothing but the clothes they made themselves.

SMR: *There were weavers there?*

There were weavers there. There were two of them. There were. They were able to make their own clothes.

SMR: *They were for sure.*

They were. The men that were there until … and today those of them who are still there are as skilful in their own way as any craftsman on this side of Cork. There was nothing they saw that they wouldn't make when they put their hand to it.

SMR: *And what about shoes?*

Aha, some of them tried to make shoes. They weren't able as they would need to have the gear to make them. And nevertheless, they tried to. If you ever heard of the *Quebra,* a big liner that was wrecked north of the islands off the Great Blasket, she struck behind the reef, you see, and she sank. She was a huge liner on the way to the battlefront that time. But she was full of leather.

SMR: *I understand.*

And they would try to make shoes, you know. There's a kind of pattern … the shoes they wore.

SMR: *From the wreck they got?*

Yes. Some of them reckoned they would knock a while out of them but the shoes weren't up to much. They didn't have the rest of the gear – buckles and things like that.

SMR: *There wasn't any proper shoemaker in the village.*

There was no shoemaker there. No. They used to make the canvas boats for themselves and they made fiddles for themselves.

SMR: *Did they often go to Dingle?*

Often. They often went to Dingle.

SMR: *Did they go to the November Fair?*

Upon my word, I suppose they did, because they were fishing in those days, and by November the fishing was almost finished for the year, and it was at that time they got the amount of money they had earned for the year from the buyer. All the money was waiting for them; maybe a boat would get forty pounds or maybe fifty, but when that was divided in three shares, it was little enough, no doubt. However, everything was cheap in those days, and one pound then was better than five today.

SMR: *How right you are!*

As the priest said long ago, they used to go down whistling and come home shouting by the southern route. They used to stay in Dingle on Saturday night, for it was getting late in the day and they didn't like to go home among the cliffs when it was late, and they used to stay where they were, and if they did, they weren't on the dry.

SMR: *Well, they had one good night.*

They used to have one good night now and again.

SMR: *That's for sure.*

Yes, indeed.

SMR: *Well Peig, do you remember when you first came to the island?*

I remember when I came to the Island first, that's the place where there was fun and where the people were polite, well-mannered, sociable, cheerful and charitable to each other. I didn't see two women, Seán, fighting or scolding in the fifty years that I was there. I didn't see two women standing in doorways scolding each other, as you would see in other places.

SMR: *What's rare is wonderful!*

What's rare is wonderful! But of course, you know, the men used to have arguments over fishing lines, boats, canvas boats, tole pins, ropes, nets and things like that. They often quarrelled among themselves. But if there was scolding or words between them as they set off in the morning, when they came home in the evening, you would find one of the two who were at loggerheads sitting in the other man's chair, and when that other man came in, the first man would rise from the chair and offer it to him. That evening, after all the strife, one of them would be smoking the other man's pipe.

SMR: And they had made peace.

They had, and after that there was no more about it. It was forgotten.

SMR: *Well, there were many people on the Island that time.*

There were – more than a hundred and fifty, I suppose.

SMR: *And they had a school?*

When I came to the Island there were sixteen babies being rocked in the cradle.

SMR: *Imagine!*

They had a school, but it wasn't a national school teacher they had at that time but a schoolmaster, eh, a man that the priest felt sorry for. He was an old soldier, but he was a good scholar.

SMR: *Was there Irish in the school?*

Oh, he had Irish. That was all there was. It was Irish in school all the time. But the priest was sorry for him. He was married and it was to the seamstress he was married, and what's more, the woman he was married to was lame. We never called her anything but 'Lame Joan'. That wouldn't fault her. She was able to work the needle. He would teach the children; of course, it wasn't proper national school teaching but it was better than leaving the children as dunces without any teaching. They had the catechism answers from beginning to end and they had their prayers and everything connected with schooling, but of course they didn't have the grammar that's going now.

SMRL: *Did they have a national school teacher?*

Oh, they had, later on. The old soldier died. Death took him then, and a trained teacher came there.

SMR: *Well, do you remember when emigration started, when people started leaving the Island?*

They had started to leave long before my time, you know. As soon as they were grown up they started to leave for America.

SMR: *And they used to send money home?*

Oh, it was America that kept people alive ever since. They sent money, like people in other places did. But just as in any other place they weren't paid much until lately. So only one in a hundred left. When someone was going to America at that time it was almost like a wake. A big crowd would accompany him to a special place to bid him farewell. He would go away in God's name. But that's not the way it is now. They are off like hawks as soon as their feathers are grown.

SMR: *What do you think of people leaving for Dún Chaoin?*

I don't hold out much hope for them, sir, because they are only a handful of old people and they are not able to do anything. Most of them are not able to prepare or dig out a potato garden, and then the four or five young men are not able use a canvas boat or equipment from the quay at Dún Chaoin. They had a fair chance of working on the Island for the landing place was closer to them. But I don't think they are farmers in any case, but as the saying goes, when the old woman is hard pressed she must run.

SMR: *That's true for you.*

27. THE *QUEBRA*

The gale and the wind and havoc ... the houses were roofed with felt. Often when a big gale came it used to carry off the felt. Many is the time it left the houses stripped bare without a roof, as they were unsheltered from the force of sea and weather, and the Island was a very bleak spot.

But I don't imagine ... But a big American liner ran aground with all kinds of stuff on it, the *Quebra* – we called it the 'Quaymar'. Oh, and that was the best thing ever that happened to the Islanders.

SMR: *The wreck they got?*

There was all kinds of stuff in her, my dear. There was flour, but the salt water had damaged it. There was no tea but there was sugar, and bags of sugar, and boxes of loaf sugar, I think, but the salt water had melted it. There were big heavy boxes of chocolates but the salt water had destroyed them. But there was bacon in her, there was plenty of American bacon that made the Islanders frisky at that time.

SMR: *Good, I declare!*

It was good.

SMR: *Was it at that time the leather came?*

It was. Yes, that was the time. There were sheets of it, a full cargo going to the soldiers at the front on the big battlefield in the Great War. But it was said at that time – how should I put it? – that there was foul play in it, that somebody on board at that time committed treachery. When she was leaving the quay at Boston – she was leaving from Boston or New York – she was out in the harbour with a flag flying and loaded with everything she was to carry, all the cargo bound for Spain or Germany for those at war. And there were watches in her, large boxes of them, and large

270

boxes of gelatine. Do you know what gelatine is?

SMR: *I do.*

There was gelatine and everything one could ask for. The Islanders used everything for food. We had flour for a whole year, as you might expect, and we didn't have to bring it from town, and that was fine flour.

SMR: *It's an ill wind that doesn't blow good to somebody!*

It's an ill wind indeed!

SMR: *It's an ill wind.*

28. PEIG IN HOSPITAL

SMR: *Well Peig, how are you these days and how are they agreeing with you here?*

They are lovely, thanks be to God, and they are very good and they couldn't do more for me. They are spoiling me. I don't suffer from hunger or thirst or cold or anything else.

SMR: *And you haven't stopped talking yet!*

I haven't stopped and whenever somebody comes by as long as the tip of my tongue is moving, the talk will go on.

SMR: *Well now …*

Often when they come here, some of them, two of them on each side of the bed, Seán, and you would think – I don't know what it is – I'd be spouting Irish to them.

SMR: *Well now Peig, many of your friends will be listening to this. Have you any news or message or blessing for them?*

I can't think of anything now. And look, at another time these things would be bursting out of my head. I have nothing to say, I suppose but my …

SMR: *What did you say to 'The Poet'* [her son, Mícheál] *in the book?*

I told him to put down 'A blessing from my … on you my writing.'

SMR: *Yes.*

> 'God's blessing from my heart on its readers;
> Luck and prosperity on my country
> And may Christ assist those who free it!'

That's what he wrote for me.

SMR: *Excellent, and may God reward you for your own work, Peig!*

Ah well, amen!

SMR: *You did a lot for the Irish language.*

I did my best. I didn't … often … There's one who remembers it. They would come down from Dublin, a young man. I suppose that you know Thomas Mason?

SMR: *You were talking to me about him before.*

I was. It was his son who was coming down from Dublin for two years until he became a fluent Irish speaker. He was in the Irish army during the Troubles at the latter end. Dermot Mason was his name and he hadn't a word of Irish when he came. And let me tell you … He was a master, he was a master of Irish by the time he left the Island.

There was no place in Ireland, or no college or schoolmasters who could teach Irish better than the Islanders because the visitor or the stranger wouldn't hear a single word from morning till night but Irish here and Irish there and Irish everywhere. And the little children there, they were so clever and devoted to the language as if they were twenty years of age. When the stranger would need an answer to a question, the child would stop in front of him, and as wisely and cleverly as a schoolmaster, he would solve the question he needed to write down in his notebook.

SMR: *Isn't that amazing!*

It was.

SMR: *OK Ned! That's enough now.*

29. NICE LITTLE MAURICE AND NÓRA

A widow called Nóra lived back in Baile an Bhiocáire where I used to live, and when she was about seventy years of age she began to hanker after marriage. She and the boys used to banter. The boys couldn't find enough ways to have frolics and mirth at Nóra's expense, because she was great fun and was reputed to have put away a lot of money during her lifetime. Every year she had two fattened pigs and no one to care for but herself. She used to plant some potatoes and everything in the garden, you see.

It so happened that the Ceann Sléibhe road was being built at that time and a blacksmith was needed. The place that he came from to work in the forge was Castleisland. His name was Pádraig Ó Catháin – we always called him Paddy Keane – a nice man he was indeed. But the boys put it up to him that Nóra had money and that he would be away with it if he could get her to marry him. He had a terrible fondness for drink and he would go to hell's gates searching for some way to make sure he got it.

In any case, Nóra took a notion to take up with Paddy and they got married. She had been married before in her youth when she was a young woman, but had no family, and her husband's name was Maurice. He was known as 'Little Maurice' – nice little Maurice and Nóra. But by dad, be that as it may, Paddy married her, and if he did, they lived comfortably together. He went on working on the road but soon his thirst got the better of him and he used to ask Nóra for money. He had no Irish, you know, just a few feeble words.

'Oh bad luck to you, my dear,' she used to say, 'bad luck to you! It was easy for me to see that you were no great shakes, and that it was no fair wind that blew you my way.'

'Did you ever hear, Nano,' he used to say when he had a drop taken, 'did you ever hear it said, Nano, "Pissing the old hag's money against the walls"?'

'Ha, ha, may it be the death of you!'

In the end, the poor woman … the boys had made a song about herself and Maurice earlier on, and they used to drive the smith out of his mind by singing the song to his face while he was working. They were working on the road with him:

> O Maurice my dear, you've charmed her away,
> so provide her with meat and with butter,
> lest some wandering thing would swipe her from
>   you
> and you'd never again see your Nora.
>
> Your neat pretty foot, your neat pretty foot …

SMR: *OK. All right. Excuse me Peig, excuse me, the reel is full.*

COMMENTARY

1. SAINT BRENDAN AND HIS MASS BOOK

Being a pious woman, Peig took great interest in tales and legends about Our Saviour and the Holy Family, as well as in saints' legends and stories dealing with moral issues, such as God's justice, forgiveness and retribution. Apart from stories about well-known national saints, such as St Patrick and St Brigit, she also knew stories about local saints, e.g. St Cuán and St Caitlíona. At least sixty religious tales have been recorded from her.

Another version of the tale about Saint Brendan and his Mass book was collected by Seosamh Ó Dálaigh in 1943 (NFC 858:156–157). She informed the collector that the story was widely known. The version given here is almost twice as long as that collected by Ó Dálaigh, mainly due to the 'oration' at the end. A version from Mícheál Ó Gaoithín is on tape, Almqvist 1970:1:11.

2. A LITTLE BELL RINGING

The desecration of sacred places, especially holy wells, by Protestants is a common motif in stories everywhere in Ireland. Compare also the story in *Machtnamh Seana-mhná* of the apparitions of Saint Caitlíona in the form of a swan in Fionntrá cemetery which ended as soon as the first Souper was buried there (Sayers 1939:16-17= Sayers 1980:5-6; Sayers 1962:5-6).

Souper was a derogatory term applied to poor Catholics who, in converting to an aggressive missionary Protestantism, availed of relief, especially around the time of the Great Famine; the religious strife which gave rise to the term in West Kerry is treated in Ó Mainín 1973 and de Brún 1969.

The Mount Brandon pilgrimage is still observed, more generally now on 29 June.

3. HOW PEIG GOT HER STORIES

Peig frequently expressed great admiration for her father's storytelling.

4. TOMÁS SAYERS AND THE WISEWOMAN (1)

Beggar women from Ulster were generally reputed in southern Ireland to possess supernatural knowledge. Peig knew two stories apart from this one illustrating the belief (NFC 847:251-254; NFC 847:282-284). Peig's glossing of *Ultach* as 'Ulster people' is no doubt due to the fact that the request to tell the tale was in English (perhaps also prompted by her knowledge that Rodgers was an Ulsterman).

The story 'Tomás Sayers and the Wisewoman', being so closely attached to her very own existence, was one of Peig's favourites, and has been collected from her on several occasions. A version taken down on ediphone by Robin Flower *c.*1930 is found in *Béaloideas* 25 (Flower 1957:83-84; a transcription by Seosamh Ó Dálaigh of the same version is in NFC 984:310-314). Flower also renders the story in *The Western Island* (Flower 1940:51-53), apparently based on another telling of Peig's. The novelist Pádraig Ua Maoileoin, who knew Peig well (Ua Maoileoin 1991: 52-68), may indeed have heard the story from her, though he also knew of it from the acknowledged assistance he gave Séamus Ó Duilearga in editing the version in *Béaloideas* 25. He also adapted the story in his novel *Bríde Bhán* (Ua Maoileoin 1968:74-79). There, however, the future partner, a man, is revealed to a young woman, but otherwise many minor details and phrases have been retained. For yet another version from Peig, see Item 14 in this publication. A version was also recorded from Mícheál Ó Gaoithín (Almqvist 1970:3:17).

The story was no doubt told by Peig's father as a personal experience, and it would appear that Peig herself believed that the event actually happened. There is no doubt, however, that we are dealing with an international migratory legend (*cf.* for these notes to items 16 and 24 below). The usual tragic ending in the international marriage divination legends is obscured in Peig's tellings. Nevertheless, a trace of this motif might be present in the statement that Peig's mother lost her health at the end of the version in Item 14. Whether that is so or not, the idea that it is unlucky to meddle with fortune tellers and that one is much better off without knowing the future, is clearly expressed in Mícheál's version of the story. The same idea (though not attached to this particular story) is also expressed by Peig in *Beatha Pheig Sayers* (Ó Gaoithín 1970:30; *cf.* also *ibid.*: 32).

5. TOMÁS SAYERS' DEATH
Rodgers used this story in the introduction to *An Old Woman's Reflection* (Sayers 1962:ix–x).

'The Red Ox' ('An Damh Dearg'): Neither Peig nor her son Mícheál told a story with this exact title. It seems likely, however, that it is the same story as 'An Tarbh Dearg' ('The Red Bull'), which Kenneth Jackson (1934:301–306) recorded from Peig. This is ATU 511, *One-Eye, Two-Eyes, Three-Eyes* in combination with ATU 300, *The Dragon Slayer*. Two versions of that story which he entitled 'An Tairbhín Dearg' have also been recorded from Mícheál Ó Gaoithín (Almqvist 1966:9:2 and 1967:1:3).

6. PEIG AND THE ENGLISH LANGUAGE
No recordings in English from Peig other than this item and the verse (Item 9 below) are known to exist.

It would appear that Peig misunderstood Rodgers' question and took it that he wanted her to tell stories in English, though he was actually only asking her to tell him about the people she learned her stories from. In any event, it is natural that she should not want to tell stories in English; her art was intimately connected with the Irish language in which she had heard and learnt them from childhood.

Statements often heard and occasionally also seen in print to the effect that Peig had little English, or even no English at all, are lacking in foundation. Neither is her own assertion that she had 'very bad English' to be taken too seriously. She was well taught by a schoolmaster for whom she had much respect, and she spent several years as a servant girl in surroundings where she would have heard English daily. We also have evidence that she followed the advice her master in Dingle gave to keep on reading newspapers. Her fondness for songs and ballad sheets in English is equally well documented. Seosamh Ó Dálaigh recorded song texts in English from her and the length to which she went to buy the ballad sheets is described by her son (Ó Gaoithín 1970:21–22). Most importantly, we have Kenneth Jackson's word for it that Peig was able to summarise and explain her stories to him in English. Coslett Ó Cuinn, who visited the Blasket in 1929, stated that there were only two people on the Island able to speak English, Peig being one of them (Ó Glaisne 1996:15). Though this is hard to believe, it nevertheless bears witness to the high opinion people held of Peig's knowledge of English. The former Blasket Islanders Seán and Muiris Ó Guithín have given oral information about Peig carrying on conversations in English on a daily basis on the Blasket over several years with the wife of the schoolmaster Savage, who apparently had very little Irish.

7. PRESERVING THE FIRE
Item 17 is another recording of this prayer. See also notes to item 17 for Peig's repertoire of prayers in general.

For this particular prayer see Ó Catháin, 1999, 35–40 and 1992:12–34; Ó Héalaí and Ó Tuairisg, 2007:30–31 and notes p.271 and Ó Laoghaire 1975:76–77.

8. 'O LORD, MAKE MY SON AN EARL!'
Contrary to popular opinion, Peig had a great sense of humour, a fact that both Seosamh Ó Dálaigh and Seán Mac Réamoinn often commented on. Not least does this come to light in her rich repertoire of humorous tales, amounting to over two dozen

among the tales included in the section 'Jokes and 'Anecdotes' in ATU, and perhaps equally many of a similiar kind.

'O Lord, Make my Son an Earl!' is a jocular tale based on the folk belief that wishes come true at a particular moment impossible to ascertain in advance. Though it does not correspond fully to any tale classified under a separate number in either AT, ATU or TIF, the story has every appearance of being an international type. However, rather illogically, TIF includes some 30 variants of the tale under Type 1186, *With His Whole Heart*, and about two dozen further variants under Type 813, *A Careless Word Summons the Devil* (see Ní Dhuibhne 1984 I:4, 336). Printed versions include *Béaloideas* 5:254 and 11:167. The former, from Cois Fharraige, was collected by Máirtín Ó Cadhain; the latter (reprinted in Ó Duilearga 1981:186), was collected by Séamus Ó Duilearga from the Clare storyteller, Stiofán Ó hEalaoire. Other versions from Peig were collected by Robin Flower (NFC, Flower's *Nachlass*, Box 3:12:8) and Seosamh Ó Dálaigh, who took it down twice in 1943 (NFC 853:424–425 and 915:43–45). Comparisons between Peig's versions and those collected from other storytellers give ample evidence of Peig's artistry. For other instances of an undesirable outcome of prayer in Irish oral tradition, see Ó Héalaí 2001.

9. A VERSE IN ENGLISH

This poem Peig picked up from a little book of poetry in school. *Peig* (Sayers 1936:44 = Sayers 1998:25; Sayers 1974:39) contains a description of how she learnt poetry in English by rote from a book which might well have been the same as that which contained the verse given here. She does not mention the author, who is James Clarence Mangan. The poem is entititled 'The Time of the Barmecides', with a subtitle 'From the Arabic' (Mangan 1903:175–176).

The Barmecides: a noble Persian family which came to great political power in the time of the Abbasid caliphs.

10. THE NIGHT VISIT OF THE THREE BOYOS

This is a remarkable example of Peig's ability to dramatise an ordinary happening and of her great skill in spinning dialogue.

My son: Mícheál Ó Gaoithín.

11. FOR THE SAKE OF MY LANGUAGE

Peig often expressed similar sentiments and opinions concerning the Irish language, e.g. in *Peig* (Sayers 1936:248 = Sayers *s.a.*: 196 = Sayers 1998:183; Sayers 1974: 210) and in *Machtnamh* (Sayers 1939:223–224 = Sayers 1980:117–118; Sayers 1962:108).

Robin Flower: According to Seosamh Ó Dálaigh, Peig often commented on the trouble his ediphone recording had caused her and how it had affected her voice.

Mexico Martin: is Mártan Diolún, jokingly also referred to as 'Mártan Dé Luain' [Martin Monday]. Peig, who developed a deep affection for him, devotes a whole chapter to him in *Machtnamh Seana-mhná* (Sayers 1939:223–231= Sayers 1980:117–121; Sayers 1962:108–112).

And ...: The disc ran out here, otherwise Peig would no doubt have gone on for a good time.

12. A DRAMA IN IRISH

The item may be described as a so-called *agallamh beirte* (dialogue for two). Such verse dialogues are usually of a humorous or satirical nature (see Ó Morónaigh 2001:591–621).

There are four other versions from Peig of this verse dialogue: one recorded on ediphone in 1931 by Robin Flower (transcribed by Seosamh Ó Dálaigh in NFC 983:268–271 and also found in an earlier transcription by Flower himself in his *Nachlass*, Box 2:2. p.11–12); the second written down by Seosamh Ó Dálaigh 1940 (in NFC 701:277–280) in which Peig says that she often heard the story from her father; the third also written down by Seosamh Ó Dálaigh 1948 (in NFC 858:150–153); and the fourth, taken down in phonetic script by Heinrich Wagner in

1946 (Wagner and Mac Congáil 1983:247–253). The dialogue has also been recorded twice from Mícheál Ó Gaoithín (Almqvist 1970:3:6 and 1972:15:6).

13. THE MATCH

About a dozen of Peig's tales, including some of the longest, fall within the category 'Realistic Tales (Novelle)' in ATU (corresponding to 'Novelle (Romantic Tales)' in AT). As a rule, such tales are of similar construction to the 'Tales of Magic', but lack the more fantastic and supernatural elements so prominent in the latter, even though many of them (in spite of the blanket title in ATU) can be unrealistic enough. A factor that would have attracted Peig to these tales is that many of them deal with courtship, marriage and family life, matters in which she took great interest. Disguise and failure of recognition are also common motifs in 'Novelle Tales', as is the choice between two prospective partners. Frequently these tales contain proverbs and elaborate on their message. All these traits are present in 'The Match', but no type number has been assigned to it in the folktale catalogues; neither have any other versions of the story been found in the NFC holdings. It is possible that it ultimately stems from a popular magazine or some similar source.

14. TOMÁS SAYERS AND THE WISEWOMAN (2)

See notes to Item 4 above.

15. WELCOME TO THE CHRIST CHILD

Peig had a rich and varied repertoire of folk songs, including such diverse genres as love songs, religious songs, historical songs, satirical songs and children's songs. Séamus Ó Duilearga (1945:15) stated that Peig's song repertoire amounted to 40 items. Even with the provision that it is sometimes difficult to distinguish between songs and poems, that number is far too low. Ríonach uí Ógáin (forthcoming) estimates that Peig knew about 60 song texts. Though Peig had no singing voice, she took great interest in singing and her knowledge of song texts was remarkable in respect of accuracy and completeness, as witnessed by such good an authority on the matter as Pádraig Ua Maoileoin (1984).

This sound-recorded version of 'Welcome to the Christ Child' contains only the first three verses. Another version in *Peig* (Sayers 1936: 95–97 = Sayers s.a.: 68–70 = Sayers 1998: 65–67; Sayers 1973: 82–3) contains eight. A version contributed to the magazine *An Lóchrann* (Mí Nodlag 1912:4) by Peig's eldest son Pádraig contains ten verses. Apart from this difference in length, the texts are practically identical, and there is little doubt that Pádraig learnt the song from his mother. In *Peig* we are told that she recited the song on Christmas Eve the first year she was in Dingle and that her master rewarded her with half a crown. The last verse in this version brings the poem to a natural conclusion and provides an ending well suited to the Christmas spirit. It may have been for this reason that the two additional verses preserved only in her son's version were omitted. See also Ó Criomhthain (1956:240–241 and note p.261).

16. THE CAT WHO SPOKE

This, like the story about Tomás Sayers and the wisewoman (Items 4 and 14) and the story of the talking seal (Item 25), belongs to a category of tales designated as migratory legends, and more specifically to the subgroup dealing with supernatural beings and forces. As a rule such legends are set in specific localities and told about real people. In spite of the mystic and supernatural ingredients, these tales are also full of realistic details and frequently they were believed to have actually happened. A type list of such tales has been published by the Norwegian scholar Reidar Th. Christiansen (1958) and a survey of types represented in Ireland is found in *Béaloideas* 58. Peig's repertoire of migratory legends amounted to at least a dozen.

Another version from Peig (NFC 859–374–377) was written down from dictation by Seosamh Ó Dálaigh in 1943. This is longer than the Radio Éireann version (712 words as against 539).

The setting in Cill Mhic an Domhnaigh, indicates that Peig learnt the story from her father, and this is confirmed by her direct statement to Seosamh Ó Dálaigh. She also informed him that it was one of the stories Tomás Sayers used to tell frequently. Mícheál Ó Gaoithín wrote a version of this story from his own memory (NFC 1459:88–90) and there is also a tape-recorded version from him (Almqvist 1966:2:9). The legend would appear to be comparatively rare.

Peig also knew two other stories about a talking cat. One of them, 'The King of Cats' (ML 6070 B), was taken down from her twice: by Máire Ní Ghuithín in 1937 (NFC 459:345–347) and by Seosamh Ó Dálaigh in 1943 (NFC 911: 289–292). For this widespread legend see Ó Néill 1991. The second of these is 'An Cat i dTigh an Mhinistir' ['The Cat in the Minister's House'], which she told to Seosamh Ó Dálaigh in 1943, in direct continuation of the version of 'The King of the Cats' he had taken down from her [NFC 911:293–296].

17. PRAYERS

Peig was known to be a great woman for prayers. Pádraig Ua Maoileoin has given a vivid description of this which may be rendered as follows:

> She had a prayer for every occasion and woe betide anyone who came into the house while she was saying the rosary. I was caught myself once and such additions and trimmings you never heard. Prayers for this one and for that, and prayers for people you might imagine were in no need at all of prayers. But that is the kind of woman she was, a big-hearted woman.

Many of Peig's prayers were written down by Seosamh Ó Dálaigh
(NFC 847:115–122; 983:31–32; 1201:362–363). Prayers and
descriptions of the circumstances in which they were recited and
learnt are also found in *Peig* (Sayers 1936: 224 = Sayers s.a.:173
and Sayers 1988:166; Sayers 1973:190) and *Machtnamh* (Sayers
1939:17–19 = Sayers 1980:6-8; Sayers 1962: 6-8). For Irish-
language folk prayers see Ó Héalaí 1979.

A. At bedtime
Prayers to be said when going to bed are widely known in Irish
tradition, see Ó Laoghaire 1975:96–105 and Ó Héalaí and Ó
Tuairisg (2007: 176–178 with notes pp.278–279). Another
version of the bedtime prayer, written down by Seosamh Ó
Dálaigh, from Peig's dictation is in NFC 847:56–57.

B. Preserving the fire
See notes to Item 7 above.

18. CHRISTMAS ON THE ISLAND
For Irish Christmas customs in general, see Danaher 1972:233–
264; and for sending hunger to Turkey, *ibid.*: 259–261.

Peig gave a detailed description of Christmas celebrations in
Dún Chaoin and on the Blasket to Seosamh Ó Dálaigh (NFC
1084: 407–420). Descriptions of Christmas are also found in
several other Blasket books, for instance Ó Cearnaigh 1992, 53–
57, 92. For New Year and Epiphany see also the material Ó
Dálaigh took down from Peig in NFC 967: 289–193 and 327–330.

For fiddlers and fiddle music on the Blasket, see uí Ógáin
1988:207–214 and for hurling, see Ó Caithnia 1980: 807,
references under the heading 'Blascaed'.

19. A SHIP RUNNING ON DRY LAND ALONG THE ROAD
At least 26 international wonder tales have been recorded from
Peig. Her versions are nearly always longer and fuller than those
told by most other tellers, though her son Mícheál (from whom

rather surprisingly no version of this particular tale was recorded) occasionally made them even longer. The version given here falls within type ATU 513B, *The Land and Water Ship* (a subtype of ATU 513, *The Extraordinary Companions*) and also includes elements of AT 934C*, *Man Will Die if he ever Sees his Daughter's Son*, (*cf.* ATU 934, *Tales of Predestined Death*).

The Land and Water Ship is highly popular in Irish tradition; TIF lists 67 versions under that 513B (and in fact many of the versions listed there under 513A could equally well be said belong to 513B).

The story was recorded three times from Peig. Apart from the present recording from 1947, we have Robin Flower's ediphone recording from 1930 (transcribed by Seosamh Ó Dálaigh in NFC 983:55–68 and 985:102–104) and in Seosamh Ó Dálaigh's ediphone recording from 1945 (NFC 967:543–574). A version of the story collected by Heinrich Wagner (Wagner and Mac Congáil 1983:263–271) has also been attributed incorrectly to Peig (*ibid.*: iii); see Almqvist 2004:33, n.2.

The three recordings are of very unequal length (Flower's 3,615 words; Ó Dálaigh's 6,560 words and Radio Éireann's recording 3,676 words). This, however, is in accordance with the general pattern that Ó Dálaigh's recordings are longer than those of other collectors. Presumably Ó Dálaigh's recordings were made under more relaxed and less rushed circumstances.

Peig informed Ó Dálaigh that she learnt the story from her brother Seán *c.*45 years previous to the recording when Seán was *c.*45 years old. Seán is reputed to have been a good storyteller, who in turned passed his stories over to his son, Peaid.

Pagan or Palatine: this strange interchangeability of pagans and the German Protestant group who settled in Ireland in the early eighteenth century is not unusual in Irish folklore; Protestants in general are also frequently referred to as pagans.

Robin Redbreast of the O'Sullivans: see Ó Dochartaigh 1997–79:194.

Mór's House and Donaghadee: these were traditionally thought to be the southernmost and northernmost places in Ireland; *cf.*

Ó hÓgáin. 'Joe's house' probably refers to Seosamh Ó Dálaigh's house in Dún Chaoin.

20. THE SEVERE SUMMER

The song was popular on the Blasket as well as in Dún Chaoin and neighbouring parishes. It is referred to in *Peig* (Sayers 1936: 140 = Sayers 1998:102; Sayers 1973:119).

Another version written down from Peig in 1943 by Seosamh Ó Dálaigh is in NFC 858: 27–8. There we are informed that Peig learned the song from her husband Pádraig Ó Guithín. Yet another version was taken down phonetically by Heinrich Wagner (Wagner and Mac Congáil 1983:16–19). In the commentary to this version (p.369) it is stated that the song was also taken down from Mícheál Ó Gaoithín (NFC 273;27–28). This Mícheál, however, is not Peig's son, but another man of the same name.

21. THE GREEN AUTUMN STUBBLE

A version from Peig is in Wagner and Mac Congáil 1983:186–189, where many references to other versions printed and in mss. are given in the commentary pp.404–405.

A version by the Blasket Islander Seán Ó Cearnaigh is sung on the CD in uí Ógáin (1992); see also note in the accompanying booklet and uí Ógáin 1999: 148-149. It is a song in praise of the homeland and also gives vent to the heartbreak of emigration, emotions that Peig was only too familiar with. For the melody see also Anon. 1976:5.

22. AN ACCOUNT OF THE WESTERN ISLAND

See for the Blaskets in general Ua Maoileain, *s.a.*

Music and song: see uí Ógáin 1988 and forthcoming.

Fifteen cradles rocking on the Island: cf. *Peig* (Sayers 1936:202 = Sayers *s.a.*: 151 = Sayers 1998: 149) where, however, the number is given as 14.

Bilingual curriculum: introduced 1904, see D. Ó Súilleabháin (1988:1–24).

287

Thomas Savage: see Ó Mainín 1989:41–42.

Rabbit hunting: Lysaght 2000a:202–203; Ó Criomhthain 1929: 72–74 = Ó Criomhthain 1973: 69–70 = Ó Criomhthain 2002:63–65; Ó Crohan 1934: 81–83; Ó Gaoithín 1953:105–106; O'Guiheen 1992: 114–115; Ó Cearnaigh 1992.1, 21–26.

Congested Districts Board and the new houses: Ó Guithín 1953: 4–8; O'Guiheen 1992:5–8.

Emigration: Sayers 1936: 150–154, 213–21 = Sayers *s.a.*:95–100, 161–170 = Sayers 1998:110–113,158–164; Sayers 1973:127–132, 180–187; see also material collected from Peig by Seosamh Ó Dálaigh in NFC 701: 293–294; Ó Guithín 1953: 81–84; O'Guiheen 1992:88–91.

Evacuation of Blasket: Lysaght 2006a and b; Morton 2000; Stagles 1980:131–137.

23. PEIG'S ORATION

This piece shows with great clarity how love for the Irish language, the inherited Catholic faith, and the unity and freedom of Ireland form an inseparable unit in Peig's mind.

Peig's wish that God should have mercy on us all 'friend and foe alike' is a fine illustration of the traditional idea that a blessing should be all-embracing; a 'narrow' blessing (*guí ghann*) should be avoided.

24. USE OF SEALS

For seal hunting and the use made of the seal products, see Ó Cearnaigh 1992:57–60; *cf.* also Ó Criomhthain 1929:86–92, 108–115 = Ó Criomhthain 1973:81–87, 100–107 = Ó Criomhthain 2002:85–91, 118–122; Ó Crohan 1934:98–106, 126–135.

Johnny Moore: a Dingle businessman.

Abstinence: sealmeat was considered fish and consequently allowed on Fridays.

25. O'SHEA AND THE SEAL

For this and other Irish seal legends see Ní Fhloinn 1999.

A version written down from Peig's dictation by Seosamh Ó Dálaigh in November 1943 is in NFC 911: 148–149; another taken down in phonetic script by Heinrich Wagner is in Wagner and Mac Congáil 1983:13. According to what Peig said to Ó Dálaigh this was a very common story. Versions from Mícheál are found in NFC 1459: 83–84, and Almqvist 1970:2:4, and it is associated in Blasket versions with the caves of Cuas an Éin and Cuas Tóin na hÁirne.

This story was triggered by the preceding realistic description of seal hunting and seal products. Seosamh Ó Dálaigh frequently commented on the way Peig illustrated her accounts of traditional life with stories and legends in this manner.

26. ISLAND LIFE

What's that they called it? it appears MacRéamoinn did not realise that Peig, in all likelihood, was referring to rationing.

Oats and potatoes: Lysaght 2000a:204–206.

Clothes: Seosamh Ó Dálaigh collected a considerable amount of information on clothes and related matters from Peig (see e.g. NFC 1201:58–60, 64, 74–76, 129, 147–152, 165–168).

Boat makers: Mac Síthigh 2003.

Fiddlers and fiddle makers: uí Ógáin 1988:207–214; Ní Shéaghdha 1940:155.

Neighbourliness: Sayers 1939: 267; Sayers 1980:141; Sayers 1962:130.

Quebra: see note to Item 27 below.

Old soldier as school teacher and his wife 'Joan Bhacach': These also figure in *An tOileánach* (Ó Criomhthain 1929: 69–72 = Ó Criomhthain 1973: 66–69 = Ó Criomhthain 2002:59–63; Ó Crohan 1934: 77–80).

27. THE *QUEBRA*

She was bound for Liverpool from New York but changed course to avoid a submarine and struck a rock and sank off the Blaskets on 23 August 1916. The cargo included meat, cotton, watches, flour and artillery shells (http://www. irishwrecksonline.net/ details/Quebra660.htm).

Tomás Ó Criomhthain (2002:319) refers to 'The Quabra' (*sic*) and, like Peig, makes special mention of the great amount of leather sheets she carried and also says that she carried everything anybody could ask for except liquor.

28. PEIG IN HOSPITAL

Thomas and Dermot Mason: see Introduction.

What Peig had asked 'An File' to write: this refers to the final words in *Peig* which in the original edition (Sayers 1936:251) reads:

> *Beannacht leat a scríbhinn,*
> *Is beannacht óm chroidhe ar lucht do léighte,*
> *Rath agus séan ar ár dtírín,*
> *Is go gcabhruighid Dia le lucht a saortha!*

> [God's blessing on you, manuscript,
> And a blessing from my heart on its readers;
> Luck and prosperity to our beloved country
> And may God assist those who free it!]

OK, Ned! That is enough now: these words were directed to the sound technician, Edward Nugent.

29. NICE LITTLE MORRIS AND NÓRA

Another version from Peig taken down by Seosamh Ó Dálaigh in 1942 (NFC 847:66–72) where the song is continued as follows:

> *Do ghearra-chois deas, do ghearra-chois deas*
> *do ghearra-chois deas, a Nóra*
> *do ghearra-chois deas ód ghlúin go dtí d'alt*
> *is an ainnir ar fad go córach.*

Raghaidh sé siar 'on Tiaracht
Is tabharfaidh sé iasc ón bhFeó leis,
Beidh sé déanta, gnó na bliana,
Is ar m'anam go dtabharfaidh is póg di.

— Ní hé sin a bhí san amhrán acu ach:
Is ar m'anam go ndéanfaidh bunóic léi. —

Do ghearra-chois deas Srl

Raghaidh sé síos go Bailt' Ó Síoda
I measc na ndaoine móra,
Is daingneoidh a cír chomh daingean le bís,
Is nach róbhreá an chrích ar Nóra.

Do ghearra-chois deas Srl

Ní raibh aon fhiacail i ndrandal Nóra. Ní raibh aon tseó
    ach a bheith ag éisteacht le Nóra féin ag rá an
    amhráin sin.

[Your neat pretty foot, your neat pretty foot,
Your neat pretty foot, dear Nóra
Your neat pretty foot from ankle to knee
And the whole young lady in glory.

Your neat pretty foot *etc.*

He'll make his way west to the Tiaracht
And bring back fish from the Feó
The work of the year will be done then
And she'll get it from him with a kiss.

— But that is not what they had in their song but:
Upon my soul he'll make a baby with her.—

Your neat pretty foot *etc.*

He'll go down to Bailt' Ó Síoda
And meet the wealthy folk there
He'll set her teeth in a vice-like grip
And what a fine end for Nóra!

Your neat pretty foot *etc.*

Nóra hadn't got a single tooth in her mouth. Nothing was as funny as listening to Nóra herself singing that song.]

Robin Flower also recorded a version of the story from Peig on ediphone, in 1930 (the accompanying verses were sung by her brother-in-law Mícheál). A transcript by Seosamh Ó Dálaigh is in NFC 984:466-468. For further versions of the verses see Ó Dubhda 1933:81 and Ó Criomhthain 1936:61–63. The authorship and the possibility that the verses, at least partly, are by Seán Ó Duinnshléibhe, is discussed by Mac Cárthaigh 1991:129–131.

NOTES TO INTRODUCTION

1. Oral communication from Seosamh Ó Dálaigh.
2. The family name was usually written Ó Guithín in Irish but Mícheál chose to write Ó Gaoithín.
3. It was also he who later added to the stone the name of Peig's son Mícheál, now resting in the same grave. For the sculptor's autobiography see Murphy 1966.
4. The printed prospect is held in the NFC Library.
5. For Seán Ó Súilleabháin see *Beathaisnéis* 8:224–236 and Eoghan Ó Súilleabháin 1994.
6. Full coverage was given to the event in *The Irish Times, Irish Press* and *The Cork Examiner* 4 August and *The Kerryman* 9 August 1969. A week later, in a Radio Éireann programme, *Ómós do Pheig*, produced and presented by Seán Mac Réamoinn, which was over an hour long, Cearbhall Ó Dálaigh's speech and Seán Ó Súilleabháin's address, as well as the reading of Mícheál's poem, were included. The programme also contained impressions and memories of Peig by Seán Ó Criomhthain (the son of Tomás Ó Criomhthain, *An tOileánach*), for whom Peig had acted more or less as a foster mother, as well as interviews with Mícheál Ó Gaoithín about how the book *Peig* was written and with Seosamh Ó Dálaigh about his collecting from Peig. The ceremony at the unveiling of the stone is described in Ó Súilleabháin 1970:86–87.
7. There are complete German and French translations of *Peig* (Sayers 1996; Sayers 1999); sizeable portions have been translated into Flemish (De Belder 1993:85–106), and a chapter into Swedish (von Sydow 1938). A translation into German of passages from chapters 6 and 9 of *Machtnamh Seana-mhná* is given in Hetmann 1986:279–286.
8. In this respect, as in so many others, Seán Ó Súilleabháin did much to spread Peig's fame internationally. Stories from Peig in English translation are included in his widely read anthologies of Irish tales and legends (O'Sullivan 1966: nos.14, 24 and 36; 1974: nos. 4, 9, 12, 19. 22 and 24).
9. For French translations see Sjoestedt 1932:414–418 (a version of the Cinderella story) and Sjoestedt-Jonval 1938a:199–204 ('Inghean an Cheannaidhe'). Heinrich Wagner translated one of the hero tales he had himself collected from Peig into German (it was published in Lüthi 1951:121–137); Hetmann (1986: 287–302) offers a translation into German (from O' Sullivan 1966:151–164) of the story given the designation 425J, *Service in Hell to Release Enchanted Husband* in AT and a version of ATU 970, *The Twining Branches* (in German translation and in the orginal Irish) is given in Hüllen 1965:53-61. A Swedish translation of

(Jackson 1938:48–49) is found in Almqvist 2007: 41–43. Romanian translations of the tales 'Fionn in Search of His Youth' and 'Seán na Bánóige' (from Ó Súilleabháin 1966:57–60 and 192–204) are in O'Sullivan 1979:72–75 and 190–202. There is a Japanese translation of the tale 'Gabha na gCleas' (Jackson 1938:3–11) in Watanabe 2005: 129–146.

10 For Seán Ó Dálaigh, see Ó Dubhshláine 2000a.

11 Peatsaí was one of the men on the boat that won the race celebrated by the Island poet Seán Ó Duinnshléibhe in his song 'Beauty Deas an Oileáin'. A version of this song is on the CD *Beauty an Oileáin* (uí Ógáin 1992). See also Ó Dubhda 1933:76–77 and 'ac Gearailt 2007:270–273.

12 Oral information from Mícheál Ó Gaoithín.

13 For some of the information here I have relied on Leslie Matson's useful genealogies of Blasket Islanders in the Blasket Centre, Dún Chaoin. See also Ní Laoithe-Uí Bheaglaoich 1999.

14 Unfortunately, no pictures of Peig in childhood or youth seem to be in existence, though we hear in *Peig* (chapter 4) of how a visitor took a photograph of her and her friend Cáit Jim, posing for which the young girls received a shilling each. From about 1920 on, however, pictures of Peig were frequently taken, many of them by skilled and even professional photographers, Harriet Hjorth Wetterström, Thomas Mason, Caoimhín Ó Danachair, Tomás Ó Muircheartaigh, C.W. von Sydow, Thomas Waddicor, and others. It is probably true to say that few Irishwomen have been photographed as well and as often as Peig. Many of these photographs are in the NFC Archive and in the Blasket Centre in Dún Chaoin. Peig has also been portrayed by major Irish artists, Seán Ó Súilleabháin and Harry Kernoff, and the talented English artist Christine Waddicor (Kenneth Jackson's sister) drew a number of sketches of her (now in NFC). Mícheál Ó Gaoithín has rendered his impressions of his mother in some delightfully naive water colours (one of which is reproduced in Ó Fiannachta 1995: facing p.45; see illustration no. 4 above). There are also many caricatures of her in newspapers. Taken together, these photographs and pictures cover the whole spectrum of her moods and personality, ranging from a lonely *mater-dolorosa* image to a sociable, fun-loving and laughing carefree woman and form a valuable complement to the image of Peig in her autobiographies and stories.

15 In younger days she had also been called 'Peig Bhuí', in reference to her blonde hair (Mac Conghail 2001:114).

16 Oral information from Mícheál Ó Gaoithín.

17 According to Mícheál on the programme *Ómós do Pheig*.

18 Máire Ní Chinnéide's outlook on Peig's personality (and also her limited understanding of her) can be deduced from her obituary on Peig (Ní Chinnéide 1959). However, no information on the editing process of *Peig* is found there. See also on Máire Ní Chinnéide's life and work *Beathaisnéis* 2:79–81.

19 For a different opinion see Coughlan 1999 (originally delivered as a lecture at a conference in Dún Chaoin in March 1998). The view developed there of Peig as a kind of feminist, whose story was sanitised by her son, received considerable attention in the news media, (see e.g. *The Irish Times* 31 March and 14 April 1998).

20 Oral information from several quarters.

21 A typical example of the vitriolic journalistic attacks on Peig is Liam Fay's article (1998) which called forth a spirited defence from Éilís Ní Dhuibhne (1998). There are, however, journalists who have shown great appreciation of Peig's artistry. Among them is Fintan O'Toole (2008) who, unlike Fay, saw Peig's superiority as a storyteller thanks to his ability to put her stories in a comparative folkloristic perspective.

22 These opinions were expressed by Ó Ríordáin and Ó Tuama on the programme *Bhí Sí Seal in Ár Measc*. Ó Ríordáin, who understood Peig better than most, also paid homage to her in the beautiful and intriguing poem 'Na Blascaodaí' (Ó Ríordáin 1952:94–96), in which he says *bhí aigne Pheig mar naomhóg – ár n-iomchar ar dhromchla an domhain* [Peig's mind was like a canvas boat bearing us over the earth's surface]. For further comments on Peig's style see Ó Héalaí 1977.

23 Formerly the Department of Irish Folklore, and prior to that the Irish Folklore Commission.

24 Especially the material collected by Kenneth Jackson and Heinrich Wagner, see below.

25 375 is the number given, e.g. in Lysaght 2002b:1253. Occasionally, slightly higher figures are mentioned. Hjorth-Wetterström (1947:128; Hjorth 1971:75) talks about *fyrahundra sagor och sånger* ['four hundred tales and songs'] and Brid Mahon (1998:140) states that Seosamh Ó Dálaigh's collections from Peig amounted to 'nearly four hundred tales'. No doubt, all these statements go back, directly or indirectly, to Séamus Ó Duilearga who, in *The Gaelic Storyteller* (Delargy 1945:15), states: 'From Peig Sayers, our collector Seosamh Ó Dála obtained 375 tales, of which 40 are long märchen.' From this it can also be seen that the figure 375 is not intended to refer to the number of tales collected from Peig, but only to those Seosamh Ó Dálaigh collected from her. Letters in NFC also show that Ó Duilearga, in preparing *The Gaelic Storyteller*, sought information from Ó Dálaigh (as well as from other full-time collectors) about the amount and kind of material they had collected. A list Ó Dálaigh made out, comprising 370 titles, of what he considered to be tales, is in fact also preserved (NFC 1294:53–73). This would seem to warrant the conclusion that Peig's repertoire of tales amounted to at least 370 items, if it were not for the fact that many of the items in the list turn out not to be stories by any meaningful definition of the word. The list includes quite a few songs, rhymes and even riddles.

'Story' is of course a concept difficult to define, but it is necessary to do so, both for the purpose of determining what to include or not to include in an edition of tales from an individual teller, and in order to make meaningful comparisons between different tellers' repertoires. In the planned edition of Peig's tale repertoire, only traditionally transmitted tales in prose with a fixed plot, existing in several variants, have been included. This means, among other things, that so-called *memorates* and other more or less amorphous stories about personal experiences of Peig's relations and neighbours occuring in Ó Dálaigh's list will be omitted from Peig's story canon.

This is offset, however, by the fact that Ó Dálaigh collected quite a few traditional stories apart from those he included in his list, and by the addition of the not inconsiderable number of stories known only in versions taken down by other collectors. When the Peig canon is finally established, it is thus after all likely that the number of traditional tales, long and short (including international folktales such as those listed in ATU, folk legends of the kind listed in ML and other such indexes, and other stories fulfilling the above critera) will amount to *c.*350 different tales. It should also be taken into account that the entire repertoire of a storyteller, even when collected as systematically as in Peig's case, is never likely to be totally recorded. As to the number of 'long *märchen*' referred to by Ó Duilearga, both 'long' and '*märchen*' are difficult to define. If, however, we add to her 3 hero tales and 23 wonder tales, the tales of equal length or longer falling within other categories in ATU, the number 40 will certainly be exceeded.

For Peig's standing among other storytellers with rich repertoires *cf.* also Dégh 1969:168–169 and Faragó 1971.

26 Unfortunately it seems that no tales were collected from him. The statement in some sources (e.g. Zimmermann 2001:365) that he had been one of Jeremiah Curtin's informants probably lacks foundation. Angela Bourke, who has studied Jeremiah Curtin's and his wife's diaries (Bourke 2008), informs me that there is no evidence in them to prove that the couple spent any time on the mainland in Dún Chaoin, except for passing through on their way to the Blasket. Neither do any of Curtin's published tales show such resemblances to anything told by Peig that one would have reason to believe that they stem from Tomás Sayers on that ground. Tomás Sayers' repertoire can, however, to a considerable extent be reconstructed thanks to statements from Peig and a number of other storytellers to the effect that they learned specific tales from him.

27 For a story Mícheál had heard in the USA and passed on to his mother, see Jackson 1938:52–53, 89 and Almqvist 1980. For Boccaccio on the Blasket see Stewart 1988 and Almqvist 1990.

28 Sayers1936:91–93; von Sydow 1938:13-17. *Cf.* Almqvist 2002:25–26.

29 For further information on Séamus Ó Duilearga and the Irish Folklore Commission, see in particular Ó Catháin 2008a and 2008b and Briody 2007.

30 For Ó Cadhlaigh, see *Beathaisnéis* 2:76-77. A copy of his unpublished autobiography is in NFC.

31 *An Lóchrann* no. 4, 1911: reprinted in Ó Siochfhradha 1932: 100–103; *An Lóchrann* no. 3, 1911:4; reprinted in Ó Siochfhradha 1932:162-165.

32 Mí Nodlag 1912:2.

33 See *Peig*, chapter 9.

34 For Robin Flower, see Ó Duilearga in Ó Criomhthain 1956:vii–xxiii; Almqvist 1998a; Ó Lúing 2000:95–109 and *Beathaisnéis* 3:31–33.

35 Flower 1944:48–59.

36 He had then more or less finished his work with Tomás Ó Criomhthain, which eventually resulted in the book *Seanchas ón Oileán Tiar*, and the translation of *An tOileánach* under the title *The Islandman*.

37 Flower 1930a:97–101 (Flower's notes p.108, editorial English summary and notes by Séamus Ó Duilearga: 109–110); Flower 1930 b:199–206 (Flower's notes p.207–208, editorial English summary and notes by Séamus Ó Duilearga:208–210).

38 Flower 1957:46–107 (pp.46–89 in that collection are from Peig).

39 Flower 1944:56.

40 For Jackson see *Beathaisnéis* 8:55–56 and works quoted there; Almqvist 1998b and Almqvist forthcoming,

41 Jackson 1938: also in form of a booklet, which has since often been republished. Two stories Jackson collected from Peig appeared in *Béaloideas* 4 (Jackson 1934); see also for some minor items he took down from her in Jackson 1938b and Jackson 1971–73: 159–160.

42 Jackson himself gives this information in the programme *Bhí Sí Seal in Ár Measc*.

43 See Almqvist 1998b.

44 Jackson 1961.

45 Letter from Jackson to von Sydow in the University Library of Lund, Sweden.

46 I am indebted to Mrs Ó Braonáin for information on her husband.

47 Ó Braonáin's material is in NFC 35:25–121 and 202–216.

48 For Marie Sjoestedt see *Beathaisnéis* 4: 170-171; Ó Lúing 2000: 111–124.

49 Sjoestedt 1932:406–418; Sjoestedt-Jonval 1938a:188–204. Other publications of Sjoestedt's of interest to students of Peig include her study on the sound system of the Irish of Dún Chaoin and the Blasket (1931), reviews of *Peig* (1938b) and Kenneth Jackson's *Scéalta ón mBlascaod* (1939), and the charming description of her time in Ireland she wrote in Swedish (1937).

50 Ó Duilearga 1934:455.

51 Ní Ghaoithín 1978:62–64.

52 The material Máire Ní Ghuithín collected from Peig is in NFC 201:265-269 and 459:345–349. For her impressions of Peig see Ní Ghaoithín 1978:61–62; Ní Ghuithín 1986: 15–16.

53 She was the last teacher on the Blasket (May 1934–December 1940). See Ó Máinín 1989: 43–44, Nic Craith 1995:130–133, Ó Dubhshláine 2000b:68.
54 This tale is in NFC S 418: 171–176.
55 See for the Schools Scheme in general Ó Catháin 1988 and 1999 for the Schools Collection Scheme collecting on the Blasket Ó Cathasaigh 2000.
56 For Carl Bergstrøm, see him Lindeman 1986.
57 The tale is now in NFC 34:312–320.
58 Mason 1936:97–100 and for the context *ibid.*: 95–96; another version of the 'Dónall na nGeimhleach' legend collected by Robin Flower from Peig is in NFC 983:221–242.
59 Stated by Dermot Mason to me in interview 25 July 2006.
60 For Cosslett Ó Cuinn, see *Beathaisnéis* 8:122–3; Ó Glaisne 1996: esp.15–17.
61 Now in NFC 89:89–144; the Piaras Feiritéar verse is on p.144.
62 For Seosamh Ó Dálaigh and his collecting see *Beathaisnéis* 8:130–131, Tyers 1999, Briody 2007:29, 231–233, 238–239, 244–258, 342, 367, 418, 424–429, 446, 463, 468. See also the collector's own account (Ó Dálaigh 1989) and Almqvist forthcoming.
63 In NFC 701:205–239, 268–294, 307–310.
64 This is apparent from letters from them to Seosamh Ó Dálaigh; *cf.* also Seán Ó Súilleabháin in Thompson 1953:16.
65 See for Wagner *Beathnaisnéis* 8:239–241 and works quoted there and, especially for his collecting from Peig, Almqvist 2004.
66 Wagner and Mac Congáil 1983, items no, 1–45, 48–52, 56–57, 70–73, 77, 83–84, 88–91, 93–94, 98–100 and 104 in that publication are from Peig. Wagner (*op. cit.*, iii) also states that item no. 92 was told by Peig, but this is no doubt an error (*cf.* Almqvist 2004:33, note 2).
67 Wagner and McGonagle 1987 (items 1–6) and 1991 (items 11, 13–15).
68 For Wetterström and her visit to Dún Chaoin, see Almqvist 2004:48–58.
69 Jackson 1938a:83–85.
70 Seán Ó Súilleabháin has given a written report on this recording occasion, now in NFC.
71 Like his mother, Mícheál would be worthy of a book-length biography. Articles about him include Ó Fiannachta 1988 (and 1989), and Almqvist 1990 (*cf.* also Almqvist 1986).
72 Mícheál's collections occupy some 8,000 pages. They present several problems of source criticism. It is difficult to distinguish between tales he actually took down more or less from his mother's dictation, and those he renders in his own words on the basis of what he heard from her, perhaps many years earlier than he committed the tales to writing. Also it appears that Mícheál at some stage was told not to collect from his mother (presumably because it was considered that enough had already been collected from her). This, however, has at least in certain instances, had the effect that he attributed tales he had actually heard from his mother to other storytellers (Almqvist 1990:101–105).

73 Seosamh Ó Dálaigh's and my own collections from Ó Gaoithín are in transcripts in NFC; material from James Stewart is in his *Nachlass* in the James Hardiman Library, National University of Ireland, Galway; copies of Ole Munch Pedersen's sound recordings are in the sound archive in NFC.

74 As mentioned, many of Peig's tales have also been taken down from Mícheál Ó Gaoithín and this will facilitate comparisons between transmitter and receiver of a kind advocated by Linda Dégh (1969). To some extent such studies have already been undertaken in respect of Peig and Mícheál, (see, e.g. Almqvist 1990 and works quoted there p. 118 n.95, especially Radner 1989). Further studies will be greatly facilitated once the entire corpus of Peig's and Mícheál's tales is available.

75 Douglas Hyde was a pioneer in his realisation of the advantage to general readers and scholars alike in having repertoires of individual tellers brought together and published separately. He followed this method in his books *Ocht Sgéalta ó Choillte Mághach* (1936) and *Sgéalta Thomáis Uí Chathasaigh* (1939), Séamus Ó Duilearga continued in his steps on a grander scale in *Leabhar Sheáin Uí Chonaill* (1948; English translation 1981) and *Leabhar Stiofáin Uí Ealaoire* (1981); and a number of editions of individual storytellers' repertoires have since appeared in Comhairle Bhéaloideas Éireann's series Folklore Studies and elsewhere.

Plans for an edition bringing together all stories collected from Peig by Robin Flower and Kenneth Jackson were entertained at one stage (Jackson 1938:85). However their idea of a joint edition of *The Complete Tales of Peig Sayers* (which would, in any case, have contained only a minor part of her repertoire) fell through due to the constant pressure of other work which bedevilled so many of Flower's other enterprises. Séamus Ó Duilearga and Seán Ó Súilleabháin kept alive the idea of the 'complete' collection (to include also the material collected by Seosamh Ó Dálaigh). Ó Duilearga announced in *Béaloideas* 25 (Flower 1957:107) that The Irish Folklore Commission entertained plans for the publication of Ó Dálaigh's collection, and Seán Ó Súilleabháin in his oration on the occasion of the unveiling of the stone on Peig's grave stressed the importance of a full edition of Peig's stories and other material. Major work towards such an edition was not started, however, until after the institution of Comhairle Bhéaloideas Éireann in 1972, when the edition in question was one of those given priority at the first meeting of that body.

76 The ediphone cylinders that were used for sound recordings by Robin Flower and Seosamh Ó Dálaigh were difficult to transcribe even at the time they were made, and they have since withered away and vanished. The quality of the recordings undertaken when Peig was in hospital in Dublin, referred to above, is also poor, and Peig, ill and anxious as she was at the time, was clearly not in the best mood for storytelling. They are, however, valuable from the point of content, and hopefully they will

eventually be edited and published in a publication similar to this one.

77 This he asserts in *Ómós do Pheig* (see note 6 above) and he also frequently expressed the same opinion to me.

78 D. Thompson (recte Thomson) of later fame as author of *The People of the Sea, Woodbrook* and other books, in which he acknowledges his debt to the Irish Folklore Commission.

79 Extracts from many of the recordings were broadcast on the programme *The Irish Storyteller: A Picture of a Vanishing Gaelic World*, written and presented by Rodgers and broadcast on BBC's Third Programme on 13 June 1948. Reports on the places visited and people recorded by the BBC team are given, after the conclusion of the tour, in *The Irish Independent, The Irish Press* and *The Irish Times*, 2 September. These reports also refer to Ernie O'Malley's participation and, according to *The Irish Times* article, he stated that he thought that 'the work of Dr Delargy is not sufficiently recognised by the Irish Government' and that 'it was really due to his efforts that the mission succeeded'.

80 For Ennis and his work as folk-song collector, see uí Ógáin 2007, especially pp.15–35 and Briody 2007:277–279.

81 For Rodgers, see Brown 1996.

82 It appears from the newspaper reports that the recording engineer's name was W. Arnell.

83 NFC 1291:36–40.

84 *The Irish Independent* 2 September also reports: 'All the BBC men spoke highly of the impression which the Kerry lady made on them.'

85 It is now in the Public Record Office in Belfast (PRONI D 2833/D/10/). The same archive also holds letters to Rodgers from Ennis, Ó Duilearga and Ó Súilleabháin on matters relating to *An Old Woman's Reflections*, as well as letters from John Bell of Oxford University Press dealing with that book.

86 The appointments were announced in *The Irish Independent* on 26 July.

87 For Mac Réamoinn's achievement, see Anon. 2007:24.

88 De Léis 1955.

89 NFC 1291:77–80.

90 NFC 1291:80–81.

91 Ennis, with an equally keen ear for music and language, is reputed to have been able to switch effortlessly between all Irish dialects.

92 He has referred to his collecting from Peig in Mac Réamoinn 1948 and 1986.

93 Tape recorders were not supplied to the full-time collectors of The Irish Folklore Commission until 1962 (Briody 2007:344–346), and consequently, Seosamh Ó Dálaigh never used one in his work.

NODA/ABBREVIATIONS

AT   Aarne & Thompson, 1961.
ATU   Uther, 2004.
BBC   British Broadcasting Corporation.
Beathaisnéis   Breathnach agus Ní Mhurchú, 1986–2007.
CBÉ   Cnuasach Bhéaloideas Éireann i Lárionad
                  Uí Dhuilearga do Bhéaloideas na hÉireann, An
                  Coláiste Olllscoile, Baile Átha Cliath (tagraíonn
                  uimhreacha do na príomhlámhscríbhinní).
CBÉ S   Lámhscríbhinní na Scoileanna sa chnuasach
                  céanna.
ML   Christiansen, 1958.
NFC   National Folklore Collection in the Delargy
                  Centre for Irish Folklore, University College
                  Dublin; (numbers refer to main manuscripts).
NFC S   Schools' manuscripts in the same collection.
PRONI   Public Record Office of Northern Ireland.
Tape Almqvist   Recordings in NFC.
Téip Almqvist   Taifeadtaí in CBÉ.

FOINSÍ/SOURCES

Cartlanna/Archives
Ábhar Cartlainne i gCnuasach Bhéaloideas Éireann, Lárionad
Uí Dhuilearga, An Coláiste Ollscoile, Baile Átha Cliath
Archival Material in the National Folklore Collection, Delargy
Centre, University College Dublin
    Príomhlámhscríbhinní/ Main manuscripts
    Lámhscríbhinní na Scoileanna/ Schools' manuscripts
    Litreacha/Letters
    Nachlass Robin Flower

Ionad an Bhlascaoid, Dún Chaoin/Blasket Centre, Dún Chaoin
    Leslie Matson, *Ginealaigh na mBlascaodach/Genealogies of
    Blasket Islanders*
Leabharlann na hOllscoile, Lund, An tSualainn/University
Library Lund, Sweden
Leabharlann Uí Argadáin, Ollscoil na hÉireann, Gaillimh/
Hardiman Library, National University of Ireland, Galway

Cláracha raidió agus teilifíse/Radio and TV programmes
Bhí Sí Seal inár Measc. Peig Sayers, Radio Éireann. Léirithe agus
    láithrithe ag Aindrias Ó Gallchobhair; craoladh den chéad
    uair 17 Samhain 1959 (athchraoladh 19 Eanáir, 1960)
Tribute to a Great Storyteller, Radio Éireann. Produced by Seán Mac
    Réamoinn; first broadcast 15 May 1959
The Irish Storyteller: a Picture of a Vanishing Gaelic World, BBC Third
    Programme. Scripted and presented by W. R. Rodgers, 13
    June 1948
Ómós do Pheig, Radio Éireann. Léirithe agus láithrithe ag Seán
    Mac Réamoinn; craoladh den chéad uair, 16 Lúnasa 1969
Slán an Scéalaí RTÉ TG4 1998. Breandán Feiritéir
Peig: Reflections on an Old Woman. RTÉ 2003, Cathal Póirtéir

Saothair Luaite/Cited Works

Aarne, Antti & Thompson, Stith 1961: *The Types of the Folktale*. (FF Communications 194). Helsinki

'ac Gearailt, Breandán 2007: *An Blas Muimhneach*. Baile Átha Cliath.

Almqvist, Bo 1980: 'Scéal an Ghiúdaigh' (AT 875B2). *Sinsear* 2:1–15

    1986: 'Beirt Scéalaithe i Scathán Scéil'. *Féilscríbhinn Thomáis de Bhaldraithe,* eag. Seosamh Watson, Dundalgan: 134–152

    1990: 'The Mysterious Mícheál Ó Gaoithín, Boccaccio and the Blasket tradition'. *Béaloideas* 58: 65–139

    1998a: 'Blaithín agus an Béaloideas'. *Bláithín: Flower* (Ceiliúradh an Bhlascaoid 1), eag. Mícheál de Mórdha: 97–116

    1998b: 'A Mother's Love and Respect' – Trí Litir ó Pheig Sayers chun Kenneth Jackson. *Béaloideas* 66: 217–224

    1999: 'Oidhreacht Scéalaíochta Pheig'. *Peig Sayers Scéalaí 1873–1958* (Ceiliúradh an Bhlascaoid 3), eag. Máire Ní Chéilleachair: 77–100

    2002: 'C.W. von Sydow agus Éire: Scoláire Sualannach agus an Léann Ceilteach'. *Béaloideas* 70: 3–49

    2004: 'The Scholar and the Storyteller: Heinrich Wagner's collections from Peig Sayers'. *Béaloideas* 72:31-59

    2007: 'Dårarnas dal, en berättelse av Peig Sayers i översättning jämte kommentar till ett av dess motiv.' *Bodil lajv, Festskrift till Bodil Nildin-Wall den 18 januari 2007.* Uppsala: 40–49

    2009: 'Bailiúchán Sheosaimh Uí Dhálaigh ó Pheig Sayers'. *Diasa Díograise. Aistí i gcuimhne ar Mháirtín Ó Briain,* eag. Micheál Mac Craith agus Pádraig Ó Héalaí. Indreabhán: 17–36

    le teacht/forthcoming 'Kenneth Jackson and Peig Sayers'

Anon. 1947: 'BBC Unit to Record Irish Folklore'. *The Irish Independent* 7 August.

    1976: *Cuisle an Cheoil.* Baile Átha Cliath

2007: 'Sean Mac Réamoinn. Broadcaster inspired generations with love of Irish culture'. *The Irish Times*, Saturday, January 20:14

An Seabhac vide *Ó Siochfhradha*

Bjersby, Ragnar 1964: *Traditionsbärare på Gotland vid 1800 talets mltt.* Uppsala

Bourke, Angela 2008; 'Jeremiah Curtin's Irish Journeys'. *Parnell Lecture 2006–2007*, Magdalene College Occasional Papers Series 36. Cambridge

Breathnach, Diarmaid & Ní Mhurchú, Máire 1986–2007: *Beathaisnéis* 1–6

Briody, Micheál 2007: *The Irish Folklore Commission 1935–1970, History, ideology, methodology* (Studia Fennica, Folkloristica 17), Helsinki

Brown, Terence 1996: 'Rodgers, W. R.' *Dictionary of Irish Literature.* Revised and expanded edition, ed. Robert Hogan, Westport, Connecticut and London 1–2: 1063–1064

Christiansen, Reidar Th. 1958: *The Migratory Legends.* (FF Communications 175). Helsinki

Coughlan, Patricia 1999: 'An Léiriú ar Shaol na mBan i dTéacsanna Dírbheathaisnéise Pheig Sayers'. *Peig Sayers Scéalaí 1873–1958.* eag. Máire Ní Chéilleachair (Ceiliúradh an Bhlascid 3): 20–57

Danaher, Kevin 1972: *The Year in Ireland.* Cork

De Belder, Hans 1993: *Het wonder van de Blaskets.* Edegem

De Brún, Pádraig 1969: 'An tAthar Brasbie'. *Journal of the Kerry Archaeological and Historical Society* 2: 38–58

Dégh, Linda 1969: Folktales and Society. *Storytelling in a Hungarian Peasant Community.* Bloomington, Indiana

Delargy, J.H. 1945: 'The Gaelic Story-teller. The Sir John Rhŷs memorial lecture, British Academy 1945'. (*Proceedings of The British Academy* XXXI). London

Delargy féach freisin/see also Ó Duilearga

De Léis, S. 1955: 'Taifeadadh Inniu'. *Radio Éireann Yearbook.* Dublin: 1

Faragó, József 1971: 'Story-tellers with rich repertoires'. *Acta Ethnographica Academiae Scientiarum Hungaricae* 20, fasc. 3-4: 439–443

Fay, Liam 1998: *The Sunday Times*, 13 December

Flower, Robert 1930a: 'Sgéalta ón mBlascaod'. *Béaloideas* 2: 97–111

1930b: 'Sgéalta ón mBlascaod'. *Béaloideas* 2: 199–10

1944: *The Western Island or The Great Blasket*. Oxford

1957: 'Measgra ón Oileán Tiar'. *Béaloideas* 25: 46–106

Hetmann, Frederik (ed.) 1986: *Hinter der Schwarzdornhecke.Irlands Märchen und ihre Erzähler*. Köln

Hjorth Wetterström, Harriet 1947: *Irlandskust*. Stockholm

Hjorth, Harriet 1971: *Irlandskust* Stockholm

Hüllen, Georg ed. 1965: *Märchen des europäischen Völkes: Von Prinzen, Trollen und Herrn Fro*. Bentlage bei Rheine in Westfalen.

Hyde, Douglas 1936: *Ocht Sgéalta ó Choillte Mághach*. Baile Átha Cliath

Hyde, Douglas 1939: *Sgéalta Thomáis Uí Chathasaigh*. (Irish Texts Society 36) Dublin

Jackson, Kenneth 1934: 'Dhá scéal ón mBlascaod'. *Béaloideas* 4:202–211

1938a: *Scéalta ón mBlascaod*. Baile Átha Cliath

1938b: 'An Irish Folk Poem', *Folklore* 49:389–391

1961: *The International Popular Tale and Early Welsh Tradition*. Cardiff

1971–73: 'The Baby Without a Mouth'. *Béaloideas* 39-41:157

Kenny, Mary 1969: 'Monument to Peig Sayers'. *The Irish Press* 4 August

Lindeman, Otto 1986: Carl Hjalmar Borgstrøm. *Minnetale i Det Norske Videnskapsakademie. Særtrykk af Det Norsk Videnskapsakademies Årsbok*

Lüthi, Max 1951: *Europäische Volksmärchen*. Zürich

Lysaght, Patricia 2000a: 'Food-provision Strategies on the Great Blasket Island: Livestock and Tillage'. *From Corrib to Cultra, Folklife Essays in honour of Alan Gailey*, ed. Trefor M. Owen. Belfast.195–121

2000b: 'Food-provisions Strategies on the Great Blasket Island: Sea-bird Fowling'. *Food from Nature. Attitudes. Strategies and Culinary Practice,* ed. Patricia Lysaght. Uppsala: 333–363

2001a: 'Food-provision Strategies on the Great Blasket Island: Strand and Shore'. *Northern Lights. Aistí in adhnó do Bho Almqvist/Essays in honour of Bo Almqvist,* ed. Séamas Ó Catháin. Dublin: 127–140

2001b: Peig Sayers (1873–1958). *The Field Day Anthology of Irish Writing IV,* Cork: 1253–1261

2006a: 'The Blasket Islands: Experience from Ireland'. *The Decline and Fall of St Kilda,* ed. John Randall. Boreray, Lewis

2006b: 'Paradise Lost? Leaving the Great Blasket'. *Béaloideas* 74:155–206

Mac Cárthaigh, Críostóir (eag.)1990a: *Na Blascaoidaí: Tuarascáil Oidhreachta.* (clóscríofa/typescript).

(ed.) 1990b: *The Blasket Islands. A Heritage Report* (clóscríofa/typescript)

1991: 'Beatha agus Saothar Sheáin Uí Dhuinnshléibhe, File.' *Ár bhFilí* (Iris na hOidhreachta 3) eag. Pádraig Ó Fiannachta: 118–136

Mac Conghail, Muiris 1982. *The Blaskets: a Kerry Island Library.* Dublin

2001: *The Blaskets. People and Literature.* Dublin

Mac Gearailt, Breandán 2007: *An Blas Muimhneach.* Baile Átha Cliath

Mac Réamoinn, Seán 1948: 'The Work of the Mobile Unit'. *Radio Éireann Yearbook.* Dublin: 13–15

1986: 'Something in the Air', *Sunday Independent,* 2 March: 19

Mac Síthigh, Domhnalll 2003: *Fan Innti. Naomhóga ó Chorca Dhuibhne go Cábán tSíle.* Baile Átha Cliath

Mahon, Bríd 1998: *While Green Grass Grows: Memoirs of a Folklorist.* Cork

Mangan, James Clarence 1903: *Poems of James Clarence Mangan.* Dublin and London

Mason, Thomas H. 1936: *The Islands of Ireland. Their scenery, people, life and antiquities.* London

Müller-Lisowski, Käte (ed.) 1957: *Irische Volksmärchen.* (Märchen der Weltliteratur). Köln

Murphy, Seamus 1966: *Stone Mad.* London.

Ní Chinnéide, Máire 1959: Peig Sayers. *Feasta,* Eanáir: 2, 9

Ní Dhuibhne. Éilís 1981: 'With His Whole Heart'. Unpublished Ph.D. thesis, National University of Ireland. 1–2

    1998: 'Peig's Artistry Puts Her Critics to Shame', *The Sunday Times,* 20 December

Ní Fhloinn, Bairbre 1999: 'Tadhg, Donncha and Some of their Relations: Seals in Irish Oral Tradition'. *Islanders and Water-Dwellers,* eds. Patricia Lysaght, Séamas Ó Catháin and Dáithí Ó hÓgáin. Dublin: 223–245

Ní Ghaoithín, Máire 1978: *An tOileán a Bhí.* Baile Átha Cliath

Ní Ghuithín, Máire 1986: *Bean an Oileáin.* Baile Átha Cliath

Ní Laoithe-Uí Bheaglaoich, 1999: 'Peig Mhór, Peig Sayers, máthair. scéalaí agus banúdar leabhar'. *Peig Sayers Scéalaí 1873–1958.* (Ceiliúradh an Bhlascaoid 3), eag. Máire Ní Chéilleachair

Ní Mhurchú vide *Breathnach*

Ní Shéaghdha, Nóra 1940: *Thar Bealach Isteach.* Baile Átha Cliath

Nic Craith 1995: Mairéad Nic Craith, 'Primary Education on The Great Blasket Island 1864–1940'. *Journal of the Kerry Archaeological and Historical Society* 28:77–137

Ó Catháin, Séamas 1988: 'Súil Siar ar Scéim na Scol'. *Sinsear* 5: 19-30

    1992: 'Hearth-Prayers and other Traditions of Brigit: Celtic Goddess and Holy Woman'. *Journal of the Royal Society of Antiquaries* 122:13–34

    1999a: 'Scéim na Scol'. *It's Us They're Talking about,* eds. Margaret Farren and Mary Harkin, Donegal

    1999b: 'The Irish Prayer for Saving the fire'. *Studies in Folklore and Popular Religion* II, ed. U. Valk. Tartu: 35–40

2008a: *Formation of a folklorist. Sources relating to the visit of James Hamilton Delargy (Séamus Ó Duilearga) to Scandinavia; Finland; Estonia and Germany 1 April–19 September 1928.*(Scríbhinní Béaloidis/Folklore Studies 18). Dublin

2008b: 'The Formation of a Celtic-Nordic Folklorist: The Case of James Hamilton Delargy/Séamus Ó Duilearga (1899–1980)'. *Legends and Landscape*, ed. Terry Gunnell. Reykjavík: 103–133

Ó Cathasaigh, Roibeard 2000: 'A Mhuintir an Bhlascaoid, Anois nó Ariamh! Spléachadh ar Bhailiúchán Béaloidis Scoil an Bhlascaoid'. *Oideachas agus Oiliúint ar an mBlascaod Mór.* (Ceiliúradh an Bhlascaoid 6), eag. Máire Ní Chéilleachair: 79–110

Ó Cearnaigh, Seán Pheats Tom 1992: *Fiolar an Eireabaill Bháin.* Baile Átha Cliath

Ó Cuinn, Cosslett *et al.* 1990: *Scian a Caitheadh le Toinn.* Baile Átha Cliath

Ó Criomhthain, Tomás 1929: *An t-Oileánach,* eag. An Seabhac (Pádraig Ó Siochfhradha). Baile Átha Cliath

1956: *Seanchas ón Oileán Tiar.* Baile Átha Cliath

1973: *An tOileánach,* eag. Pádraig Ua Maoileoin. Baile Átha Cliath

2002: *An tOileánach,* eag. Seán Ó Coileáin. Baile Átha Cliath

Ó Crohan, Tomás 1934: *The Islandman,* trans. Robin Flower. Dublin and Cork

Ó Dálaigh, Seosamh 1989: 'Béaloideas an Oileáin'. *Oidhreacht an Bhlascaoid,* eag. Aogán Ó Muircheartaigh. Baile Átha Cliath: 100–108

Ó Dochartaigh, Liam 1977–1979: 'An Spideaog i Seanchas na hÉireann? Béaloideas 45–47, 164–198

Ó Dónaill, Niall (eag.) 1977: *Foclóir Gaeilge–Béarla.* Baile Átha Cliath

Ó Dubhda, Seán 1933: *Duanaire Duibhneach.* Baile Átha Cliath

Ó Dubhshláine, Micheál 2000a: *An Baol Dom Tú?* Baile Átha Cliath

2000b: 'Scoil an Bhlascaoid Mhóir 1864–1940'. *Oideachas agus Oiliúint ar an mBlascaod Mór.* (Ceiliúradh an Bhlascaoid 6), eag. Máire Ní Chéilleachair: 38–71

Ó Duilearga, Séamus 1934: 'Blasket Folk-tales'. *Béaloideas* 4:455.

(eag.) 1948: *Leabhar Sheáin Í Chonaill.* Baile Átha Cliath (dara heagrán: Scríbhinní Béaloidis 3. Baile Átha Cliath. 1977).

(eag.) 1981a: *Leabhar Siofáin Uí Ealaoire* (Scríbhinní Béaloidis 8). Baile Átha Cliath

1981b: *Sean Ó Conaill's Book.* (Scríbhinní Béaloidis 10), trans. Máire MacNeill. Baile Átha Cliath

Ó Fiannachta, Pádraig 1988: 'Mícheál Ó Gaoithín an File'. *Irisleabhar Mhá Nuad:* 81–96

1989: 'Mícheál Ó Gaoithín An File' (1907–1974) *Oidhreacht an Bhlascaoid,* eag. Aogán Ó Muircheartaigh. Baile Átha Cliath: 270–290

(eag.) 1995: *Oileáin agus Oileánaigh.* Iris na hOidhreachta 7

Ó Gaoithín, Mícheál 1953: *Is Truagh ná Fanann an Óige.* Baile Átha Cliath

1970: *Beatha Pheig Sayers.* Baile Átha Cliath

O'Guiheen, Michael 1982: *A Pity Youth Does Not Last. Peig Sayers' son reflects,* trans. Tim Enright. Oxford

Ó Gaoithín, Mícheál 1968: *Coinnle Corra.* Baile Átha Cliath

Ó Glaisne, Risteárd 1996: *Cosslett Ó Cuinn.* Baile Átha Cliath

Ó Héalaí, Pádraig 1977: 'Rian an bhéaloidis ar stíl *Peig'. The Maynooth Revue* 3:50–56

1979: 'Na Paidreacha Dúchais'. *Léachtaí Cholm Cille* 10:131–152

2001: 'Lean Ar Do Láimh'. Seanscéal idirnáisiúnta i mbéaloideas na hÉireann. *Northern Lights. Following folklore in North-Western Europe. Essays in honour of Bo Almqvist,* ed. S. Ó Catháin. Dublin: 279–91

Ó Héalaí, Pádraig agus Ó Tuairisg, Lochlainn (eag.) 2007: *Tobar an Dúchais. Béaloideas as Conamara agus Corca Dhuibhne.* Indreabhán

Ó hÓgáin, Dáithí 2006: *The Lore of Ireland. An Encyclopaedia of Myth, Legend and Romance.* Cork

Ó Laoghaire, Diarmuid 1975: *Ár bPaidreacha Dúchais.* Baile Átha Cliath

Ó Lúing, Seán 1987: 'Marie-Louise Sjoestedt, Celtic Scholar, 1900–1940'. *Journal of Kerry Archaeological and Historical Society* 20:79–93

2000. *Celtic Studies in Europe.* Dublin

Ó Mainín, Mícheál 1973: 'Achrann creidimh in Iarthar Dhuibhneach'. *Céad Bliain,* eag. M. Ó Cíosáin. Baile an Fheirtéaraigh: 40–62

Ó Mainín, Seán 1989: 'Scoileanna an Oileáin'. *oidhreacht an Bhlascaoid,* eag. Aogán Ó Muircheartaigh. Baile Átha Cliath: 31–44

Ó Morónaigh, Seán (eag.) 2001: *Agallamh na hÉigse: Cíoradh agus Cnuasach.* Comhlachas Náisiúnta Drámaíochta. Camus

Ó Néill, Eoghan Rua 1991: 'The King of the Cats (ML6079B). The revenge and the non-revenge redactions in Ireland'. *Béaloideas* 59:167–188

Ó Ríordáin, Seán 1952: *Eirbeall Spideoige.* Baile Átha Cliath.

Ó Sé, Diarmuid 1995: *An Teanga Bheo.* Baile Átha Cliath. 2000: *Gaeilge Chorca Dhuibhne.* Baile Átha Cliath

Ó Siochfhradha, Pádraig (eag.) 1932: *An Seanchaidhe Muimhneach.* Baile Átha Cliath

Ó Súilleabháin, Diarmaid 1988: *Cath na Gaeilge sa Chóras Oideachais 1893–1911.* Baile Átha Cliath

Ó Súilleabháin, Eoghan 1994: 'Seán Ó Súilleabháin (1903–96) Múinteoir agus Cartlannaí Béaloidis'. *Journal of the Kerry Archaeological and Historical Society* 27:89–106

Ó Súilleabháin, Seán 1942: *A Handbook of Irish Folklore.* Dublin. 1970: 'Peig Sayers'. *Éire-Ireland:* 86–91

Ó Súilleabháin, Seán and Christiansen, Reidar 1963: *The Types of the Irish Folktale.* (FF Communications 188). Helsinki

O'Sullivan, Sean 1966: *Folktales of Ireland.* London
1974: *The Folklore of Ireland.* London
1979: *Provestiri populare Irlandeze.* Bucuresti

O'Toole, Fintan 2008: 'Why it's time to bring a major Irish artist home', *The Irish Times.* 13 December 2008

Radner, Joan Newlon 1989: 'The Woman Who Went to Hell': Coded Values in Irish Folk Narrative'. *Midwestern Folklore* 15, part 2:109–117

Sayers, Peig 1936: *Peig .i. A scéal féin*, eag. Máire Ní Chinnéide. Baile Átha Cliath.

s.a.: *Peig. Tuairisc a thug Peig Sayers ar imeachtaí a beatha féin.* Eagrán scoile. Baile Átha Cliath

1972: *Peig. The Autobiography of Peig Sayers of the Great Blasket,* trans. B. McMahon. Dublin

1998: *Peig: A Scéal Féin,* eag. Máire Ní Mhainnín agus Liam P. Ó Murchú. An Daingean

1939: *Machtnamh Seana-mhná,* eag. Máire Ní Chinnéide. Baile Átha Cliath

1962: *An Old Woman's Reflections,* trans. Séamus Ennis. London

1980: *Machnamh Seanmhná,* eag. Pádraig Ua Maoileoin. Baile Átha Cliath

1996: *So Irisch wie ich. Eine Fischersfrau erzählt ihr Leben,* aistr. H–C. Oeser. Göttingen

1999: *Peig. Autobiograpie d'une grande conteuse d'Irlande,* aistr. Joëlle Gac, An Here

Sjoestedt, Marie-Louise 1931: *Phonétique d'un parler irlandais de Kerry.* Paris

1932: 'Deux contes en dialect de l'Isle Blasket'. *Revue Celtique* 49:406–436

1937: 'Irländska bilder'. *Bonniers veckotidning* 4, 9: 18-19, 52–55

Sjoestedt-Jonval 1938a: *Description d'un parler irlandais de Kerry.* Paris

1938b: 'Peig i.e. a scéal féin'. *Études Celtique* 3:156–158

Stagles, Joan and Ray 1980, *The Blasket Island.* Dublin

Stewart, James 1988: *Boccaccio in the Blaskets.* Galway

von Sydow, Carl Wilhelm 1938. *Irländsk jul. Julpost till förmån för postmännens understödsfonds verksamhet:* 13–17

Thompson, Stith (ed.) 1953: *Four Symposia On Folklore*. (Indiana University Publications. Folklore Series 8). Bloomington, Indiana

Thomson, David 1965: *The People of the Sea*. London
1974· *Woodbrook*. London

Tyers, Pádraig 1999: *Abair Leat. Seosamh Ó Dálaigh ag caint le Pádraig Tyers*. An Daingean

Ua Maoileoin, Pádraig 1968: *Bríde Bhán*. Baile Átha Cliath.
1984: 'Cuirimís aithne ar Pheig'. *The Irish Times* 1 October
1991: *Iomairí Críche*. Baile Átha Cliath
s.a.: Na Blascaoidaí. The Blaskets. Dublin

Ua Súilleabháin, Seán 1994: 'Gaeilge na Mumhan'. *Stair na Gaeilge. In ómós do: Pádraig Ó Fiannachta*, eag. K. McCone *et al.* Maigh Nuad: 479–538

Uí Laoithe-Bheaglaoich 1990: 'Liosta Leabhar', In Mac Cárthaigh 1990:164–183

uí Ógáin, Ríonach 1988: 'Ceol ón mBlascaod'. *Béaloideas* 56:179–219
1990: 'Tuairisc faoi cheol, amhránaíocht agus rince ón mBlascaod'. In Mac Cárthaigh 1990: 160–163
1992: *Beauty an Oileáin. Music and song of the Blasket Islands*. Ceirníní Cladaig 4CC56
2007: *'Mise an fear ceoil'. Séamus Ennis – Dialann Taistil* 1942–1946. Indreabhán.
le teacht/forthcoming: *Peig Sayers: Amhráin agus Dánta*

Uther, Hans-Jörg 2004: *Types of International folktales*. (FF Communications 284–286). Helsinki

Wagner, H. and N. Mac Congáil 1983. *Oral Literature from Dunquin, County Kerry*. (Studies in Irish Language and Literature, Department of Celtic, Q.U.B. Vol. 6). Belfast

Wagner, Heinrich and McGonagle, Noel 1987: 'Phonetische Texte aus Dunquin, County Kerry'. *Zeitschrift für celtische Philologie* 42: 219–241
1991: 'Phonetische Texte aus Dunquin', County Kerry *Zeitschrift für celtische Philologie* 44: 200–235

Watanabe, Yoko 2005: *Iwakura, Chiharu*. Tokyo

Zimmermann, Georges Denis 2001: *The Irish Storyteller*. Dublin